LA FRANCE DU GASPILLAGE

Jean-Michel CAROIT/Alain NAVARRO

LA FRANCE DU GASPILLAGE

M.A. EDITIONS

6, rue Emile Dubois
75014 Paris

Couverture : maquette TRACT
Fabrication : C. et J.-B. Duméril

Imprimé en France.
ISBN : 2 86 676 108 1

TABLE DES MATIERES

INTRODUCTION

Puiser dans les caisses publiques pour subventionner, à milliards perdus, l'agriculture ou les industries du passé n'est pas une marque de la gestion socialiste. La France du gaspillage ignore la crise et se moque des querelles politiques.

Cultivant l'art de l'autosatisfaction, la droite s'était fourvoyée avec constance dans ses prévisions sur l'énergie ou la sidérurgie. Par démagogie et par conservatisme, elle avait inauguré et encouragé un dialogue complaisant avec des corporatismes figés dans le formol de leurs privilèges.

Pire, le coût social — le plus grave des gaspillages car une vie brisée n'a pas de prix — aurait été moindre si l'ancienne majorité avait eu le courage de ravaler la maison France lorsque la croissance était vive.

La gauche, elle, a succombé aux charmes de l'illusion lyrique. Elle a dû déchanter et la partition de l'« autre logique » s'est dépréciée au rythme de trois dévaluations du franc.

Au bout des comptes, elle s'est enfin décidée à admettre qu'une ritournelle aux accents généreux ne suffirait pas à faire chanter les lendemains.

Mais il lui aura fallu plus de deux ans d'exercice du pouvoir pour se heurter à un obstacle pénible : la réalité. Elle n'a pas buté sur le mur de l'argent. Les deux cents familles se sont éteintes et les grands trusts de l'imagerie héritée du Programme commun ont été nationalisés. En travers de son chemin, point de trésor caché, mais la montagne des déficits accumulés par une industrie grabataire et un Etat obèse.

A la prodigalité de l'« état de grâce » ont succédé les accents ternes de la rigueur. La « lutte contre le chômage » est devenue une priorité moins prioritaire et l'entreprise, cette maudite, a été réhabilitée. Le retournement pourra paraître cynique et candide à la fois. Mais il y a aussi de la cohérence dans cette incohérence. A l'ambiguïté d'une politique de droite basée sur la socialisation des pertes et la liberté des profits, la gauche voulait substituer l'étatisation des unes et des autres. Marx et Colbert, à la fois, qui procèdent au fond de la même conviction messianique qu'une économie se dirige à la force de la raison publique.

Là où la droite, dans sa version giscardienne, pratiquait une politique industrielle qui, libéralisme oblige, n'osait s'avouer, la gauche revendique hautement sa volonté de moderniser, coûte que coûte, l'économie française. Mais, elle se rend compte — sans trop le dire — qu'elle a présumé de ses forces en oubliant les lois élémentaires de l'arithmétique.

Pour dépenser plus que ce que l'on a, on peut soit voler son prochain, soit emprunter à autrui. La première solution s'appelle l'inflation et les volés sont les épargnants. La seconde se nomme la dette et les contribuables sont les débiteurs. Là encore, la gauche n'a en rien innové : la voie était tracée, il ne restait qu'à s'y engouffrer. Ce qui fut fait, tant et si bien qu'à brève échéance la France allait se trouver dans l'obligation d'emprunter pour rembourser ses dettes. Et de quémander ses concours au Fonds monétaire international. Le cercle vicieux était ébauché, avec la certitude que cette cavalerie allait faire basculer le pays dans la banqueroute.

Une dette extérieure par Français qui tutoiera à la fin de 1984 la barre des 10 000 F, des impôts qui, ajoutés aux cotisations sociales, représentent près de 50 % des fruits de leur travail sont des signes plus révélateurs que de longs discours. Le poids des « prélèvements obligatoires » était déjà écrasant avant le 10 mai. Aujourd'hui, les Français se demandent plus que jamais, où passe l'argent.

François Mitterrand avait promis de s'en tenir à un taux équivalent à 42,5 % du produit national. Puis on a atteint 45 %. « C'est trop. Il arrive un moment où c'est insupportable, je pense qu'il est arrivé », lança le chef de l'Etat en septembre 1983. Parole révélée et télévisée, dans le droit fil du rituel monarchiste de la Ve République. Injonction princière à l'intendance gouvernementale, l'objectif fixé par François Mitterrand était de réduire d'au moins un point la ponction fiscale et sociale en 1985. Mais le mode d'emploi présidentiel s'était limité à cette phrase lapidaire lâchée en conseil des ministres : « Il faut casser la baraque. »

La promesse présidentielle prit consistance le 14 juillet 1984. Le chef de l'Etat profita de la fête nationale pour annoncer une réduction des impôts « d'environ 8 %, la plus forte baisse depuis la Libération ». L'objectif ne pouvait être atteint qu'au prix d'une rigueur accrue. Même les militaires rassemblés aux Champs-Elysées, ne seraient plus épargnés. Mais les esprits chagrins remarquaient que l'Etat s'empressait de reprendre d'une main ce qu'il s'apprêtait à lâcher de l'autre. Nouvelles vaches à lait du budget, le téléphone ou le supercarburant n'apparaissent pas dans la nomenclature des « prélèvements obligatoires ».

Parvenu avec quelque retard sur nos rivages, le problème posé par l'explosion des dépenses publiques n'a pas manqué d'échouer sur les écueils partisans. Comme convenu dans notre pays, le débat public a pris l'allure d'une nouvelle querelle théologique : pour ou contre l'Etat. On nous inflige la société néo-libérale ou la société d'économie mixte. Mais ces pauvres locutions n'amusent plus, elles font bâiller à mourir.

L'Etat, qui ne sait pas maigrir, reste le premier parasite que l'on montre du doigt. De la sidérurgie à la télématique, il touche à tout, et les déficits se creusent. Et les avantages acquis, prix de la paix sociale, pèsent sur les résultats des entreprises nationales.

Il y a quinze ans, les bons esprits voulaient « nationaliser l'Etat ». Il n'est question aujourd'hui que de le réduire ou de le « remettre à sa place ». N'en déplaise aux discours incantatoires, il ne suffit plus de crier haro sur la bête. La dénationalisation, nouveau cheval de bataille chiraquien, pose au moins autant de problèmes qu'elle n'en résoud. Margaret Thatcher en sait quelque chose, qui recherche sans succès des actionnaires privés pour les bas morceaux de son secteur public. Se borner à l'Etat bouc émissaire permet aussi de faire l'économie de quelques lancinantes évidences.

La souveraineté de l'Etat est inversement proportionnelle à l'ouverture des frontières. Qu'il s'agisse des sautes d'humeur du dollar, de la modestie du taux d'inflation allemand ou des décisions de la Cour européenne de justice, les contraintes ne cessent de s'extérioriser. L'effort de modernisation ne saurait être limité au secteur exposé. Les chevaux-légers ne pourront gambader sur les marchés étrangers tant que la base arrière continuera de gaspiller. On pense bien sûr à l'administration, empêtrée dans ses statuts et ses règles budgétaires surannées. Mais qui connaît le coût, pour la collectivité, d'un système bancaire abrité ?

Modernisation, nous dit-on, rime avec formation. Mais l'inefficacité de notre système éducatif progresse au rythme des réformes. Qui donc a appris l'anglais au lycée ? Première entreprise tricolore, l'Education nationale talonne l'Armée rouge et dépasse la General Motors par le nombre des salariés. Avec l'aval de la FEN, bastion « de gauche », elle continue de distiller l'ennui et le savoir embourgeoisé du début du siècle. Les élites qu'elle distingue sont captées par l'université ou la fonction publique. Tant pis pour l'entreprise, en manque de techniciens et d'« intelligences ».

Autre truisme, que les casuistes ont tendance à négliger : la société française est un tout où les frontières entre le public et le privé tendent à s'estomper. Plus encore que le foisonnement des organismes bâtards, les flux financiers et la contamination des comportements en témoignent. François de Closets a montré que les fiches de paye ne suffisent pas à établir la carte des inégalités. Mais les garanties statutaires et les avantages non monétaires ne sont pas l'apanage des fonctionnaires. L'inlassable qui-vive des corporations étend les subsides et les protections bien au-delà des lisières de la fonction publique.

On croyait la France modernisée par l'électro-choc du Marché commun. La crise la révèle figée sur d'immuables conservatismes. Et l'entreprise que l'on envoie guerroyer hors des frontières singe l'administration dans ses pires travers. La marée blanche de la paperasse déferle et la réunionite foisonne sans distinguer le public du privé. Classique et hexagonal : à choisir entre un ancien préfet au carnet d'adresses empli de subventions et un jeune HEC à l'accent d'Oxford, la firme française préfère le pantouflard.

Il est facile d'opposer au gras de l'Etat la souplesse de la société civile ou le dynamisme de l'esprit d'entreprise. Nos bons esprits se repaissent d'idées platoniciennes plus encore que de certitudes cartésiennes. L'effondrement, à grand fracas, de Creusot-Loire nous a montré dans quel sens pouvait souffler l'esprit.

Quant à l'*étatite*, elle a gagné l'ensemble du corps social. Les puissantes confédérations professionnelles ou syndicales, les respectables chambres de commerce sont-elles plus efficientes que l'administration ?

Le grand livre de la gabegie n'est hélas pas prêt de se refermer. Le Plan calcul, les abattoirs de la Villette ou le Concorde hier, Canal plus, Super Phénix ou La Chapelle-Darblay aujourd'hui : les mêmes causes produisent les mêmes effets. L'irresponsabilité, la carence des contrôles, le poids des technostructures et l'impératif politicien restent les pires ennemis de l'économie.

Aux beaux jours de l'expansion, les innombrables gaspillages pouvaient passer sans trop de peine au compte pertes et profits de la maison France. Il n'en va plus de même aujourd'hui. Question de morale : les parts du gâteau se réduisent et la prodigalité dans l'assiette des nantis ne peut être acceptée. Et d'efficacité : la modernisation a besoin des milliards dissipés.

LA FRANCE
BIEN SOUS TOUS RAPPORTS

Le ministre interpellé sur une urgence répond : « j'ai demandé un rapport ». Il s'en fait un million par an. La France serait perdue sans la circulaire, elle n'irait pas sans la paperasse.

Honoré de Balzac, *Les Employés.*

Des idées, la France en a à revendre. Le pétrole gris est sa force, que les peuples étrangers lui jalousent. Les défis nous stimulent, nous les relevons. Descartes est notre fierté, nos penseurs sont les meilleurs. Pourquoi ne pas le dire, où un peu plus de modestie éviterait à la France et à ceux qui la dirigent de s'adonner sans retenue au gaspillage des mots. Là, réside sans doute l'une des critiques les plus justifiées que les étrangers portent sur nous.

Désemparés, comme eux, par la crise du monde industriel, la détérioration de nos modes de vie, l'irruption violente du chômage ou la dégradation de l'environnement, nous avons suivi une pente naturelle : le bavardage. **Les discussions sans fin du café du Commerce ont été remplacées par la nébuleuse des études de l'administration.** La gangrène a gagné toutes les institutions, officielles, patronales ou syndicales, pour donner naissance à la République des rapports.

Prévisions infondées, réflexions creuses et discours réponse-à-tout scandent les années de crise. La France, c'est sa vanité, se croit la nation la plus spirituelle du monde. Mais c'est avec le plus grand esprit de sérieux, que l'on nous dit tout. Et son contraire. Le lyrisme et l'emphase ont cédé la place au jargon des technocrates. Comme jadis la messe en latin, les prèches des économistes se sont imposés : incontestables parce qu'incompréhensibles.

Il faut, dit-on, juger les hommes politiques sur ce qu'ils font et non sur ce qu'ils disent. Or, ce qu'il font, ils ne le disent pas : la gauche au pouvoir fait même le contraire de ce qu'elle a dit. N'avoir rien à dire et le dire quand même, quelle importance ! « Cela ne coûte rien de le dire » est une expression bien française. Nous devons comprendre aujourd'hui qu'à force de s'être « payés de mots », nous nous sommes appauvris. D'autant que la « rapportite », qui a connu une progression foudroyante depuis dix ans, est une maladie fort coûteuse.

Disons le tout net : il n'est pas possible de savoir combien coûtent chaque année aux Français les milliers de rapports et d'études financés sur fonds publics. Il existe bien une liste des organismes privés qui ont effectué des études pour le compte de l'administration. Elle est communiquée tous les deux ans à l'Assemblée nationale et au Sénat, mais leurs commissions des Finances respectives n'ont ni les moyens, ni peut-être le désir, de piocher dans les quatre mille titres qui y figurent pour en vérifier l'intérêt et contrôler la bonne allocation des deniers publics. La Cour des Comptes a elle-même déclaré forfait devant le maquis inextricable des organismes et des procédures budgétaires qui alimentent les usines à études. Le brouillard est total et l'opacité souvent délibérée.

A son arrivée à l'Elysée, Valéry Giscard d'Estaing avait annoncé une ère de réforme. La technocratie éclairée qu'il incarnait allait terrasser la société bloquée. Vaste programme qui sombra dans la réformite. C'est pendant son septennat que la machine à rapports s'emballa.

Pour « décrisper » la société française, il fallait d'abord l'ausculter. Ou encore, la « radioscoper », un terme plus moderne, adapté à la mode de l'époque. La crise joua également son rôle de catalyseur. Le pouvoir, désemparé face à l'imprévisible, a tenté de se donner de nouveaux outils de réflexion. Fort bien. Mais il est en revanche responsable d'avoir dilapidé l'argent public et la matière grise.

Mesdames et messieurs

Pour créer l'illusion d'une parfaite maîtrise des problèmes de ces années de rupture, il fallait aussi innover. On lança donc la vogue des missions en tous genres. **Près d'une centaine de « Mesdames » et de « Messieurs » ont ainsi avancé les recommandations les plus « urgentes », les idées les plus « novatrices ».** Ces « sages » ont été puisés dans les viviers inépuisables de la classe politique et de la haute administration. Le journalisme a eu droit à quelques sucettes avec Yves Mourousi, alias *Monsieur Moto* ou Françoise Giroud, *Madame Condition féminine*. Ses 101 propositions — pas une de moins, pas une de plus — ont pris le chemin d'obscurs placards.

Nettement plus ambitieux, *Monsieur Temps*, Bertrand Labrousse a disparu avec ses 109 propositions. Son tour de piste a été aussi bref que celui de *Monsieur Cirque*, Christian Bouer. Aussi peu bruyant que celui de *Monsieur Silence*, Yves Martin. Aussi peu soutenu encore que *Monsieur Prostitution*, le juge Guy Pinot. Quant à *Monsieur Retraités*, Pierre Laroque, il a repris discrètement son activité au Conseil d'Etat. Soyons justes, une mission a été couronnée de succès : celle de *Monsieur Sécheresse*, Jean-François Saglio, nommé en 1976. Depuis il pleut.

Sans pouvoir apporter la preuve d'une telle réussite, *Monsieur Financement du logement*, un inconnu nommé Raymond Barre, *Madame Drogue*, Monique Pelletier, *Monsieur Imprimerie*, Jean-Philippe Lecat se sont pourtant vus offrir une place au soleil, c'est-à-dire un portefeuille ministériel. *Monsieur Tourisme*, Jacques Blanc, n'a hérité que d'un strapontin de secrétaire d'Etat, puis de la présidence du parti Républicain. Il manquait sans doute quelques pages à son rapport puisqu'il a fallu nommé un *Monsieur Tourisme de plein air*.

D'autres méritent de figurer en bonne place dans le bêtisier des années Giscard. En récompense de sa défection du camp de l'opposition, Robert Fabre coiffe la casquette de *Monsieur Chômage* en 1978. Il y avait eu avant lui un *Monsieur Emploi*, mais qu'importe. Sous les flashes des photographes, l'ancien président des Radicaux de gauche proposa sans rire d'embaucher d'urgence de nouveaux fonctionnaires. « Le problème de l'emploi », expliqua-t-il après coup, « était moins criant qu'aujourd'hui mais j'estimais qu'il allait le devenir ». La barre des deux millions de chômeurs est franchie et notre fin prophète est entretemps devenu Médiateur.

Monsieur Propre, Jean-Marie Rausch a aussi déclaré sans rire qu'il voulait « rendre la France propre en trois ans » et organiser « sérieusement la récupération des matières premières gaspillées ». Pendant des mois, *Monsieur Marée Noire* a rivalisé d'ardeur avec *Monsieur Loire* ; *Monsieur Commerce* a bataillé dur avec *Monsieur Animaux*, ou *Monsieur Forêts* pour se disputer les honneurs des gazettes. Combien de Français se souviennent de leurs identités et du résultat de leur dur labeur. Avec *Monsieur Chanson française*, Henry Chapier, ils n'ont chanté qu'une saison, telle la cigale de la fable. Complaisants comme de coutume, les medias se sont bruyamment prêtés à la comédie. Sans se rendre compte que les Français étaient parfaitement conscients du ridicule de ces « bonnes idées du Prince ».

Sur... impression

Aux réflexions des cigales, s'ajoutent les travaux des fourmis que la France administrative engrange. Deux cents pages du *Guide des Guides*, édité par le Service d'Information de Matignon sont nécessaires pour recenser les réserves accumulées : du *Guide de l'expropriant* au mensuel *Citoyennes à part entière*, sans oublier les cahiers *Objectif temps libre*.

Au total, la machine bureaucratique produit chaque année plus de huit cents publications diverses, études spécialisées, lettres de ministères, revues officielles ou subventionnées. Pour éditer l'ensemble, quelque 3500 hectares de bois — l'équivalent de la forêt de Saint-Germain — sont sacrifiés tous les ans.

Le Comité central d'enquête sur le coût et le rendement des services publics s'est penché sur l'activité des ateliers d'impression publics. On n'en compte pas moins de 1 500, alors que le nombre des imprimeries privées, en régression constante, n'est que de 5 000. La tâche a été rude, tant l'administration s'est prêtée de mauvaise grâce à cette investigation. La gabegie est générale. Les trois quarts des responsables des imprimeries administratives avouent ignorer totalement leur consommation de papier. Neuf sur dix n'ont aucune idée de leurs coûts de fabrication.

Rien d'étonnant à ce que les prix de revient, estimés par une commission d'enquête, soient couramment deux à quatre fois plus élevés que dans les imprimeries bien gérées du secteur privé. Une page noircie de prose administrative peut coûter jusqu'à 2 F dans certains ateliers. Aucun effort de regroupement n'a été tenté. Chaque administration n'a pensé qu'à s'offrir son imprimerie. Un coup de frein a cependant été donné à l'acquisition de nouvelles machines. Ne nous faisons aucune illusion, la boulimie reprendra vite le dessus. Suréquipés, mais sans concurrence, les ateliers publics coulent des jours heureux, au moment où les imprimeries privées se meurent. Les travailleurs du Livre n'ont rien à craindre de l'Etat-patron. Personne ne va disputer le monopole aux trois mille ouvriers de l'Imprimerie nationale. Quant aux ouvriers du Livre du *Journal officiel,* ils ont réussi à s'organiser en coopérative, avec participation au capital et garantie statutaire.

La Documentation française navigue à faible allure, chargée des volumes-clés de la pensée administrative. Des dizaines de périodiques et de rapports sont édités sur les presses de cet organisme rattaché aux services du Premier ministre. D'utiles travaux sont, grâce à elle, proposés au public. Mais l'obligation qui lui est faite de publier d'insipides documents officiels la transforme en temple du gâchis. Cinq cents personnes y travaillent, dont deux cents ouvriers du Livre, et son déficit dépasse les 30 millions de francs par an.

En 1983, la vente de ses publications au public lui a rapporté 44 millions de francs. Mais les recettes se réduisent et ne seraient plus que de 35 millions en 1984, selon les prévisions officielles. Parfois, la **Documentation française** rêve de succès d'édition. Par exemple, lorsque Pierre Mauroy annonce que la publication du « Livre blanc sur l'affaire dite des avions renifleurs » lui serait dévolue. Las : Une semaine plus tôt, *Libération* avait offert à ses lecteurs le rapport in extenso pour la modique somme de 4 F, le prix du journal. Alors que l'ouvrage de la Documentation française, agrémenté certes d'une importante préface du Premier ministre, était mis en vente à 60 F. Les ventes du quotidien s'envolèrent à plus de 150 000 exemplaires tandis que la Documentation française perdait son best-seller.

Missions exotiques

A ces textes publics, ajoutons les milliers de documents de l'ombre que sont les rapports internes. En dix ans, tous les ministères et les innombrables organismes publics et para-publics se sont dotés d'un service ou d'une unité de recherche ou mieux encore d'un « laboratoire ». Des études, mais aussi des « tests » opérationnels, et des « expériences pilotes » ont fait fleurir les centres de réflexion subventionnés par des fonds publics.

Au début des années soixante-dix, l'environnement est dans l'air du temps. Les voix écologistes commencent à compter. D'où l'impérieuse nécessité de malaxer de la pâte à papier à la tonne pour d'indispensables rapports sur la « Fonction de l'arbre dans la ville ». Ce beau paradoxe a alimenté les réflexions d'une bonne trentaine d'organismes ès « qualité de la vie » qui ont proliféré au sein de l'administration ou dans sa mouvance.

Il y a cinq ans, le ministère de l'Environnement et du cadre de vie avait avoué son incapacité à maîtriser le développement cancéreux des centaines d'études qu'il commandait à des chercheurs, par l'intermédiaire d'une dizaine d'organismes officiels. Une mission était créée pour y voir clair, et un groupe d'évaluation devait se mettre en place. Vaine tentative. Les responsables des différents services déclarent haut et fort qu'ils entendent garder le libre choix de leurs recherches. Les soixante fonctionnaires de la mission ne leur en tiennent pas rigueur. Ils ont préféré prendre le large en multipliant les missions vers la Finlande, le Mexique ou le Canada. L'un d'entre eux a effectué vingt-sept voyages en 1979, dont dix à l'étranger.

La somme de 150 000 F était, à peu près à la même époque, déboursée pour rétribuer « une analyse du rôle de la vie associative en France dans le domaine de l'urbanisme et du cadre de vie ». Cette étude, décidément comparative, avait nécessité des enquêtes à Harlem et à Ouagadougou !

Quand le privé bogarte

Le ministère de l'Environnement et du cadre de vie n'est pas le seul gros consommateur d'études. Les contrats confiés par la Défense à des sociétés et des bureaux d'étude privés atteignent parfois des sommes rondelettes. Et l'intitulé des études tel qu'il apparaît dans le document remis aux parlementaires est toujours évasif, sinon sibyllin. Pour des « recherches », la société Bertin et Cie a par exemple touché 11 millions de francs en 1981 de la Délégation générale pour l'armement. La même année, Thomson-CSF a reçu 138 millions pour un travail sur l'« électronique ». Le gros lot de cette année de transition a été décroché par la société SEP qui a obtenu 693 millions pour une étude dont le titre a le mérite de la concision : « Divers ».

Les crédits budgétaires consacrés aux dépenses d'études sont éparpillés dans de nombreux chapitres et articles. Nul ne s'est soucié de recenser celles des collectivités locales. La galaxie des rapports reste impénétrable. Infiniment nombreuses, de faibles densités, il arrive que les planètes se télescopent. Elles se recoupent et s'entrecroisent, aussi. Sans heurts. En 1981, le ministère de l'Environnement demande à trois bureaux de conseils différents d'étudier les réactions du public au projet de loi Quillot. L'addition s'élève à 220 000 F. De même, le ministère de la Coopération a eu besoin de trois rapports, toujours en 1981, pour étudier la « réalisation de l'Ecole des mines et de géologie de la CEAO à Niamey ». L'école des Mines de Paris, l'« Omnium technique holding bâtiments » et la société Sofremines se sont partagés près de 500 millions de centimes pour ces importants travaux.

Pour éclairer sa prise de décision, ou de non décision, l'administration avoue ne pas toujours pouvoir compter sur ses propres forces. Ce qu'elle n'arrive pas à traiter, elle le sous-traite. En quinze ans, le nombre des études confiées par les ministères à des bureaux de conseils privés a pratiquement triplé.

Au milieu des années soixante-dix, le Commissariat au Plan a ainsi chargé un centre d'études d'établir un compte prospectif de l'ensemble des agglomérations urbaines de l'Hexagone. Son travail se bornait à recueillir des informations par envoi de questionnaires aux communes. Les maires n'en revenaient pas de devoir fournir des renseignements réservés à l'administration à des organismes privés. Autre exemple : le recensement des établissements pour l'enfance inadaptée a été confié à une association, alors qu'il aurait dû être réalisé par les directions départementales de l'Action sanitaire et sociale (DDASS) et les directions régionales de la Sécurité sociale. Ce travail, dont le coût est estimé à deux millions de nos francs, n'a même pas pu être achevé.

Pourquoi, confier en 1981 à un bureau privé une étude-diagnostic (d'un montant de 150 000 F) sur le fonctionnement énergétique des gymnases d'Etat ? Et pourquoi à l'inverse l'Etat va-t-il devoir payer à la société Saunier, de Rennes, une étude sur les possibilités d'amélioration des installations de traitement d'eau des piscines « Caneton », « Tournesol », « Plein soleil » et « Plein ciel » ? Plus d'un millier d'études sont ainsi faites chaque année sans que l'on puisse repérer avec exactitude ce qu'il en coûte aux contribuables.

Loin d'avoir freiné la « rapportite », l'arrivée de la Gauche lui a donné un nouveau souffle.

Assez troublant, est le cas d'un rapport commandé par le ministère de l'Industrie et de la Recherche à un médecin des Landes, un ami de François Mitterrand, sur « Les technologies nouvelles de l'information et la communication au service de la santé dans le Tiers monde ». Résultat d'une « longue enquête menée en France et à l'étranger », par le docteur Jacques Descayrac, le rapport n'évite évidemment pas les banalités d'usage.

« C'est qu'à l'évidence retrouvée, le savoir précède le savoir-faire d'où procède le faire. Il faut peut être ajouter le pouvoir-faire avant le faire », lit-on au début du chapitre consacré à « l'opération ordinateur de brousse ». Par lettre en date du 1er décembre 1983, Laurent Fabius, alors ministre de l'Industrie, juge le projet « d'un grand intérêt », tout en demandant à son auteur une étude complémentaire et chiffrée sur sa « faisabilité ». Contentons-nous de suggérer au docteur Descayrac d'enquêter sur l'équipement téléphonique du nord Cameroun avant de poursuivre ses projets « d'ordinateurs de brousse » et de réseaux télématiques dans cette région.

Sur les sujets les plus divers, rendus d'autant plus indispensables qu'ils s'inscrivent dans les préoccupations sociales du nouveau régime, d'innombrables rapports vont voir le jour.

Quand la DATAR flashe

En janvier 1983, la DATAR, que dirige Bernard Attali, le frère du conseiller du président Mitterrand, décide d'innover. Consciente des limites de l'écrit, elle choisit de photographier la France sous toutes ses coutures. Une première série de thèmes sont définis, parmi lesquels les « paysages vus du chemin de fer » ou les « paysages de nuit ». Rien ne doit échapper aux objectifs d'une douzaine de photographes français et étrangers qui devront mitrailler également « les objets des années 80 » et les lieux de travail « agricoles, industriels et de bureaux ». Il leur faudra également « tirer les portraits des Français ».

Pour saisir tout l'intérêt de cette initiative laissons la parole à Bernard Attali : « Il ne s'agit pas seulement de dresser un constat de l'état du territoire des Français en 1984. Notre projet est plus vaste. La DATAR entend marquer par l'appel à la création artistique la plus exigeante, sa volonté de contribuer à la renaissance d'une culture du paysage ».

Intarissable, il explique également que « le paysage est peut-être moins ce qu'on voit que l'image qu'on en a ou qu'on en donne. L'image du paysage est aujourd'hui la photographie. Recréer le paysage, c'est d'abord recréer une culture du paysage ». La « mission photographique » de la DATAR a beaucoup de projets assure-t-il. Elle n'est en tout cas « ni un luxe, ni un gadget », mais un projet « concret, original et ambitieux », qui va « nourrir de la manière la moins bavarde un véritable mouvement en faveur du paysage ». Combien les Français vont-il débourser pour cette « commande d'un type nouveau » : dans un premier temps, 400 millions de centimes.

Déjà au début des années 70, la DATAR avait réussi un coup de maître gaspi. Son directeur de l'époque, Jérôme Monod, proche de Jacques Chirac, avait parrainé l'expérience « Survol de la France ». Une équipe de chercheurs américains du « Hudson Institute » avait été invitée à effectuer d'aimables vols en rase-mottes au dessus de l'Hexagone. « Parole libre, réactions révélées, regard d'« ailleurs », voilà qui justifie triplement l'expérience des survols », avait souligné Jérôme Monod. Du haut de leur avion, les experts américains remarquent par exemple que le Puy doit attirer les éleveurs de la planète. « Le gaucho argentin, le cow-boy texan et le llamero colombien y rencontreraient l'éleveur français en hélicoptère ». Quant à Barcelonnette, elle paraît tout prédisposée a être le point de rencontre des « Mexicains qui viennent plus nombreux en Europe depuis quelques années », à condition d'y créer « un carnaval et un institut d'études mexicaines ».

Au-dessus du Languedoc-Roussillon, les futurologues s'enflamment et annoncent qu'on peut « agrandir les lagons qui pénètrent à l'intérieur des terres et essayer de les transformer en lagons d'eau douce ». Ou encore « implanter certaines grandes installations militaires pour stimuler l'activité ; plus celles-ci seraient modernes, plus grande serait la stimulation ».

Le nord de la France, révèlent-ils, est « très différent du sud ». Là, se trouvent concentrées « un certain nombre de merveilles connues dans le monde entier : vins, nourritures, églises, modes et surtout les plus beaux châteaux du monde ». Bref, les Français vivent comme des « coqs en pâtes ». Voilà au moins une preuve indubitable du sérieux scientifique d'un « avion renifleur ».

L'Hudson Institute ne s'était d'ailleurs pas contenté de survoler la France. Dans un rapport commandé par le gouvernement français à quelques mois des élections législatives de 1973, il avait prédit son « envol dans les années 80 ». Très optimiste, l'institut fondé par Herman Kahn annonçait : « La France peut espérer être, au milieu des années 80, l'économie européenne la plus puissante en termes de production ».

Chères études

Quels que soient les régimes et leurs lubies, l'irresponsabilité des administrations apparaît totale. Un cas est exemplaire. Un service de la direction de la Prévision, dépendante du ministère de l'Economie, commande en 1982 à un groupe de chercheurs une étude sur les dépenses de loisirs dans les communes françaises. Quelques semaines après, ce service disparaît dans la tourmente d'une vaste réorganisation. Si bien que leur rapport achevé, le groupe de chercheurs n'a plus personne à qui le remettre. Les fonctionnaires se sont envolés, un millier de pages vont jaunir dans un tiroir, et 15 000 F ont été, une fois de plus, gaspillés.

Bien souvent, l'apprenti sorcier n'a plus la force de donner le coup de balai. **L'administration voit arriver des rapports qu'elle n'avait, semble-t-il, pas demandé. Elle régularise, in extremis, la situation et règle la facture.**

Les critères de choix sont obscurs. **Une seule certitude : il faut impérativement dépenser des budgets qui sont chaque année reconduits ou augmentés.** Sans être toujours dupes, les commanditaires donnent le feu vert à des études sans le moindre intérêt. Il s'agit toujours d'estimation, mais l'argent est celui de la collectivité nationale. Publiant en librairie des travaux sur les équipements collectifs commandés par le ministère de l'Equipement, un chercheur résume en une phrase comment il a remporté le marché : « Notre projet plaît : le poisson est harponné ».

Les prix des études sont fixés au jugé. Souvent tout passe, même l'injustifiable. Ainsi, une mission interministérielle envisage de confier à un autre organisme para-public, le CESIA, une étude sur la diffusion de l'information scientifique. Mais le CESIA, décentralisé à Marseille fait valoir que ses ingénieurs doivent fréquemment se rendre à Paris, et pour cela prendre l'avion. Raisonnement imparable, qui « justifie » un défraiement mensuel de 45 000 F par chercheur pendant un semestre.

Pour faire son choix, l'administration ne s'en remet heureusement pas toujours à son seul jugement. Plusieurs conseils scientifiques ont été mis en place pour jauger l'intérêt des recherches envisagées. Hélas, ces scientifiques ne sont pas toujours de purs esprits. Un exemple : les comités d'experts chargés de sélectionner les sujets d'étude du ministère des Transports comprenaient, il y a quelques années, des personnalités qui se voyaient ensuite confier le soin de réaliser elles-mêmes les travaux de recherches retenus.

Devenus des spécialistes en « créneaux », certains bureaux d'études se créent des rentes de situation sur des problèmes d'intérêt très inégal, voir nul. En 1976, un rapport a ainsi été demandé à un groupe de chercheurs sur « Le taxi en France — essai d'analyses socio-économiques ». Une seconde commande était passée en 1978 au même groupe sur « Le taxi en France — pratique de la clientèle et relations offre-demande ». Une année plus tard, une nouvelle étude s'impose portant sur « Les pratiques taxi dans une zone ouvrière confrontée à de nouvelles exigences de mobilité ». C'est la force du système qu'il faut toujours rafraîchir, on dit « actualiser », un rapport.

La Cour des Comptes relève aussi le cas de cette réflexion demandée à un organisme sur « l'essor des deux roues — analyse d'une erreur de prévision ». Satisfaisant ou non, le rapport se doit d'être complété deux ans plus tard par une enquête sur « la nouvelle pratique des deux roues dans différents groupes socio-culturels ». Le ministère des Transports a également commandité il y a quelques années un rapport sur « la marche à pied comme mode de déplacement ».

Charabia et cuistrerie

L'intitulé de certains travaux laisse pantois. En 1981, un organisme connu sous le nom de *Tarstinkal* a reçu 18 millions de centimes pour une « étude visant à définir après enquête des propositions pour accéder à de nouveaux gisements de productivité et pour améliorer l'efficacité de la recherche publique ». Le Centre technique industriel de la construction métallique, installé à Puteaux, s'est contenté de 152 000 F pour une « analyse probabiliste des textes réglementaires de la nouvelle génération au regard des errements antérieurs ».

Friande de travaux de prospective, la DATAR a régulièrement commandé des études à la même équipe de chercheurs. Certaines étant destinées à l'éclairer sur le sens de travaux que ce groupe avait lui-même précédemment réalisés. Par masochisme sans doute, ces experts n'hésitaient d'ailleurs pas à admettre qu'ils avaient naguère « produit un discours prospectif anémique ».

La création en région parisienne de cinq villes nouvelles — Cergy-Pontoise, Evry, Marne-la-Vallée, Melun-Sénart et Saint-Quentin en Yvelines — n'a pas manqué d'attirer les réalisateurs d'études. Des millions sont jetés dans un projet-fiasco. A Saint-Quentin-en-Yvelines, le coût de la chose imprimée représentait, en 1974, plus du quart de l'ensemble des dépenses d'aménagement. De nombreuses études ont d'ailleurs été jetées au panier en cours de route parce qu'elles se révélaient sans portée réelle.

L'établissement public d'Evry a chargé un bureau de conseil de réaliser un « test de schéma de structure à l'horizon de 1985 selon une hypothèse de répartition modale des flux avec l'extérieur ». En français, il s'agissait de prévoir l'évolution de la circulation à l'intérieur de cette ville nouvelle, et entre celle-ci et l'extérieur. De rapports de synthèse en études de plus en plus détaillées, le devis initial a enflé de 600 % en un an et demi. La réponse du ministre de l'Environnement et du cadre de vie — alors Michel d'Ornano — aux remarques de la Cour des Comptes, est une leçon d'irresponsabilité et de mépris. A mots à peine couverts, il taxe les magistrats de la rue Cambon de naïveté : « La Cour semble s'étonner de ce que certaines études aient été abandonnées ou non suivies d'effet ». C'est pourtant « inévitable ». De plus, même si certaines études « ne débouchent pas sur quelque chose de concret, elles constituent le capital intellectuel indispensable à la conduite des opérations ».

On pourrait tout aussi bien parler de mines ou de gisements intellectuels. Le ministère de la Culture dispose d'une étude d'un Monsieur Bec sur « La représentation mentale de l'animalité ». Tout est également prêt pour une révolution artistique à la campagne grâce au rapport de M. Alain Peclard, payé un million de centimes, sur les « Arts plastiques en milieu rural : projet de sculpture sur le thème Préhistoires futuristes de la vache ». A noter aussi l'étude non moins révolutionnaire sur « La pratique de l'admonestation », une œuvre des chercheurs de l'Ecole de la police.

Lanternes et vessies

Les titres involontairement drolatiques — les chercheurs se prennent toujours au sérieux — attirent bien sûr l'attention. Qui pourrait en revanche trouver à redire à un thème de réflexion intitulé : « L'adaptation des structures industrielles aux impératifs de la guerre économique ». Le sujet semble d'une brûlante actualité. Prenons donc la peine de suivre la pensée de son auteur à travers quelques citations.

Nous apprenons d'emblée qu'« être, donc vivre, c'est-à-dire être ce que l'on est, le front haut et le cou maigre, peut-être, mais sans collier, est une lutte permanente d'abord contre soi ». Nous sommes ensuite conviés à nous interroger : « Face à la dimension des ensembles qui nous confrontent l'un disposant d'une masse de papier-monnaie, l'autre d'une masse de divisions blindées et d'alliés soigneusement catéchisés, sommes-nous irréversiblement voués à l'impuissance, parce que la seule masse que nous pouvons jeter dans la bataille, pour en infléchir le cours, est constituée par le stock de vin rouge ».

En conclusion, nous découvrons que « le problème essentiel ne se pose plus en termes quantitatifs mais en termes de mutation de la nature du travailleur par rapport à son entreprise. » Autrement dit, « Que la pute attaque à cent balles ou à cent-cinquante balles. Que la pute fasse vingt-cinq passes par jour ou qu'elle bloque le compteur à vingt, où se situe la différence ? Dans un cas la différence s'appelle cinquante balles, dans l'autre cinq passes. Mais dans l'un et l'autre cas la pute demeure toujours une pute, c'est-à-dire un être qui se vend contre de l'argent sans avoir de réelle possibilité de choisir celui qui la paye et dont le seul droit est de se soumettre ». Sic.

« Or, la seule question qui se pose est bien : être ou ne pas être pute. A cette question majeure — essentielle — déterminante pour l'avenir collectif de notre société et pour l'avenir individuel de chacun d'entre nous, on ne peut répondre par une réponse quantitative ». Resic.

Quantitativement, le rapport a couté 15 millions de centimes aux contribuables. Le ministère de l'Industrie en avait saisi tout l'intérêt dès la signature du contrat. Commandé officiellement le 25 septembre 1978, il était en fait achevé depuis trois semaines.

De même, en 1977, le ministère de la Jeunesse, des sports et des loisirs achète une étude sur la « demande actuelle et future en équipements et services pour la navigation de plaisance ». Après de longues considérations sur « la sexualité du bateau », l'« image du port », la « figure du père », « le jeu ambigu du moi et du bateau », l'auteur révèle que « la mer est un univers femelle exploité par le mâle ». L'intervention de ces éléments irrationnels marque « les limites de l'étude sur le terrain », et « les siennes », conclut-il.

Ces élucubrations feraient rire, si elles étaient gratuites. Le plus extravagant est qu'elles prospèrent sans contrôle ni garde-fou. Les usines à études que sont les administrations et leurs filiales fabriquent tranquillement du vide à la chaîne. L'important n'est pas ce qui est dit, mais la manière de n'en rien dire. Dans un style redondant, les intellectuels en lustrine tirent à la ligne. L'indigeste fait sérieux. La cuistrerie crée l'illusion du brillant. Le volume en impose. Pourquoi faire simple quand on peut faire compliqué ?

Pour préparer les débats d'une conférence nationale consacrée à l'aménagement du territoire, un rapport sur « Les relations entre mode de travail et mode de vie » annonçait sans détours que « tous les développements ultérieurs sont moins destinés à répondre au sujet posé » qu'à « prendre ce sujet comme illustration de la *méthode*. Il précisait aussi qu'« analyser, en termes d'aménagement, ce projet modes de vie/modes de travail, comme tout autre problème, ne peut que conduire à passer à côté des données propres a ce problème, parce que celui-ci n'est et ne peut être que l'émergence à son niveau particulier et dans sa forme spécifique, du problème politique général qui constitue la matière, le sujet, le domaine et la responsabilité de l'action gouvernementale ».

Enterrements avec fleurs et couronnes

Soyons justes : des organismes publics s'efforcent de rendre plus transparente la société française. Les études du Centre d'études des revenus et des coûts (CERC) ou les enquêtes du Centre de recherche économique sur l'épargne nous ont appris que les inégalités de fortune ont doublé en vingt-cinq ans mais que l'écart entre les revenus s'est réduit depuis 1968.

Qui fraude en France ? Le CERC, encore lui, a avancé sur un terrain miné en classant les champions de l'évasion fiscale. Ulcérés, les agriculteurs, les chauffeurs de taxis ou les détaillants de fruits et légumes ont vigoureusement protesté. Plus avisés, d'autres professionnels de la fraude ont fait le gros dos, laissant passer l'orage médiatique. Le beau temps est revenu.

Ce sont ces rapports clairs, souvent d'un volume raisonnable, qui pourraient mettre à mal les raideurs des structures et s'imposer aux corporatismes. Le pouvoir politique qui n'entend pas s'aliéner des électeurs en brisant les égoïsmes, va les enterrer. C'est la pratique du baiser au pendu, que l'ancien régime développa avec une élégante désinvolture.

Que répond Giscard aux soixante-dix propositions que lui présente l'ancien ministre Pierre Sudreau sur la réforme de l'entreprise : « Je tiens à rendre hommage à la qualité des travaux... Mais, il ne convient pas de se prononcer prématurément sur le fond de vos propositions ».

Depuis vingt ans, tous les gouvernements de la Ve République ont estimé qu'il était urgent de patienter avant de suivre les recommandations du célèbre rapport Rueff-Armand qui dénonçait les gaspillages de base de la société française. De même, un rapport de Simon Nora sur les dépenses publiques fut enterré sous le septennat précédent. Ou encore, mais aucune liste ne saurait être exhaustive, les travaux de Michel Albert sur le partage du travail proposant une prime aux volontaires du temps réduit.

Peu après la publication de l'ouvrage remarqué de François de Closets *Toujours Plus*, François Mitterrand fait annoncer à l'issue d'un conseil des ministres, qu'il charge la Cour des Comptes d'étudier le système des rémunérations dans le secteur public et que des mesures seront prises pour en corriger les abus. Depuis plus d'un an ce rapport est achevé. « Toujours rien », pourrait écrire de Closets.

Le rapport Méraud, Blot, Ventejol sur les grosses fortunes, le rapport Hanoun sur les aides à l'industrie : d'autres travaux, de semblable qualité, et la même absence de décision. Il est vrai que les responsables de ces rapports ne s'en émeuvent guère. Ils ont accolé leur nom à une œuvre impérissable. Ils l'attacheront à un autre chef d'œuvre qui ne manquera pas de leur être confié.

Les grenouilles planivores

Par une de ces ironies propres à l'histoire, c'est la gauche au pouvoir qui a remis le Plan à sa modeste place. Juin 1981 : l'hôtel particulier de la rue de Martignac se gonfle d'importance, et le millier de grenouilles planivores ruminent déjà les scenarii des années 80. Etiolés par les années Giscard, les planificateurs brassaient des tonnes de papier mais le cœur n'y était pas.

En élargissant le secteur public, le gouvernement socialiste leur avait redonné espoir. Un super-ministère était créé pour ces maîtres de l'avenir. Une ombre au tableau, cependant : son chef, Michel Rocard est mal en cour. On ne peut en dire autant de Gaston Defferre qui récupéra le maroquin, un instant proposé aux communistes, dans le gouvernement formé à l'été 1984 par Laurent Fabius. Mais le vieux baron est bien fatigué.

Nostalgique de la grande aventure du Plan de l'après-guerre, prêt à revivre la mystique gaullienne de l'« ardente obligation », la gauche allait planifier en prenant le contre-pied de l'ancien régime, qui conjugait le pilotage à vue et les réflexions sur le troisième millénaire. Le VIIIe Plan (1981-1985), un document filandreux, limité à une déclaration de politique générale, n'avait même pas été voté par le Parlement. Au total, seize tonnes de papier, des centaines de réunions pendant dix-huit mois, et vingt sept — oui, vingt-sept — scénarii d'évolution de l'économie d'ici 1985. Un monumental gâchis de talent, de temps et d'argent.

Qu'importe, les outils de la planification n'ont pas rouillé. Les inévitables modèles vont à nouveau pouvoir libérer chiffres et prévisions. Les visionnaires de l'INSEE piochent dans les données-clés de l'économie, s'emparent d'une nuée d'informations sur les comportements observés ou supposés des Français, rajoutent une pincée de divagation sur le dollar ou la production de chaussures.

Par l'étonnante alchimie informatique, l'ensemble est mis en équations, le modèle « tourne » : la vérité est révélée. Ses prévisions sont paroles d'Evangile. Les premiers modèles datent de 1950, mais leur irrésistible ascension prend naissance à la fin des années soixante. Affublés de noms cocasses et mystérieux, car les ordinocrates au cerveau binaire ont de l'humour, les modèles sont devenus des monstres. « Zogol », utilisé par le Commissariat au Plan en 1966 comprenait 100 équations. Il était jugé « très sûr ». Mais il a dû s'effacer au profit de « Fifi », qui avec 1 500 équations était, paraît-il, un « excellent modèle statique » pour les VIe et VIIe Plans. Aujourd'hui, nous avons avec « DMS » (2 000 équations), « Propage » (4 500 équations) ou « Copain » des « outils encore plus raffinés dans les liens entre court et moyen termes », nous apprend l'INSEE.

L'avenir balisé par les machines à penser s'est fourvoyé. Les modèles ne peuvent pas se tromper, c'est la réalité des faits qui est mensongère. Ainsi les planificateurs avaient prévu 5,5 à 6 % de croissance économique par an entre 1976 et 1980. L'activité n'a progressé que de 3 %. Autre exemple de la mauvaise foi de l'économie réelle : le VIIe plan prévoyait il y a dix ans un accroissement des capacités de la sidérurgie française à 30-40 millions de tonnes. On a bien du mal à produire la moitié de ces prévisions.

Il n'y a pas de déterminisme informatique. Les ordinateurs de la météorologie nationale ne peuvent prévoir le beau temps ou les orages audelà de quarante-huit heures. Mais ceux des planificateurs distinguent aisément les ciels sereins de l'horizon 2000.

Le temps est le grand ennemi des prévisionnistes. Mais qui se soucie de relire, vingt ans plus tard, les « Réflexions pour 1985 », publié en 1964 dans le cadre de la préparation du Ve plan ? Ce rapport best-seller — 100 000 exemplaires diffusés — n'avait prévu ni le chômage, ni l'inflation. Il s'inquiétait au contraire d'un éventuel manque de bras pour faire tourner les usines des années 80.

Il faudrait aussi rappeler l'expérience des « indicateurs sociaux », cher à Jacques Delors quand il dirigeait le service des Affaires sociales du Commissariat au Plan durant les années soixante. Aux indices économiques, il s'agissait d'adjoindre une « batterie » d'indicateurs sur la santé, l'éducation ou la famille. Cinq cents pages avaient été ainsi noircies de chiffres aussi inutiles que fastidieux. Un monument de crédulité scientiste qui a sombré dans l'oubli. Le patron de la Commission européenne s'en rappellet-il. Peut-être, mais il n'en parle jamais.

Peu après l'arrivée de la gauche au pouvoir, les experts de l'INSEE préparent des projections « à l'horizon » 1988. Dans l'euphorie du changement, la fièvre s'empare des ordinateurs. Quinze scénarii sont mis au point. Mais, six mois plus tard, arrive le plan Delors. Toutes ces prévisions scientifiques sont rangées au placard. Elles ont tout simplement oublié le scénario de la rigueur.

En liaison avec les travaux d'une commission nationale et de ses neuf commissions annexes, quarante-et-un groupes d'études se sont également mis fébrilement au travail. Des centaines de professionnels du verbe ont ainsi accouché d'une montagne de rapports. Leurs titres, feuilletés au hasard, montrent que rien n'a échappé au regard aigu des acteurs du changement. Voici l'étude sur « L'industrie du futur » ou la réflexion sur « Le temps choisi » ainsi que celle sur « L'impératif culturel » ou encore le rapport sur « La politique monétaire ».

Au total, la ruche a produit 101 rapports, tous édités par la Documentation française, noircissant 11 000 pages. De 1981 à 1984, la grande œuvre aura coûté aux contribuables quatre cents millions de francs. Sans complexe, le Commissariat au Plan explique que « presque toujours les rapports ont suscité l'intérêt des médias et l'attention de l'opinion, preuve qu'ils ont repéré avec pertinence les questions pour demain que se posent les Français ».

Pour n'en donner qu'une preuve, citons la conclusion du rapport sur « Les alternatives à l'hospitalisation ». Après avoir noté que cette étude de cent pages jette « une certaine lumière sur quelques difformités du système de santé français », les rapporteurs s'interrogent : « Faut-il ajouter une pièce, fut-elle de belle étoffe, à cet habit d'arlequin ? Ne vaudrait-il pas mieux dresser d'abord un plan d'ensemble ? »

Puis, ils concluent en remarquant que « depuis vingt ans la « tentation structuraliste » a déjà inspiré de nombreux discours sur le système de santé sans être à l'origine de plus d'harmonie. Sans doute devons-nous admettre avec réalisme qu'une percée innovante accentuant à court terme l'hétérogénéïté du système est susceptible d'améliorer le dessin des nouvelles architectures que peut bâtir le changement politique ».

Heureusement, les têtes d'œuf du Plan peuvent sous-traiter quelques menus travaux à l'extérieur. Le Bureau d'informations et de prévisions économiques est devenu le grand spécialiste des « projections glissantes détaillées », tandis que le Centre de recherche pour l'étude et l'observation des conditions de vie » n'a pas hésité à braver l'ennui d'une « Enquête répétitive sur les perceptions des Français en matière de revenus et de prix », pour la modique somme de 50 000 F.

Avec la fin de l'« état de grâce », le changement s'est moulé dans la continuité. Le premier plan Mitterrand a brusquement endossé les habits du dernier plan Giscard. Avec une même désinvolture, l'argent public aura été gâché à engraisser une machine dont les productions sont jetées à la décharge publique.

La gabegie décentralisée

La gauche a mis deux ans pour s'apercevoir que le retour aux temps glorieux du Plan se heurtait à la « contrainte extérieure ». Vouloir viser un horizon invisible en programmant la France était une illusion dont la crise a eu raison. Les faux repères ne servent qu'à s'égarer davantage. La gauche semble l'avoir compris. Reste que gouverner, c'est prévoir. Nul ne met en doute ce truisme. Faire des plans, inspecter le futur, se soumettre à des objectifs : il n'est pas question pour l'Etat, les collectivités locales ou les entreprises d'y renoncer. Les cadres n'entendent pas non plus oublier leur plan de carrière. Leur ambition s'est simplement limitée. L'avenir c'est peut-être aussi le chômage. L'époque est à la modestie et l'aventure des prévisions planétaires n'est plus au coin de la rue.

Quant au IXe Plan, il se résume aisément : il faut d'ici à 1988 moderniser, c'est-à-dire bouleverser, l'industrie française. Trois cents pages, dix « grandes actions », douze « programmes prioritaires d'exécution ». Pas de chiffres sur la croissance, sur l'emploi, ou sur les échanges extérieurs. Un modèle, un vrai, de concision. A défaut de cohérence avec l'objectif martelé par le président Mitterrand d'une réduction du poids des prélèvements obligatoires.

L'avenir des usines à études est assuré. Le chômage devrait épargner nos réservoirs de matière grise. A condition que nos faiseurs d'études acceptent de se décentraliser, et de suivre ainsi le second volet du IXe Plan. Chaque région doit désormais faire connaître au gouvernement « les priorités de développement de ses activités productrices ». Des « contrats de plan » devront également être conclus entre l'Etat et les collectivités et les entreprises publiques. Ainsi, chaque région élabore un mini-plan, l'applique en le finançant sur son budget (10 à 12 milliards de francs en moyenne) et les dotations de l'Etat. La décentralisation de la gabegie est en marche.

Une note de synthèse rédigée en décembre 1982 pour le compte du ministère de l'Industrie par un universitaire d'Amiens en montre tout l'enjeu stratégique pour la caste des chercheurs en « science administrative ». Un bref aperçu historique nous apprend que le « monopole » que les « juristes » s'étaient « arrogés » dans ce domaine a été récemment brisé par les « sociologues » qui y ont fait une « intrusion ».

Au point qu'il y a aujourd'hui un « sur-développement de la recherche locale » et que les travaux « deviennent assez répétitifs et monotones ».

Mais par bonheur, la loi sur la régionalisation de 1982 « peut avoir sur ce plan un effet positif », en fournissant matière à une nouvelle génération de rapports. Analyse de marché, souplesse d'adaptation, intuition des « créneaux » d'avenir : qui prétend que nos chercheurs n'ont pas l'esprit d'entreprise ?

LE GASPILLAGE DANS TOUS SES ÉTATS

A tout seigneur tout honneur : l'Etat a un chef. Et ce chef a des idées, qu'il convient de réaliser dans les plus brefs délais. Nous avons renoué depuis 1958 avec la monarchie constitutionnelle : les prérogatives du Prince ont été renforcées et sa prodigalité favorisée. Le coût de ses initiatives ne relève pas, en théorie du moins, du secret d'Etat. Mais il est souvent difficile à appréhender.

Exemple parmi tant d'autres, récents ou plus anciens : Jacques Attali, grand maître des cérémonies, resta d'une extrême discrétion sur la charge, pour les finances publiques, du faste versaillais déployé pour le sommet des « grands » de ce monde au printemps 1982. Le champagne eut beau couler à flots sous les lambris dorés, Reagan resta inflexible et dominateur. Et le dollar poursuivit son irrésistible ascension.

Les bonnes idées du Prince

Qui se souvient de l'« Institut Auguste Comte pour l'étude des sciences de l'action » ? Né en juillet 1977, cet enfant chéri de l'ex-président Valéry Giscard d'Estaing disparut en catimini au mois de novembre 1981. Dans l'esprit du prince giscardien, cette académie de haut vol devait « contribuer à promouvoir la pensée scientifique française ».

Pas moins de neuf ministères furent mis à contribution pendant quatre ans pour arroser la pépinière. On l'installa dans les prestigieux bâtiments libérés par l'Ecole polytechnique sur la Montagne Sainte-Geneviève, coûteusement rénovés pour l'occasion. L'ambition pédagogique de cette école de cadres de l'ère giscardienne était à la mesure de son financement : dénuée de modestie. Il s'agissait d'enseigner « le modèle réduit de la vie d'homme d'action et d'apprendre à décider sous contrainte ». Pas la contrainte budgétaire, rassurez-vous.

Les moyens de l'importante institution ne cessèrent d'enfler, beaucoup plus vite que le nombre d'étudiants. De 18 millions en 1978, son budget s'envola pour atteindre 64 millions en 1981, alors que les promotions ne dépassaient pas une cinquantaine d'élèves. De chers élèves, fonctionnaires ou non, présentés par les ministères bailleurs de fonds selon des critères pour le moins obscurs. Outre leur traitement qu'ils continuaient de percevoir, ils coutèrent chacun plus de 340 000 F aux finances publiques. Plus de 3,4 millions de centimes par mois d'études. Choyés, mais pas reconnaissants pour autant : l'enseignement manquait de réflexion sur l'action et les projets ne comportaient aucune des contraintes que l'on rencontre dans la vie active, se sont plaints plusieurs de ces ingrats.

A leur décharge, il faut noter que la direction de l'Insitut ne leur donna pas l'exemple d'une gestion saine et rigoureuse. Rien n'était trop beau pour former cette élite. Hélas, l'Institut fut soumis à un pillage en règle. Les lits, les magnétophones, les téléviseurs, les lanceurs de balles de tennis et même une caméra de surveillance furent subtilisés par d'insaisissables cleptomanes.

Le grand livre du monde

Sous les prétextes les plus extravagants, l'Institut ne tarda pas à se transformer en agence de voyages. Afin de rédiger un rapport sur « la création d'un réseau d'escales légères pour la navigation de plaisance en Corse du sud », un groupe d'élèves se vit contraint d'effectuer de lointaines et fatigantes missions, en Nouvelle-Zélande, en Australie, en Californie et aux Antilles. Non sans avoir au préalable visité plusieurs salons européens de navigation.

D'autres étudiants s'intéressaient au « développement économique du marais poitevin ». Ce sujet ne pouvait bien entendu être épuisé sans un voyage en Hongrie et plusieurs séjours aux Etats-Unis. Le groupe chargé du « développement du procédé de tannage des protéines pour l'alimentation bovine » s'envola de son coté pour un long périple en Asie du sud-est. Ereintés par le décalage horaire, les membres de cette équipée remirent en guise de rapport quelques extraits d'un dossier publié peu de temps auparavant par un hebdomadaire.

Ces hommes d'action ne pouvaient être lâchés sans chaperon en d'aussi lointaines contrées. Un enseignant, de langue maternelle anglaise, interprète et gentil organisateur à la fois, fut donc recruté pour parcourir le vaste monde en leur compagnie.

Les onéreuses expéditions — il n'était évidemment pas question d'acheter des billets collectifs ou « charters » — étaient nécessaires « pour saisir la dimension des problèmes internationaux et mieux appréhender sur le terrain les questions soulevées par les projets », nous explique sans rire le ministre de la Défense, à qui fut confiée la tutelle de l'Institut. La direction prit cependant conscience que certains élèves « pouvaient mal utiliser les possibilités offertes par les voyages, puisque des récompenses ont été instituées pour les encourager », s'empresse-t-il d'ajouter.

Nos voyageurs impénitents ne négligeaient pas l'Hexagone. L'hiver, un véritable pont aérien reliait la Montagne Sainte Geneviève aux pentes enneigés des Alpes. Le motif ? Une étude, assurément délicate, sur l'aménagement du domaine skiable des Trois-Vallées, dans la région de Chambéry. Toujours aux frais de la princesse, les employés et leurs familles organisèrent une conviviale réunion à Genève et à Avoriaz en janvier 1979. « Pour favoriser une bonne cohésion du personnel », nous confie encore le ministre de la Défense.

Le voyage était à ce point important dans la vie de l'Institut qu'une agence y délivrait des billets à domicile. Elèves et employés achetaient les titres de transport à leur convenance. Certains n'hésitèrent d'ailleurs pas à se faire rembourser des déplacements qu'ils n'avaient pas effectués.

Irrégularités comptables et détournements de fonds publics ont marqué la brève existence de l'Institut. Espérons qu'un des professeurs n'a pas fait trop d'émules parmi les étudiants. Retraité militaire, professeur à mi-temps à Polytechnique, ingénieur en chef à Air France, cet homme aux multiples casquettes était chargé de conseiller la direction de l'Institut pour les problèmes de recrutement et de « développement personnel ». Pour l'aider dans cette tâche difficile, il avait recours aux services d'une association, « Euroforhum ». Il put ainsi signer d'importants contrats au bénéfice de cette institution (plus de 28 millions de centimes en 1979), dont le délégué général n'était autre... que lui-même.

Sommé de s'expliquer sur les activités de ce rejeton dispendieux, le ministère de la Défense a ouvert tout grand le parapluie : « La Cour (des comptes) n'ignore pas que la décision de création a été prise au plus haut niveau de l'Etat et que c'est encore à ce niveau qu'ont été définies les orientations essentielles le concernant et, d'une manière générale, étudiées toutes les questions les plus importantes relatives à ses objectifs et à ses moyens ». Voilà qui est clair. Le ministère de la Défense a suffisamment d'occasions de dilapider l'argent public pour rendre à César ce qui lui appartient.

Griffer l'histoire

Il est un domaine où le fait du prince s'impose avec une majesté toute particulière : c'est celui des grands projets monumentaux destinés à « griffer l'histoire », comme le dit Paul Guimard, l'écrivain ami et conseiller de François Mitterrand. **Comme jadis les rois et les empereurs, les présidents républicains entendent immortaliser dans la pierre leur passage aux affaires.**

Loin de nous l'idée de considérer la culture ou les imposants monuments comme des gaspillages. Il arrive qu'ils soient beaux et ils sont nécessaires à la grandeur de la nation. Ils garnissent en outre les carnets de commande de l'industrie du bâtiment, qui en a bien besoin. Et participent de la sorte à la lutte contre le chômage. La France se doit d'ajouter à son patrimoine des œuvres architecturales du temps présent.

Mais Rome ne s'est pas faite en un jour. La rigueur, qui frappe les ménages et les entreprises, ne devrait pas signifier l'annulation des projets mais une prise en compte plus réaliste de leurs coûts de construction et de fonctionnement, la recherche de solutions moins onéreuses et sans doute un étalement de ces programmes de prestige.

Une anecdote circule dans les couloirs du pouvoir, révélatrice du statut particulier de ces « projets les plus favorisés ». Quelques mois avant son départ de Matignon, alors qu'il devait se résigner à serrer d'un cran la politique de rigueur, Pierre Mauroy avait demandé audience au président. Le motif de cette visite ? Convaincre François Mitterrand de la nécessité de réduire les enveloppes consacrées aux grands projets. Las ! le premier ministre regagna la rue de Varennes l'air défait. « Jamais je ne me suis fait engueulé de la sorte », aurait-il confié à ses proches collaborateurs.

Les grands travaux du Président

Annoncés en mars 1982, les « grands travaux du Président » coûteront au total 15 milliards de francs, laisse t on entendre en haut lieu. Il faut remonter au préfet Haussmann pour retrouver un programme aussi ambitieux. Parmi les huit projets, trois sont nouveaux : l'Opéra « moderne et populaire » de la Bastille, l'installation du ministère de l'Economie quai de la Rapée, et le Grand Louvre. Trois autres, hérités du précédent septennat, ont été complètement repris à zéro : l'Institut du monde arabe, le parc de la Villette et la « Tête Défense », qui abritera un « Carrefour international de la communication » et deux ministères. I es deux derniers, les musées de la Villette et de la gare d'Orsay étaient en cours de réalisation lorsque la gauche s'installa au pouvoir.

« Pas question d'augmenter l'enveloppe », assure-t-on officiellement. Une mission de coordination a d'ailleurs été formée en avril 1982 sous la direction d'Yves Dauge, directeur de l'Urbanisme et des paysages, pour faire la chasse aux dépassements de crédits.

Gageons pourtant que le paquet-cadeau présidentiel enflera en chemin. A moins qu'on ne se résolve à abandonner ou à retarder certains projets. La dérive budgétaire est en effet consubstantielle aux grands projets. Au point que certains responsables des finances sussurrent qu'à l'heure des bilans, les coûts seront multipliés par deux.

Les grands projets échappent très largement aux règles communes de la dépense publique. **Aussi étonnant que cela puisse paraître, les choix sont faits en l'absence de devis.** Un concours est lancé, architectes et agences accourent de partout : huit cents inscrits pour la Villette, un record de deux mille pour l'Opéra de la Bastille. Les projets sont alors sélectionnés par un jury. Seule compte la qualité, peu importe le prix.

En dernière instance, le Prince tranche seul. Après avoir consulté la « bande des quatre » — qui sont en fait cinq : Jack Lang, Paul Guimard, Robert Lion, Roger Quillot et Paul Quilès — il choisit le lauréat sans savoir ce qu'il en coûtera. L'immortalité ne souffre aucun délai. Une fois la décision prise, le temps est bousculé au mépris des procédures budgétaires, et au prix de surcoûts imprévus. Et l'architecte, rémunéré en fonction du coût de l'ouvrage, n'est guère incité à l'économie.

Sur les instances des parlementaires, des estimations sont de temps en temps chichement distillées. Mais, lorsqu'en fin d'opération, on fait le compte des crédits éparpillés aux quatre coins du budget, les factures ont doublé, parfois même quadruplé.

Les folies de la Villette

En décembre 1979, après que Valéry Giscard d'Estaing eut décidé de convertir les abattoirs de la Villetté en musée, le coût de l'opération est évalué à 800 millions de francs. Quatre ans plus tard, l'estimation frôle les cinq milliards de francs. Jusqu'où glissera-t-on ? La réponse ne devrait plus tarder, puisque l'inauguration du musée des Sciences et des Techniques est prévue pour mars 1986.

L'histoire bégaierait-elle à la Villette ? Un milliard de francs (1974) s'étaient évaporés, en pure perte, dans le scandale des abattoirs. Cette fois, assure Paul Delouvrier, le patron de l'établissement public chargé de l'opération, les coûts sont maîtrisés. Et ils sont incompressibles, ajoute ce grand commis de l'Etat, qui dirigeait E D F au moment du lancement du programme nucléaire. « Le mètre d'exposition à la Villette n'est pas plus cher qu'au Space Museum de Washington », a-t-il confié au *Monde*.

Soit. Mais quels seront les frais de fonctionnement du superbe musée dédié à la technologie ? Maurice Lévy, son directeur, n'était pas en mesure de fournir une réponse en février 1984. Pourtant des estimations circulent discrètement : le « gros outil de communication », comme le définit son directeur, emploiera quelque 1 500 personnes et exigera un budget d'environ 500 millions de francs par an.

Déjà lourdement grevés par le centre Pompidou, les crédits du ministère de la culture seront de plus en plus accaparés par les pesantes institutions parisiennes, au détriment de la volonté affichée de décentralisation culturelle. Pour alléger l'addition, on envisage de faire appel à des fonctionnaires, enseignants par exemple, qui seraient mis à la disposition du musée, tout en étant payés par leur administration d'origine. Ces transferts entre ministères rendront les comptes du musée plus opaques. Mais in fine, ils ne soulageront en rien la charge supportée par le budget de l'Etat.

Des économies sont encore possibles sur la Cité de la musique et le Parc de la Villette. Sa réalisation a été confiée à l'architecte franco-suisse Bernard Tschumi. Un théoricien abscons qui définit l'architecture comme « l'ultime acte érotique, parce que, portée à l'excès, elle révèle à la fois les traces de la raison et l'expérience sensuelle de l'espace » (interview au Monde 20 novembre 1983). Il propose des « folies » pour ponctuer le futur Luna Park de l'est parisien. Ces petits édifices cubiques abriteront des ateliers, des restaurants ou des salles de sport. Les folies n'ont pas de prix. Mais le devis, en voie d'élaboration, pourrait dépasser les 800 millions de francs.

Plus ancien encore — la décision remonte à décembre 1974 —, le projet d'Institut du monde arabe (IMA) souffre lui aussi d'un prix à géométrie croissante. Le bâtiment dessiné par le jeune architecte Jean Nouvel est sans doute, parmi les « grands travaux », le plus novateur et le plus intéressant sur le plan esthétique. Entre Notre-Dame et la faculté de Jussieu, la Sorbonne du monde de l'Islam présentera une façade cinétique dont le dessin, inspiré de l'art arabe, jouera avec la lumière grâce à des cellules photoélectriques.

Malheureusement, le coût du projet a plus que doublé en deux ans, passant de 150 à 400 millions de francs. A l'origine, il était prévu que la France fournirait le terrain, tandis que dix-neuf Etats arabes prendraient en charge le financement des travaux. Mais un litige avec la ville de Paris — sur l'emplacement puis la taxe foncière — et la remise en cause du projet à l'automne 1981 entraînèrent une perte sèche de 5,6 millions et une forte augmentation du devis. Les pays arabes co-financiers ayant réglé leur part (130 millions) sur la base des premières estimations, c'est aujourd'hui aux contribuables français qu'il incombe de financer le surcoût.

La pyramide Tonton

Autre projet giscardien, le Musée du XIXᵉ, installé dans l'ancienne gare d'Orsay, est trop avancé pour être remis en question. Cette opération, note la Cour des Comptes, a été marquée par des « anomalies, voire des irrégularités », causes d'une importante dérive, sur les coûts et les délais. En 1978, une loi-programme prévoyait une « dotation définitive et non révisable » de 363 millions pour l'aménagement de ce musée, dont l'ouverture était prévue pour 1983. Cinq ans plus tard, la note dépasse 1,2 milliards et l'inauguration est repoussée à 1987. Des aménagements imprévus, les modifications successives du projet et les « avantages consentis à la compagnie Renaud-Barrault » sont responsables de l'explosion des coûts. Pris en charge par l'Etat, le transfert de la troupe de théâtre de la gare d'Orsay au Palais de glace a coûté la bagatelle de 35 millions de francs.

Comble de malchance, l'intérêt du musée qui abritera les œuvres d'art créées entre 1848 et 1914 est aujourd'hui contesté : il fera éclater plusieurs collections du Louvre, au moment même où on décide de l'agrandir considérablement.

Le déménagement du ministère des Finances à Bercy va en effet permettre au Grand Louvre de récupérer 50 000 m² rue de Rivoli. Cette double opération, décidée à l'orée du septennat, coûtera aussi cher que la Villette, environ 5 milliards de francs. C'est, dit-on, celle à laquelle François Mitterrand tient le plus depuis qu'il a vu la maquette de la pyramide de verre que l'architecte sino-américain Ieoh Ming Pei propose d'édifier dans la cour Napoléon.

La pyramide Tonton dans la cour Napoléon : au cœur de Paris, entourée des ailes du Louvre qui portent les noms des rois de France, le sphinx socialiste ne pouvait rêver mieux pour immortaliser son septennat. On craignait une nouvelle bataille des pyramides. Mais, surprise, Jacques Chirac fut séduit à son tour par l'édifice du « plus grand architecte actuel », qui servira d'entrée centrale au musée.

Moins heureux sur le plan architectural, le nouveau ministère des Finances se présentera sous la forme d'une lourde barre de 350 m de long, ancrée dans la Seine derrière la gare de Lyon.

L'Opéra de la Bastille, dont le devis atteint deux milliards de francs, n'est guère plus convaincant d'un point de vue esthétique. Et son coût de fonctionnement reste mystérieux. Or l'art lyrique coûte cher. La subvention moyenne par place représente 700 F à l'Opéra de Paris, au Palais Garnier.

Quant à l'arc de triomphe, cubique et monumental de la « tête Défense », il coûtera également deux milliards de francs selon les premières estimations. Pour soulager les finances publiques, l'Etat envisage d'associer des partenaires privés au financement du « Carrefour international de la communication » qu'il abritera. Mais là encore, les incitations fiscales qui accompagneront cet appel au mécénat devront être comptabilisées en pertes de recettes pour le Trésor public.

En cette période de bilans peu reluisants, rares sont les entreprises dégageant un cash flow suffisant pour subventionner les arts. « Nous sommes submergés de demandes, confie Bernard Delapalme, responsable de la recherche à Elf Aquitaine. **Les administrations, à bout de crédits, se tournent vers les rares entreprises nationales florissantes.** » Mais les plus belles filles du monde ne peuvent donner que ce qu'elles ont. Et les fonds consacrés au mécénat ne pourront évidemment l'être aux investissements de modernisation ou à la formation.

Un peu d'histoire

Qui songerait à fêter le 17 février ? C'est pourtant ce jour là, en l'an 1800, qu'est née l'administration française. Du moins sous sa forme moderne. Sous Colbert, le ministère de la Marine, l'un des plus importants, ne comptait que cinq fonctionnaires. En créant un corps d'agents instruits et appointés par l'Etat, Napoléon ne faisait que répondre à l'une des doléances les plus communes des cahiers de 1789. **Le peuple qui renverse la monarchie veut des fonctionnaires et une administration pour en finir avec les privilèges et les corporations.** On préfère les rigueurs de la règle à la violence de l'arbitraire. Au nom de l'efficacité, l'empereur organise la jeune administration sur le modèle militaire. Il contrôlera l'Europe avec vingt-cinq mille fonctionnaires.

Jusqu'à la Première Guerre mondiale, l'administration incarne la « puissance publique ». Elle collecte l'impôt, assure la défense des citoyens, garantit l'ordre public et rend la justice. Son domaine s'étend sous la IIIe République à l'école, qui devient laïque et obligatoire avec Jules Ferry, et aux grands travaux publics, lancés par Charles de Freycinet.

L'administration se découvre une nouvelle vocation à l'occasion de la Grande Guerre : elle devient dirigiste et planificatrice. La nature de son pouvoir ne justifiant pas l'extension considérable de son champ d'intervention, l'administration tirera désormais argument du but poursuivi. Son action est légitime dès lors qu'elle est au service du public. Fini l'Etat-gendarme : l'arrêt Blanco, rendu en 1873 par le Conseil d'Etat, invente le critère du « service public » et fonde juridiquement l'Etat-providence.

Après 1918, l'Etat ne cessera de phagocyter de nouvelles activités. Grignotage progressif, ou absorption gloutonne, à l'occasion des nationalisations de 1945. Cette boulimie provoque une nouvelle crise de légitimité. Que devient le critère du « service public » quand l'Etat se met à fabriquer des automobiles et que les « sociétés d'économie mixte » fleurissent dans les activités les plus diverses.

D'une conception avant tout répressive de son rapport à la société civile, l'administration a basculé vers une vision préventive et interventionniste. L'impôt, et la dépense publique, passés de 15 % environ du revenu national en 1914 à 45 % en 1945, deviennent des instruments de régulation économique à l'occasion de la crise des années trente.

Il manque encore à l'administration une reconnaissance politique de son pouvoir, qui n'a cessé de se renforcer depuis 1945. L'appareil bureaucratique incarne la permanence de l'Etat face à la valse accélérée des gouvernements de la IVe République.

Le mépris du général de Gaulle pour les partis et les politiciens le conduit tout naturellement à les écarter de l'exécutif. Il leur préfère instinctivement ces spécialistes désintéressés de la chose publique que sont les hauts fonctionnaires. C'est parmi eux qu'il choisit les ministres de sa République. C'est avec eux qu'il multiplie et renforce les ministères techniques. C'est dans leur pépinière qu'il sélectionne les patrons des grandes sociétés nationales aux activités de plus en plus tentaculaires.

Trop et pas assez

« Nantis », comme disait Raymond Barre, les fonctionnaires sont les boucs émissaires d'une société où l'Etat-providence est en crise. Les « rongeurs » du budget de l'Etat catalysent les aigreurs tricolores.

« Un ministère est un lieu où ceux qui arrivent en retard croisent dans l'escalier ceux qui partent en avance », écrivait Courteline. Du roman balzacien aux zincs de bistrots, le rond-de-cuir est depuis longtemps brocardé. Coûteux et improductifs, les fonctionnaires seraient inutiles et même souvent nocifs, voire nuisibles. Et l'Etat est tour à tour boulimique, obèse, indécis, faible ou autoritaire.

Les « chinoiseries » et la paperasserie sont aussi un des bons filons du journalisme. Les stars radiophoniques ou audiovisuelles ne résistent pas à la petite tranche d'antenne où l'on nous conte les malheurs de citoyens empétrés dans des filets bureaucratiques absurdes, comiques et parfois dramatiques. Mais les anecdotes restent le plus souvent marginales. **Il est bien sûr plus facile de railler les chèques de zéro francs quinze centimes des ordinateurs de la Sécurité sociale que de s'attaquer à la gabegie de la Défense nationale.**

Le mal bureaucratique est d'autant plus mal ressenti qu'il est abstrait. Ainsi 56 % des Français s'estiment « étouffés » par la bureaucratie, inhumaine et gaspilleuse. Alors qu'un tiers seulement de nos concitoyens se souviennent avoir été « victimes » de tracasseries administratives.

Pourtant le Français qui peste contre le poids des fonctionnaires et les absurdités de l'administration est souvent le premier à en redemander. A râler parce qu'il manque des instituteurs dans l'école où est inscrite sa progéniture. A maugréer parce que la justice est trop lente. Et l'administration vouée aux gémonies est évidemment sollicitée par le petit patron en quête de subventions.

En bref, il y aurait trop de fonctionnaires en gros et pas assez dans le détail. « Il est permis de se demander si contrairement à une opinion communément répandue, la France n'est pas un pays sous-administré », lit-on dans le rapport consacré à la fonction publique par la Commission du bilan.

L'honnêteté du fonctionnaire, n'est pas en cause, à de très rares exceptions près. Personne ne songerait à inclure un poste corruption au bilan du gaspillage administratif à la française. Cette évidence mérite d'être rappelée, car l'intégrité est loin d'être la vertu la mieux partagée. Et pas seulement dans les pays du tiers monde. Alors faut-il crier haro sur la bureaucratie ou se féliciter d'une « administration que le monde nous envie » ?

Une administration sans prix

L'Etat et ses agents, seuls dépositaires de l'intérêt général, ne supportent guère d'être inspectés, fût-ce par les honorables parlementaires. Les contrôles internes sont dans l'ensemble mal adaptés et il n'en existe pratiquement pas de l'extérieur.

Tel le poulpe menacé, l'administration a des réserves d'encre pour protéger son opacité. Le secret est un de ses remparts les mieux fortifiés. Quant aux informations qu'elle consent à dévoiler, on ne peut les contester. Car l'unique source d'information sur l'administration n'est autre que l'administration : nul ne dispose, hors l'Etat, des moyens de reconstituer les données qui servent à le juger.

Bien sûr, pourrait-on rétorquer, l'administration publie des « bleus » budgétaires et d'innombrables documents. Mais le secret sait aussi emprunter les voies de l'abondance. Comme disait Disraéli, « il y a trois degrés dans le mensonge : le mensonge, le satané mensonge et la statistique ». Mieux que quiconque l'administration sait faire parler les chiffres.

Le coût de l'administration est mal connu, y compris de l'administration elle-même. Le chiffre qu'elle nous fournit est impressionnant : les dépenses « induites » par la fonction publique représentent 462 milliards de francs en 1984 : plus de 40 % du budget de l'Etat est consacré à l'entretient de la bureaucratie. La progression est rapide, puisque la fonction publique coûtait, en francs courants, 283 milliards en 1980, 326 en 1981, 390 milliards en 1982 et 432 milliards en 1983.

Le poids relatif des dépenses administratives dans le total des dépenses publiques est cependant en baisse : de 44 % en 1979, il est descendu en quatre ans à 40 %. Les dépenses d'intervention économique et sociale de l'Etat ont augmenté plus vite.

Mais cette évaluation des « dépenses induites » de la fonction publique reste partielle et incomplète. Comme le souligne Françoise Gaspard, député socialiste, « le budget de la fonction publique a pour singularité de ne pas exister ». De fait, aucun fascicule budgétaire n'en comptabilise les coûts. La nomenclature que nous propose l'administration porte sur les « principales composantes » des dépenses induites par la fonction publique.

Intéressante précision qui est aussi l'aveu qu'il existe des composantes accessoires ou mineures... et non comptabilisées. Dans un ensemble aussi vaste que l'administration, l'addition de composantes secondaires finit par ne pas être négligeable. Les frais de personnel — rémunérations, pensions, cotisations et prestations sociales — constituent l'essentiel des « principales composantes », 85 % environ. Les pensions versées aux anciens combattants (5 %) et les subventions à l'enseignements privé (4 %, 1,6 milliard) viennent loin derrière.

Première cause d'erreur et de sous-évaluation : l'administration effectue ses calculs à partir des lois de finances initiales. Or ces prévisions sont régulièrement dépassées, plus ou moins largement, par le biais de collectifs budgétaires en cours d'année. En 1981, par exemple, les crédits de personnel réellement consommés ont excédé de 14 milliards ceux qui avaient été autorisés initialement par le Parlement.

En outre, et nous y reviendrons, certains agents de l'Etat arrondissent leurs fins de mois grâce à des procédures plus ou moins occultes, telles que les « fonds de concours » ou les « fonds communs », qui n'apparaissent pas dans les documents budgétaires.

Le niveau réel des rémunérations publiques reste « un des secrets les mieux gardés de France ». Malgré ses efforts, la gauche a bien du mal à promouvoir la « transparence » en ce domaine. Les instructions du président de la République en la matière se heurtent à de fortes résistances. Comme ses prédécesseurs, l'actuel gouvernement n'échappe pas à la tentation de « débudgétiser » certaines dépenses publiques, qui échappent ainsi à l'autorisation et au contrôle parlementaire.

La dissimulation entraîne bien entendu une sous-évaluation des coûts réels de la fonction publique, entretenue par les intérêts en l'occurence convergents de l'Etat-patron et de ses agents, avec la complicité des syndicats.

Certains coûts sont enfin négligés, sous évalués ou purement et simplement oubliés par l'administration. C'est le cas des frais de recrutement, de formation et de perfectionnement. Impossible aussi de déterminer précisément ce que coûte l'administration de l'administration.

Les crédits de la direction générale de l'administration de la fonction publique (DGAFP), 177 millions de francs, apparaissent ridiculement faibles comparés aux 462 milliards de dépenses induites ». A peine 0,02 % du budget de l'Etat. Pour faire bonne mesure, il faudrait y ajouter les dépenses de la sous direction chargée de la fonction publique au ministère du Budget, de l'administration centrale des personnels communaux au ministère de l'Intérieur, sans oublier les services du personnel de chaque unité administrative. Un travail de moine bénédictin.

Quant au coût — et aux gaspillages — que supporte la société civile du fait de l'interventionnisme tatillon et souvent malencontreux de l'administration et des incohérences de la réglementation, ils sont encore plus difficiles à cerner. L'approche ne peut être qu'impressionniste, à base de compilations d'anecdotes et d'extrapolation. Aucune étude sérieuse ne peut servir de référence. Et le couplet rituel sur l'amélioration des relations entre l'administration et les administrés sert d'exutoire.

Mais quand ils se plaignent de la bureaucratie, les Français visent moins le fonctionnaire que la réglementation. L'administration a pour tâche de la faire appliquer. Elle n'en contrôle que partiellement la prolifération. C'est le politique, exécutif ou parlement qui légifère ou décrète.

Qui n'est pas fonctionnaire ?

Fonctionnaire ? Le mot, employé pour la première fois par Turgot en 1770, est devenu une catégorie fourre tout. Quoi de commun entre le professeur au Collège de France et le brigadier perdu dans la Lozère ? Entre le trésorier payeur général de Paris et l'employé au tri postal de Montparnasse ? Pas grand chose, à part leur statut de fonctionnaire.

Les seuls à renvendiquer, ou du moins à assumer cette condition, sont les hauts fonctionnaires. Qui songerait à se vanter d'être bas fonctionnaire ? Peu flatteur, voire franchement péjoratif, le terme de fonctionnaire est souvent utilisé abusivement.

On l'applique à la va-vite à tous ceux qui, directement ou indirectement, sont payés par l'Etat : la secrétaire de ministère au même titre que le cheminot, l'éboueur municipal, le guichetier de la Sécurité sociale et même l'ouvrier de Renault ou de l'Aérospatiale. Erreur. Si le postier est bien fonctionnaire, le conducteur du TGV ou le pilote d'Air France ne l'est pas. Pas plus que l'employé de la Sécurité sociale ou les infirmières des hôpitaux. Pour être fonctionnaire, il faut être nommé dans un emploi des administrations de l'Etat prévu par la loi de finances, être titularisé dans son grade et relever du statut général de la fonction publique.

Au 31 décembre 1983, les fonctionnaires civils étaient deux millions. Deux fois plus nombreux que vingt ans avant, et presque cinq fois plus qu'en 1914. Si l'on ajoute les 321 000 militaires, les 113 000 ouvriers, les

110 000 contractuels et auxiliaires et les 150 000 agents payés directement par les établissements publics nationaux, on arrive à deux millions sept cent mille fonctionnaires au sens large.

Viennent ensuite les 800 000 employés des collectivités locales, sur le point d'obtenir un statut comparable à celui de la fonction publique. Lorsque ce sera chose faite, la France comptera trois millions cinq cent mille fonctionnaires. Près de 20 % des dix huit millions de salariés français auront l'Etat pour patron.

Et ce n'est pas fini. Pour obtenir les effectifs du secteur public, il faut encore ajouter les deux millions de salariés des services et entreprises publiques. EDF, Renault, la SNCF mais aussi les nationalisées de 1981. Nous arrivons à un grand total de six millions deux cent mille personnes. Un salarié sur trois travaille donc, directement ou indirectement, pour l'Etat.

Première tentation, au vu de ces chiffres : le gaspillage naîtrait de la surabondance. Il y aurait trop de fonctionnaires en France. Mais, si l'on exclut l'armée et les PTT, qui se partagent à peu près équitablement un million d'emplois budgétaires et surtout l'Education nationale, qui arrive loin en tête avec plus d'un million de salariés, il ne reste qu'un peu plus de cinq cent mille fonctionnaires pour les autres tâches administratives.

Les Finances en occupent environ deux cent mille, l'Interieur cent cinquante mille, l'Urbanisme et le Logement frôle les cent mille. Voilà pour les gros bataillons.

On tombe ensuite à moins de cinquante mille pour la Justice et à une trentaine de mille pour l'Agriculture, que talonnent les Affaires sociales. Quelques départements ministériels ne dépassent pas la taille d'une grosse PME. Le Commerce et l'artisanat n'emploie que cent trente-deux personnes, dont quarante-neuf titulaires. Huguette Bouchardeau, ministre de l'Environnement, peut sans trop de peine reconnaître dans la rue un de ses sept cent vingt-quatre subordonnés, dont trois cent trente-deux ne sont, il est vrai, que contractuels.

Deux ministères sont responsables du doublement de l'effectif global depuis trente ans. L'Education nationale, qui n'employait que deux cent soixante-trois mille personnes en 1952, a multiplié ses troupes par quatre. Les PTT ont plus que doublé, passant de deux cent mille à quatre cent quatre-vingt-dix-mille en 1984.

Le poids de ces grands nombres laisse perplexe. Mais l'interrogation demeure. Y a-t-il trop de fonctionnaires en France ? Notons d'abord que depuis 1975 l'Etat n'a pas plus recruté que le reste du tertiaire, banques, assurances ou commerces. Reste ensuite à se tourner vers nos voisins. Sont-ils parvenus à maîtriser, mieux que nous, le gonflement de leur fonction publique ? Les comparaisons internationales en ce domaine sont hasardeuses. La définition française du fonctionnaire n'a pas grand chose à voir avec celle qui a cours en URSS, aux Etats-Unis ou même en RFA.

Comme la plupart des pays fédéraux, l'Allemagne retient une définition très restrictive du fonctionnaire. La comparaison est encore plus délicate avec les Etats-Unis. Le coût de la fonction publique y est un enjeu électoral permanent. Les Etats assument un grand nombre de tâches, telle l'éducation, qui relèvent en France de la fonction publique nationale. Et la dissimulation des fonctionnaires est un sport très pratiqué outre Atlantique.

Une des méthodes consiste à engager les contractuels le 1er octobre, à les licencier le 29 septembre de l'année suivante, avant de les réembaucher le 1er octobre. Un micmac bien compliqué, qui occupe un certain nombre de bureaucrates. Mais qui permet surtout de ne pas faire figurer les dits contractuels sur les postes budgétaires, qui sont arrêtés le 30 septembre.

Malgré toutes ces chausses-trapes, l'O.C.D.E. a réussi à établir un palmarès international du poids de la fonction publique. Surprise : la France arrive derrière la patrie de la libre entreprise. D'après les critères retenus par les experts du palais de la Muette, les effectifs des administrations publiques représentent 15,5 % de la population active en France, contre 16,7 % aux Etats-Unis. Nous arrivons loin derrière les Suédois (30,7 %) et les Britanniques (21,7 %). Mais avant les Allemands (14,9 %) et surtout les Japonais qui ne consacrent que 6,6 % de leur force de travail à leur administration. Il est vrai que l'archipel nippon a réduit au strict minimum son effort militaire.

Les joueurs d'accordéon

Plus que de la saturation, la fonction publique souffre des coups d'accordéon. La gauche n'a pas tort de rappeler qu'il y a eu plus de créations de postes de fonctionnaires, en moyenne annuelle, au cours des trois budgets préparés et exécutés par Jacques Chirac que depuis qu'elle est au pouvoir. La croissance des effectifs, qui était forte dans la première moitié des années 1970, est quasiment nulle en 1984-85.

L'embauche d'agents publics est depuis longtemps un instrument de politique conjoncturelle : la loi de finances rectificative de juin 1977 autorisait le recrutement immédiat de 20 000 vacataires à temps partiel, et celle de juillet 1981 permettait l'engagement de 35 000 nouveaux agents.

L'état de grâce recrutait en effet à tour de bras, et s'en vantait. « Le précédent gouvernement avait donné un coup de frein brutal à la création d'emplois publics. Une franche rupture avec cette politique s'engage actuellement, afin de soutenir l'emploi », déclarait-on fin 1981 à Matignon.

La franche rupture n'allait pas résister à l'état de rigueur. Jacques Delors, alors comptable en chef, s'aperçut que les nouveaux fonctionnaires alourdissaient le budget de l'Etat de près de treize milliards de francs par an. Finie la lutte contre le chômage par le recrutement à tout va d'agents publics. La loi de finances pour 1983 limitait à treize mille les créations d'emplois. Seuls épargnés : les PTT qui accroissaient encore leurs effectifs de sept mille cinq cents personnes.

Le tour de vis est plus brutal encore en 1984 puisque l'Etat perd sept fonctionnaires. Les deux mille sept cent deux créations d'emplois ne compensent pas les deux mille sept cent neuf suppressions. Les mots d'ordre sont désormais la stabilisation et surtout le « redéploiement » de la fonction publique.

Avec la rigueur, l'administration découvre les vases communicants. Les mille enseignants qu'arrache l'Education nationale et les sept cents nouveaux fonctionnaires de la Recherche et de l'industrie doivent être compensés par un élagage équivalent dans d'autres ministères. Principales victimes : l'Agriculture, qui perd plus de cinq cents agents, les Anciens combattants, amputés de quatre cents fonctionnaires et surtout l'urbanisme et le logement, dépossédé de douze cents employés, plus d'un centième de ses troupes.

Comment dégraisser dans la fonction publique alors que le licenciement est un concept par nature étranger au service de l'Etat ? Heureusement, près de quarante mille fonctionnaires prennent chaque année leur retraite. Pour « redéployer », il suffit de ne pas remplacer certains de ces agents. On gagne ainsi des postes, affectés aux ministères nécessiteux.

Le député socialiste Christian Pierret va plus loin. « Pour déflater intelligemment, suggère le fougeux rapporteur de la commission des finances, il faudrait ne pas hésiter à ne remplacer que la moitié des fonctionnaires partant à la retraite là où il y a du gras ».

Le conseil a été entendu par l'ex-ministre de l'Economie et des finances. Dans la foulée du plan acier, fin mars 1984, Jacques Delors décidait par arrêté d'économiser plus de deux milliards sur la fonction publique. La recette : ne remplacer que deux fonctionnaires sur trois partant en retraite.

A la recherche du nombre d'or

La fonction publique, de loin le premier employeur du pays et l'un des tout premiers du monde, n'a pas de politique du personnel. Chaque ministère fait part de ses désiderata, avant la discussion du projet de loi de finances. La loi de Parkinson pousse chacun à demander toujours plus de personnel et encore davantage de moyens. Le ministère du Budget arbitre tant bien que mal entre les surenchères des uns et des autres en fonction de l'aisance financière du moment.

« Personne ne peut dire aujourd'hui quel est le nombre idéal de fonctionnaires dans notre pays et partant quelle politique à long terme il faudrait mener », nous a avoué M. Anicet Le Pors, ex-secrétaire d'Etat à la fonction publique. A défaut d'un nombre d'or, il voulait mettre en œuvre une « gestion prévisionnelle des effectifs ». En clair, il souhaitait prévoir un peu à l'avance l'évolution du personnel. Le b-a-ba du chef du personnel de la moindre PME est un serpent de mer administratif. Dès 1953, Roger Grégoire, le premier directeur de la fonction publique, en avait émis l'idée dans un livre intitulé : « La Fonction Publique ».

Vingt-huit ans plus tard, la commission du bilan présidée par M. François Bloch-Lainé, constatait qu'« en dehors d'initiatives isolées dans quelques ministères, aucun outil de gestion prévisionnelle d'ensemble n'avait été élaboré ». Avant de songer à planifier l'évolution des effectifs, encore faudrait-il que cessassent « les difficultés rencontrées par la Direction générale de l'administration et de la fonction publique pour établir une évaluation statistique fiable des personnels en place », notait encore le rapporteur.

A entreprise démesurée, projet pharaonien. M. Le Pors lance « Cheops », un ambitieux modèle de « coordination harmonisée des effectifs et d'organisation des pyramides structurelles ». Permettra-t-il enfin de gérer la grande armée napoléonienne ?

Cheops scrute quatre paramètres : le niveau des besoins publics que l'on veut satisfaire, la durée du travail, la participation que le gouvernement entend apporter à la lutte contre le chômage et l'amélioration de l'efficacité administrative. Sans négliger les « avancées sociales » dont ont bénéficié les fonctionnaires en 1982. Les « décharges d'activité de service », l'équivalent des crédits d'heures syndicales dans les entreprises, ont représenté en 1983 quatre mille deux cents emplois à temps complet.

M. Le Pors a calculé que la pleine application du décret de mai 1982 sur l'élargissement des droits syndicaux dans l'administration coûterait 2,6 milliards de francs par an au budget de l'Etat. Pour le seul ministère de l'Education nationale, il devrait entraîner la création de 1 200 emplois.

La pratique, fort répandue, des « mises à disposition » ne facilite pas la gestion du personnel administratif. Le principe en est simple : celui qui paye n'est pas celui qui emploie : les ministères prêtent gracieusement certains de leurs agents à d'autres administrations, à des syndicats ou à des associations. Mais il est impossible de savoir combien de fonctionnaires sont « mis à la disposition » et ce que coûte cette générosité aux finances publiques. Selon diverses estimations, cette procédure concernerait quelque 50 000 agents.

Les organisations syndicales, la Mutuelle générale de l'Education nationale (MGEN), les œuvres péri-scolaires, telle la Ligue de l'enseignement et de l'éducation permanente, les associations sportives ou les bonnes oeuvres des PTT s'offrent ainsi des permanents à bon compte. Comme le note fort justement la Cour des Comptes, « lorsqu'elle ne profite pas à une administration d'Etat, la mise à la disposition s'analyse en fait comme une subvention déguisée qui échappe aux règles strictes auxquelles sont soumis l'attribution et le contrôle des subventions ».

Le tonneau des Danaïdes

Souplesse ou gaspillage ? Bien qu'en diminution depuis dix ans, le nombre des agents non-titulaires reste considérable et fait l'objet de débats entre ceux qui soulignent l'intérêt pour l'administration de recruter des contractuels et ceux qui dénoncent la constitution d'une « fonction publique parallèle ».

Le recrutement de non-titulaires est souvent justifié par le caractère temporaire ou la spécialisation de certaines fonctions. Mais ces deux arguments ne résistent pas, sauf exception, à l'examen. Selon la direction générale de la fonction publique qui a mené l'enquête auprès de 2 245 contractuels recrutés par les administrations centrales en qualité de « spécialistes », moins d'un tiers pouvaient faire état d'une qualification justifiant leur engagement hors de l'administration. Quant à la justification temporelle, il suffit de se pencher sur l'évolution du nombre de non-titulaires pour constater que le temporaire est fait pour durer.

En fait, le recrutement d'auxiliaires permet d'échapper aux contraintes juridiques et budgétaires et de biaiser avec la rigidité du statut de la fonction publique. Il est plus rapide d'engager des non-titulaires que de respecter la procédure des concours. Autre avantage : si le contractuel ne fait pas l'affaire, il est toujours possible de mettre fin à son engagement. Alors que les sanctions prévues par les articles 30 et 52 du statut général des fonctionnaires en cas d'insuffisance professionnelle ne sont jamais appliquées.

La D.G.I. (Direction générale des impôts), qui compte 91 000 agents, fait une grosse consommation d'auxiliaires. Elle en a employé jusqu'à 12 000. « L'emploi de ces personnels le plus souvent peu qualifiés utilisés au classement de dossiers est source de gaspillage », note un inspecteur des impôts. Les auxiliaires sont en effet engagés pour des périodes de trois mois. Il faut un mois environ pour les former, et ils ne sont vraiment productifs que pendant un mois et demi environ.

Autre serpent de mer de la grande saga administrative, la résorption de l'auxiliariat fait périodiquement l'objet de déclarations solennelles. Le 31 octobre 1974, le Premier ministre annonçait ainsi son intention de réduire le nombre de non-titulaires pour améliorer le fonctionnement des services publics. Quatre ans plus tard, 110 000 agents avaient été titularisés, la moitié à l'Education nationale et un tiers aux PTT.

Mais, comme celui des Danaïbes, le grand tonneau des non-titulaires ne cesse de se remplir à mesure qu'on le vide. Les auxiliaires et contractuels comptabilisés en 1983 étaient encore plus de 320 000, dont près de la moitié à l'Education nationale.

La gauche s'est à son tour lancée dans une politique de « résorption durable et effective de l'auxiliariat ». Une loi, votée le 11 juin 1983, stipule que « les emplois permanents à temps complet des administrations, services et établissements publics de l'Etat sont occupés par des fonctionnaires ». Elle prévoit cependant des dérogations pour sept catégories de personnel tels les agents des assemblées parlementaires, les militaires ou les magistrats qui ne relèvent pas du statut de la fonction publique, ainsi que pour les « pions » des lycées et collèges. Surtout, deux autres exceptions risquent de perpétuer la situation antérieure : il s'agit des fonctions impliquant un service à temps incomplet ou correspondant à un besoin saisonnier ou occasionnel.

Reste à appliquer ce texte. L'intégration des non-titulaires ne pourra se faire du jour au lendemain. Il faudra trouver les crédits pour créer les postes budgétaires correspondants. Même si l'état des finances publiques le permet, le plus dur restera à faire : éviter que les nouveaux titularisés ne soient aussitôt remplacés par d'autres auxiliaires.

Tribus et dynasties

Même quand elle se serre la ceinture, l'administration continue d'embaucher. Ne serait-ce que pour remplacer les fonctionnaires partant à la retraite. Depuis la Déclaration des droits de l'homme et du citoyen, le concours assure en principe l'égalité de tous et empêche le favoritisme : la République a aboli la vénalité des charges, et piston ne rime pas avec administration. Voire.

Dans une enquête publiée en janvier 1984, *Le Monde* montre qu'on est bien souvent « fonctionnaire de père en fils ». Plus on grimpe dans la hiérarchie, plus le service de l'Etat est héréditaire. 46 % des cadres supérieurs de la fonction publique (catégorie A) viennent de familles de fonctionnaires.

Cette auto-reproduction de la caste administrative ne facilite pas le dialogue avec la société civile et cimente de nouvelles corporations. Traditionnelle comme la saint-cyrienne ou inattendue comme l'égoutière. La République a aussi engendré une aristocratie moderne, d'énarques et de polytechniciens. Le Quai d'Orsay, le Conseil d'Etat ou l'Inspection des Finances ont leurs lignées.

Emulation familiale ? Pas seulement. La connaissance du terrain et les relations aident, et l'égalité n'est pas la même pour tous. La recommandation d'un père ou d'un cousin joue un rôle clé pour le recrutement des employés de l'imprimerie de la Banque de France, à Chamalières près de Clermont-Ferrand. Les places y sont chères, les salaires confortables et payés sur quatorze mois.

On oublie souvent les postes peu qualifiés pourvus par recrutement direct. Beaucoup d'huissiers et de sténodactylos dans les ministères, de femmes de ménage, de fossoyeurs ou de gardiens de musée dans les communes ont échappé au concours. Alertés par un parent ou un ami dans la place, ils ont su avant tout le monde qu'un poste était vacant. Nommés de manière discrétionnaire, ils entrent par la petite porte des contractuels. Et finissent, un jour ou l'autre, par être titularisés.

Ce phénomène dynastique n'épargne pas les entreprises nationales. A EDF ou à la SNCF, les avantages font souvent partie de l'héritage.

Le coup de pouce d'un proche est d'autant plus utile que l'administration croule sous les candidatures. Dans les années soixante, la pénurie de candidats prenait des formes aiguës pour certaines catégories de personnel comme les inspecteurs des Impôts ou des PTT. On dissertait à Sciences Po sur « l'insuffisance des conditions matérielles offertes aux agents publics » et le déclassement de la fonction publique par rapport aux secteurs nationalisé et bien sûr privé.

Mais la crise est passée par là. Les Français, échaudés par les licenciements massifs et les fermetures d'entreprises, ont redécouvert les vertus du fonctionnariat. D'autant plus que la situation relative des agents de l'Etat s'est améliorée depuis 1976. Une étude publiée en juin 1984 par l'INSEE montre que les rémunérations ont progressé plus vite dans la fonction publique depuis une dizaine d'années. Si les cadres de l'Etat — 10 850 F de salaire moyen en 1983 — restent défavorisés par rapport à leurs homologues du privé, la situation est inverse pour les employés. Fonctionnaires, ils gagnaient en moyenne 5 400 F net par mois en 1983.

Un élu pour vingt-deux impétrants

En 1981, 950 000 candidats se sont inscrits aux innombrables concours ouverts pour pourvoir 42 400 postes. Une moyenne de plus de vingt-deux postulants par emploi vacant. L'afflux est sensible à tous les niveaux de la pyramide. En 1983, 1 616 candidats se sont pressés au concours de l'ENA, 250 de plus que l'année précédente.

L'attrait varie selon le ministère. L'Economie et le budget est de loin le plus recherché, avec 318.000 candidats inscrits pour 5 700 postes. Bien avant les PTT, qui ont enregistré 247 000 inscriptions pour 12 000 postes ou l'Education nationale qui n'a suscité que 162 000 vocations alors qu'elle offrait le plus d'emplois (16 000).

En fait les personnes présentes aux épreuves n'étaient plus que 568.000 pour l'ensemble des concours. Pour s'assurer le maximum de chances de devenir fonctionnaire, beaucoup de candidats s'inscrivent à plusieurs concours avant même d'avoir les résultats du premier.

Mais les concours coûtent cher, d'autant plus cher que le nombre de candidats est élevé. Aux frais en matériel et fournitures diverses pour assurer la publicité des épreuves, il faut ajouter l'immobilisaton des locaux et surtout l'affectation d'un nombre important de fonctionnaires à l'organisation, la surveillance et la correction des épreuves.

L'administration n'a jamais évalué ces coûts. Elle ignore ce qu'elle doit débourser pour recruter un attaché d'administration centrale ou un inspecteur des impôts.

Les lauréats sont fréquemment de formation très diverse. Leur réussite aux épreuves ne garantit nullement l'adaptation de leurs connaissances aux emplois à pourvoir. Les tests de culture générale, très prisés dans l'administration, pèsent autant si ce n'est plus que l'examen des connaissances techniques et le droit continue de l'emporter sur l'économie.

Conséquence : il faut mettre en place des systèmes de formation complémentaire pour les agents fraîchement recrutés. Ajoutons les actions de perfectionnement en cours de carrière : plus de huit cent mille fonctionnaires ont ainsi été recyclés en 1981. Sur mille semaines travaillées dans la fonction publique, une trentaine sont consacrées à l'acquisition ou au rafraîchissement des connaissances.

Non recensés, les coûts de cette immense machine à former et à recycler sont de plus en plus lourds. Utilisation de matériels vidéo et informatiques, recours à des outils pédagogiques sophistiqués, appel à des formateurs extérieurs chèrement payés : les budgets de perfectionnement ont une tendance, jusqu'à présent non maîtrisée, à l'explosion.

Le coût global de la formation, dispensée pendant les heures de bureau, devrait en outre tenir compte des absences qui perturbent la bonne marche des services. Et des rémunérations que continuent de percevoir les agents en formation.

Le système du concours a aussi le défaut majeur de figer les destins à l'aube de la vie. **Les maîtres de l'Etat sont choisis, une fois pour toutes vers vingt ans, sur la base d'épreuves essentiellement scolaires.**

La gauche a longtemps critiqué l'« énarchie ». Le ministre de l'Intérieur, Pierre Joxe, notait naguère que l'ENA est avant tout un « appareil à photocopier la classe dirigeante ». Il sait de quoi il parle pour avoir lui-même fréquenté la prestigieuse école fondée en 1945 par Michel Debré.

L'entrisme a succédé à la critique, depuis que la gauche est au pouvoir. L'une des premières réformes mises en oeuvre par M. Le Pors a consisté à ouvrir un nouveau concours réservé aux syndicalistes, aux élus locaux et aux responsables d'associations ayant fait la preuve de leur « dévouement au service public ». Cette « troisième voie » d'accès au saint des saints de l'administration a déchaîné les foudres de l'opposition, qui y a vu une « tentative de colonisation et de politisation de la haute fonction publique ».

Surtout cette réforme ne remédie en rien à un autre défaut dont souffre notre système éducatif. Les grandes écoles captent au profit de l'administration les élèves les plus brillants au détriment d'autres activités, comme l'industrie. L'élite intellectuelle préfère l'université ou la fonction publique à l'entreprise. Et celle-ci doit se contenter du rebut.

Malgré l'émergence de grandes écoles commerciales comme HEC ou l'ESSEC, le niveau d'études du patronat français reste d'une grande médiocrité. Si l'on exclut les managers des grandes firmes, généralement bardés de diplômes ronflants, le petit patron n'a bien souvent pas dépassé le niveau du bac, quand il n'est pas autodidacte. A l'heure où la gauche redécouvre les vertus de l'entreprise, il n'est pas inutile de rappeler qu'un de ses handicaps majeurs est précisément cette fuite des cerveaux vers les tâches administratives.

Un des secrets les mieux gardés de France

« Je ne m'attire pas que des regards de sympathie dans les couloirs ». Rude tâche pour Alain Blanchard, ce magistrat de la Cour des Comptes à qui le gouvernement de Pierre Mauroy a demandé un rapport sur les primes des fonctionnaires. Un des secrets les mieux gardés de France, que des parlementaires de tous bords s'échinent en vain à percer depuis quelques années.

Paradoxal que l'on ne sache pas combien gagne un fonctionnaire ? Curieuses, ces difficultés rencontrées par les élus du peuple, la presse ou un magistrat pour établir une photographie des rémunérations d'un inspecteur du fisc ou d'un préposé des PTT ? Une grille indiciaire répartit pourtant depuis 1948 dans une savante et assez tatillonne hiérarchie les serviteurs de l'Etat, assignant à chacun un grade et un échelon et lui attribuant un traitement.

Cette construction d'apparence rigoureuse semble inspirée par la raison et la transparence, vertus cardinales de la France et de la démocratie. Alors pourquoi ce doute et ces accès de fureur qui saisissent, avec une remarquable constance, les rapporteurs parlementaires du budget de la fonction publique ?

Ecoutons le député socialiste de la Sarthe, Raymond Douyère déclarant à l'automne 1983 être frappé « d'étonnement devant certaines pratiques adoptées dans la présentation des informations communiquées au Parlement qui consistent à majorer le montant des primes perçues par les fonctionnaires les moins lotis sur ce plan ». Objectif évident : minorer par comparaison les avantages d'autres fonctionnaires, ceux des Finances en particulier.

Ecoutons encore l'ancien rapporteur de la Commission des lois, le député UDF Gérard Longuet qui, en 1979, accusait le gouvernement de Raymond Barre de cacher certaines informations. « Contrairement à ce que prétend le gouvernement, » s'exclamait-il, « la pérennité des rémunérations annexes n'est pas incompatible avec leur transparence, qui seule permet le contrôle du Parlement ».

La palme de l'exaspération revient à Françoise Gaspard. En 1981, en plein hémicycle, elle remercia publiquement et acidement Laurent Fabius, alors ministre du Budget, d'avoir mis quatre mois pour lui faire parvenir, quelques heures avant l'ouverture du débat sur le budget de la fonction publique, une réponse concernant les dépassements de crédits de personnel dans certaines administrations.

« Pour le seul ministère des Finances, les dépassements ont été de 2,8 milliards de francs et même, plus vraisemblablement, de 3,6 milliards », souligna perfidement le député socialiste, « puisqu'une regrettable omission semble s'être produite dans la réponse qui m'a été transmise et qui a eu pour effet de faire disparaître un chapitre de 800 millions ». Et de révéler que ces dépassements par rapport aux crédits votés se sont traduits par une augmentation de près de 1200 % des primes versées à la Direction générale des impôts. Formidable différence qui en réalité est deux à trois fois plus grande encore.

Chasseurs de primes

Les primes et indemnités, pour n'évoquer que les avantages monétaires, sont prévues en toutes lettres dans les textes sur la fonction publique. Pourquoi s'en indigner ? Les salariés du secteur privé ne bénéficient-ils pas d'un treizième mois quand ce n'est pas d'un quatorzième ou d'un quinzième, dans les banques par exemple. Pour s'attacher des responsables compétents et intègres, l'Etat ne peut évidemment se borner à répéter sur le mode incantatoire : « Qui m'aime, me serve ». Il est également normal que la rémunération des fonctionnaires soit modulée selon leur travail.

Ils ont de leur côté grapillé au fil des années une gamme étendue d'avantages et de primes, qui, sans faire l'objet d'une large publicité, ne sont en rien secrets. Du moins pas tous. Mais leur nombre est si grand, leur nom et leur calcul si divers, que personne ne peut s'y retrouver. Glissons sur les « primes d'égouts » des conseillers d'Etat, les « primes de skis » des facteurs de montagne ou les « primes de cimetières » des commissaires de police.

Toutes ne sont pas aussi dérisoires : les primes touchées par les chefs de service hospitalier sont calculées sur le nombre de lits de leur département, ce qui ne les incite pas à ajuster les besoins. Les chefs comptables du Trésor perçoivent un pourcentage sur le montant des dépôts des notaires et les receveurs sont intéressés au placement des comptes d'épargne.

En marge du système rigide créé après la Libération, s'est mis en place un tableau clair-obscur des rémunérations de la fonction publique. **L'écart officiel entre les hautes rémunérations et celles du bas de l'échelle est de 1à 7. Toutes indemnités confondues, l'écart réel est de 1 à 15 ou 20.** Pur produit du génie administratif français, la grille n'est qu'un miroir aux alouettes.

Les fonds secrets

Certaines primes et indemnités sont totalement occultes et échappent au contrôle du Parlement. Comment ? Par la grâce des « fonds communs » et des « fonds de concours », deux procédures hors budget qui ont pris depuis le début de la Ve République un bel envol. Le mécanisme est simple. Prenons par exemple le fonds commun du ministère de l'Equipement. Sa raison d'être est la rémunération des travaux effectués par les corps techniques de l'Etat — Ponts et chaussées, Génie civil, etc. — pour le compte des collectivités locales. La rémunération n'est pas versée directement aux fonctionnaires qui effectuent ces travaux mais à l'Etat qui les redistribue.

Loin d'être des honoraires, les sommes souvent considérables et soigneusement hiérarchisées, sont en fait des primes qui représentent jusqu'à 80 % du traitement. Ainsi, les directeurs départementaux de l'Equipement et les ingénieurs généraux ont touché en moyenne près de 100 000 F en 1982, alors que les techniciens devaient se contenter de 15 000 F. Or, les études et les travaux réalisés par ces fonctionnaires sont effectués pendant la durée de leur service, ce qui rend pour le moins curieux ce complément de rémunération. D'autant que leur tâche se réduit désormais à superviser les travaux entrepris par des architectes privés.

Le fonds commun des douanes, qu'alimentent les saisies et les amendes versées par les fraudeurs, est une des cagnottes les mieux garnies de l'administration. Après déduction des droits et taxes d'importation et rétribution des « aviseurs » — les dénonciateurs — (1,5 million de francs en 1982), le solde est réparti entre le Trésor (40 %), l'oeuvre des orphelins des douanes, la mutuelle, et les douaniers eux -mêmes en fonction du rôle qu'ils ont joué dans la prise, ce qui est compréhensible, et selon leur grade, ce qui l'est moins. Pressée de répondre à des questions précises par le député Georges Labazée, rapporteur en 1984 de la commission des lois, l'administration s'y est, comme à l'habitude, refusée. Les syndicats, en premier lieu la CFDT, ont levé un coin du voile en révélant qu'un directeur adjoint peut recevoir des primes équivalentes à quatre fois sont traitement. **Un magistrat de la Cour des Comptes nous a affirmé que certaines sommes étaient versées en liquide, dans de simples enveloppes, et échappaient de ce fait à l'impôt sur le revenu.**

La « part de saisie » stimule le gabelou de base. Mais pourquoi son supérieur en reçoit-il, de son fauteuil. les plus gros dividendes ? Une question qui ne se pose pas pour les trésoriers-payeurs généraux, héritiers des fermiers généraux de l'Ancien Régime. Cette caste dorée — une centaine d'élus — a pour charge de faire rentrer l'argent dans les caisses de l'Etat et d'effectuer les paiements administratifs dans les départements. D'autres fonctions s'y sont ajoutées, notamment la gestion des émissions d'emprunts et de bons du Trésor. Leur traitement de base, équivalent sur le papier à celui d'un conseiller-maître de la Cour des Comptes ou du président du tribunal de Paris, est un leurre. Leurs primes calculées sur l'importance des opérations traitées permettent souvent son triplement, alors que les textes régissant la fonction publique n'autorisent au maximum, que son doublement. En moyenne, les primes annuelles tournent autour de trente millions de centimes.

Montrée du doigt à maintes reprises, cette corporation risque de voir prochainement rogner ses privilèges, laissait-on entendre dans l'entourage de Jacques Delors. Mais le noyau dur de ses avantages ne sera pas touché, car tout le petit monde de la direction des impôts s'en trouverait affecté par ricochet.

Dans le détail, tout ce qu'on peut dire des rémunérations annexes de cette administration, c'est qu'on n'en peut rien dire. On sait que les primes s'échelonnent entre 35 000 F et 9 000 F par an selon le grade des fonctionnaires du fisc, mais l'administration s'est toujours refusée à fournir une ventilation plus précise.

De miraculeux concours

En 1982, le montant des primes présentées au Parlement s'élevaient à 132 millions alors que les sommes versées atteignaient 1,5 milliard. D'où vient cet écart ? **De miraculeux « fonds de concours », environ 30 milliards de francs — 3 % du budget de l'Etat —, qui très légalement échappent au contrôle parlementaire.** A l'origine, ils doivent leur nom aux travaux financés, conjointement avec l'Etat, par les départements ou les communes — hôpitaux, écoles ou routes. La participation des collectivités locales est déposée dans un « fonds de concours » géré par l'Etat. De même, les apports d'Etats étrangers pour la fabrication d'armement en commun avec la France sont drainés vers un fond de concours.

On y ajouta les frais de perception des impôts locaux et des taxes parafiscales. L'Etat agit dans ce cas comme un « prestataire de service » et perçoit une commission qui varie entre 4 et 8 % du montant des impôts et taxes levés. Ou encore la surveillance des installations nucléaires, dont la redevance a brusquement augmenté de 40 % en 1981. Plus étrange est le prélèvement sur les cotisations sociales alors que le Trésor n'intervient en rien dans leur recouvrement. L'admirable argument utilisé pour justifier cette procédure est que la Cour des Comptes contrôle la gestion des caisses de la Sécurité sociale.

Les sommes glanées ne sont pas reversées au budget général mais utilisées à la discrétion — extrême — des administrations, en dépit du principe d'universalité budgétaire. La règle veut que les recettes de l'Etat forment un tout et ne peuvent être affectées à des dépenses particulières, a fortiori sans contrôle parlementaire. La Ve République, plutôt aigre que douce avec le pouvoir législatif, a fait un beau cadeau à l'administration des Finances en lui laissant toute latitude pour assimiler certaines recettes à des fonds de concours. Elle ne s'en est pas privée et on en compte aujourd'hui environ quatre cents.

Inutile de chercher leur montant dans les projets de lois de finances soumis aux parlementaires. Face aux fonds de concours figure le mot « mémoire », qui malheureusement n'évoque que le néant. Il n'indique pas le vide absolu mais simplement une absence d'évaluation, alors que rien n'est plus simple que de calculer, par exemple, le total des frais prélevés pour la collecte des impôts locaux.

Voilà comment une part non négligeable, mais difficilement appréciable, de ces fonds de concours contribue à arrondir certaines feuilles de paye. Principaux favorisés dans la course aux privilèges occultes : les fonctionnaires de l'Economie et du Budget. **Les primes représentent près de la moitié du traitement à l'administration centrale, 40 % à la Cour des Comptes, 30 % à la Direction de la concurrence, 28 % à l'INSEE et 26 % à la Direction générale des impôts**. S'y ajoutent bien sûr des primes de rendement...

La redistribution de ces primes est bien entendu savamment hiérarchisée : 4 500 F par mois pour un jeune auditeur de la Cour des Comptes, et 15 000 F pour le premier président. Un inspecteur des finances frais émoulu de l'ENA devra se contenter de 4 500 F en attendant de devenir inspecteur général et de toucher le double. Elle est aussi profondément inégalitaire d'un ministère à l'autre : une secrétaire du ministère des Finances gagne en moyenne 30 % de plus que ses collègues des autres administrations.

On comprend mieux le mutisme de la rue de Rivoli sur ce sujet délicat. Et cette conspiration du silence qui unit la direction des Finances et les syndicats, autour de privilèges uniques dans la fonction publique. Dans « Le Général indivis », Edgar Pisani raconte comment De Gaulle « n'a pas su, voulu ou pu, imposer sa volonté » de clarification en ce domaine, face aux « pirouettes » de Valéry Giscard d'Estaing, alors ministre des Finances.

Gaston Defferre tonnait en 1979, au Palais Bourbon, contre la procédure des fonds de concours, « anti-démocratique et anti-parlementaire » utilisée par le gouvernement pour distinguer « les fonctionnaires soumis et obéissants ». On l'utilise toujours. Et l'Etat y trouve son compte. D'abord en ne payant pas les cotisations sociales qu'il devrait verser s'il intégrait ces primes au traitement de base. Ensuite parce que personne n'ose remettre en cause la grille des statuts de la fonction publique. On préfère l'aménager, secrètement et sans douleur, grâce au système des primes. Depuis dix ans, les « rémunérations annexes » ont augmenté beaucoup plus vite que les « traitements principaux ». Elles représentent aujourd'hui en moyenne un mois et un tiers de salaire supplémentaire selon l'INSEE.

Des loisirs à but lucratif

La sécurité n'est pas le seul attrait de la fonction publique. Le pouvoir et le prestige ne se quantifient pas. Et en matière de rémunérations, la comparaison public privé mérite quelques explications, dont il ressort que les fonctionnaires, ou du moins certains d'entre eux, ne sont pas aussi défavorisés qu'il y paraît.

Lorsqu'on ajoute à la feuille de paie, les avantages non monétaires, longuement décrits par François de Closets, la balance revient vers l'équilibre. La protection sociale est en général plus généreuse dans le public que dans le privé. Grâce aux mutuelles, l'agent de l'Etat n'a rien à débourser pour sa santé et son assurance-auto lui coûte moins cher qu'au commun des mortels.

Les enseignants sont sans doute mal payés, compte tenu de leur niveau d'études. Mais leurs salaires rapportés au nombre d'heures travaillées supportent la comparaison avec les cadres moyens du privé. L'instituteur est astreint à vingt-sept heures hebdomadaires, l'agrégé à quinze et le professeur de faculté s'en tire avec trois heures de cours. Il faut certes y ajouter les travaux de préparation et de correction. Mais l'enseignant peut se reposer, cultiver ses hobbies ou son jardin près de quatre mois par an.

Certains optent pour les loisirs à but lucratif. Bien que prohibés par un décret du Front populaire, les cumuls d'emploi prouvent qu'un certain nombre d'agents de l'Etat ne sont pas surmenés. On connaît les gendarmes plombiers du dimanche. **La fonction publique fournit les gros bataillons de travailleurs au noir.** Mais c'est encore vers l'Education nationale qu'il faut se tourner pour trouver ces hommes-orchestres, ces Janus, capables d'additionner les emplois.

La Cour des comptes, qui ne prétend pas être exhaustive, a rencontré six de ces surhommes, enseignants à l'Ecole centrale des arts et manufactures, qui maîtrisaient simultanément deux emplois publics à plein temps. Un autre professeur de la même école a réussi, pendant dix ans, à assurer son enseignement, tout en travaillant à temps complet au Commissariat à l'énergie atomique. Comme il lui restait du temps libre, il avait accepté un poste de professeur, à mi-temps celui-là, au Conservatoire national des arts et métiers.

Les cumuls d'activités publiques et privées ne sont pas davantage autorisés. Cela n'a pas empêché, jusqu'à une date récente, un professeur de l'Université d'Orléans de diriger une école technique privée. Ou un autre, enseignant, à Paris IX, de siéger, moyennant jetons, au conseil d'administration de deux banques privées. Un professeur de l'Ecole centrale des arts et manufactures avait créé une société pour commercialiser ses œuvres scientifiques. Le champion des cumuls débusqué par la Cour des Comptes parvenait à multiplier par treize son traitement de l'Education nationale.

Volonté de sauver les apparences ou réflexe légaliste ? Dans certains cas, l'administration « couvre » les cumulards à l'aide d'arguments inattendus. Ainsi a-t-elle admis qu'un professeur au Collège de France arrondisse ses fins de mois en tant que chef d'une unité de recherche de l'Institut Pasteur. « Une grande partie du travail effectué à l'Institut Pasteur est accomplie en dehors des horaires normaux de travail (la nuit, les dimanches et pendant la plus grande partie des vacances universitaires » explique l'administration.

Aux frais de la princesse

Les instituteurs, comme beaucoup d'autres agents de l'Etat, peuvent également bénéficier d'une retraite anticipée dès cinquante-cinq ans. Outre cet avantage dont ils jouissent en conservant 75 % de leur salaire, les employés de la Banque de France ont souvent la chance d'être logés gratuitement.

A partir d'un certain grade, le logement de fonction est un avantage fréquent dans l'administration. Dans leur rapport public de 1983, les magistrats de la Cour des Comptes signalent un certain nombre « d'anomalies » à propos de l'hébergement de quelques heureux dignitaires de l'Education nationale.

Tel inspecteur principal de l'enseignement technique n'a pas à craindre la crise du logement ni les loyers prohibitifs que proposent les agences immobilières. Il s'est installé en 1982 dans un appartement de six pièces en plein Quartier latin. Le loyer mensuel ? 543 F, même pas le prix d'une chambre de service. Pas très loin, rue de la Sorbonne, un ancien secrétaire général de l'académie a hérité d'un coquet cent vingt mètres carrés pour 925 F par mois (en 1983).

Un conseiller ministériel de l'ère giscardienne a trouvé nettement mieux : 320 m² au 51 de l'avenue Raymond Poincaré, dans le XVIe arrondissement. Le loyer, 6 000 F par mois (majoré de 1 000 F début 1983) reste raisonnable dans ce quartier, l'un des plus huppés de la capitale. Avant de s'installer, notre homme avait fait réaliser quelques aménagements. Il va sans dire que la facture, plus de 110 000 F, a été réglée par l'administration.

On pourrait multiplier les exemples, comme celui de ce professeur du Muséum national d'histoire naturelle qui a disposé gratuitement d'un appartement au palais de Chaillot, avec une vue imprenable, « alors qu'aucune nécessité de service ne pouvait être invoquée ». Il est parfois difficile de renoncer à ces menus avantages quand sonne l'heure de la retraite : un autre enseignant du vénérable Muséum a continué d'occuper, pendant dix ans et sans payer de loyer, l'appartement qu'il avait mérité du temps de son activité.

Se loger est une chose. Mais l'administration, décidément très attentionnée, n'oublie pas que ses agents doivent aussi se chauffer, s'éclairer, voire se laver. Certains fonctionnaires bénéficient ainsi de la gratuité, totale ou partielle, des « prestations annexes au logement ». Bien que les règles en la matière soient « dans l'ensemble favorables aux agents », l'administration sait être bonne princesse.

Les enseignants logés par l'Université de Toulouse-II le Mirail n'ont pas à se soucier de leurs factures d'eau, de gaz ou d'électricité, sous prétexte que leurs appartements, pourtant de construction récente, ne sont pas équipés de compteurs individuels. La générosité ne va pas sans petites cachoteries. L'université voisine de Toulouse-III oubliait, jusqu'en 1982, de déclarer au fisc les avantages en nature qu'elle consentait à seize de ses agents, logés gratuitement.

Pierre qui roule amasse mousse

Les frais de déplacement permettent aussi de mettre du beurre dans les épinards. « Il n'est pas rare que de prétendues indemnités de déplacement correspondent en fait, le déplacement invoqué étant fictif, au paiement d'une rémunération complémentaire », peut-on lire dans un rapport du « Comité central d'enquête sur le coût et le rendement des services publics. »

Plutôt que de perdre des crédits non consommés, et non reportables sur l'exercice suivant, les fonctionnaires de certains services préfèrent se les répartir. Pour justifier ces primes de fin d'année, il suffit de s'inventer quelques missions ouvrant droit à des frais de déplacement.

Dans d'autres cas, l'affaire est réglée à l'avance, et certains agents bénéficient d'un forfait de missions ou de tournées, même si leur fonction est des plus casanières. Ces compléments de revenu ont l'avantage d'échapper à l'impôt. Les déplacements utilisent parfois des voies détournées : condamné par la Cour de discipline budgétaire pour avoir largement sous-estimé le coût d'une écluse, un ingénieur en chef des Ponts et chaussées s'est ainsi acquitté d'une amende grâce à quelques voyages purement imaginaires.

En revanche, lorsqu'un fonctionnaire se déplace pour de bon, les remboursements qu'il perçoit sont souvent insuffisants pour couvrir ses frais. Les agents provinciaux qui doivent monter à la capitale sont particulièrement lésés. De multiples combines permettent cependant de rétablir la situation, dans la complicité générale. On se fait par exemple établir un état fictif rallongeant la durée de la mission. On voyage en deuxième classe en se faisant rembourser la première. On oublie de mentionner les repas ou les hébergements gratuits.

Justifiés on non, les frais de déplacement ne cessent d'augmenter. Ils ont pratiquement doublé en quatre ans, passant de 4,3 milliards en 1981 à 7,3 milliards en 1984. Soit un budget moyen de déplacement de 2 700 F par agent. Les administrations sont inégalement atteintes par le virus de la bougeotte. Les plus nomades sont de loin les militaires. A force d'errer de garnison en grandes manœuvres, ils avaient dépensé en 1978 autant que l'ensemble des fonctionnaires civils.

L'exemple, il est vrai, vient de haut. Premier ambassadeur de France à l'étranger, à l'occasion voyageur de commerce, le chef de l'Etat se déplace de plus en plus souvent. En deux ans, le budget des voyages et réceptions du président de la République et du premier ministre a doublé, pour atteindre 50 millions de francs en 1984. En vingt-huit mois François Mitterrand a effectué quarante-cinq déplacements hors des frontières de l'Hexagone, alors que son prédecesseur n'avait fait qu'environ quatre-vingts voyages officiels en sept ans.

Comme les missions, avec ou sans ordre, les réunions se multiplient aux quatre coins du pays. **La réunionite est sans conteste l'une des causes de gaspillage les plus répandues et les plus difficiles à évaluer.** Gaspillage de temps, d'énergie et d'argent. Le moindre problème suscite la création d'une commission. Outre les frais de déplacement, il faudrait, pour calculer le coût de ce syndrôme aigu, additionner le prix des innombrables journées ainsi consumées. Et les fonctionnaires se réunissent d'autant plus qu'ils sont haut placés, et donc chèrement rétribués.

Pour deux heures de parlottes souvent stériles, on perd aisément une demi-journée. « Il est en réunion, rappelez demain matin » : ce refrain inlassablement répété par les secrétaires des ministères en dit long sur la collégialité du travail administratif. Et sur son inefficacité. Un problème soumis à l'examen d'une commission ne pourra évidemment pas être réglé en une seule réunion. Il faudra exposer ses tenants et aboutissants, entendre les uns et les autres, faire le procès-verbal de ce premier tour d'horizon et invariablement convoquer une nouvelle session.

Louable souci démocratique, convivialité méconnue de l'appareil administratif ? En fait, à force de ne plus savoir qui est responsable de quoi, l'administration ne cesse de perdre son temps, de « procrastiner » comme disent les Anglo-saxons. **Dans la fonction publique, gagner du temps c'est savoir en perdre, car le temps n'a pas de prix.**

« La valeur donnée au facteur temps est source d'incompréhension avec les hauts fonctionnaires », explique Pierre Delaporte, directeur de Gaz de France. « Il y a des décisions intelligentes aujourd'hui qui deviendront absurdes si on attend six mois ».

Tout le problème vient de ce que l'administration, ne sachant pas gérer son temps, l'étire tel un élastique, de la même façon pour toutes les activités qu'elle doit exécuter. Jusqu'au jour où le politique ou les administrés s'impatientent : il faut rendre sa copie dans les plus brefs délais. Alors le temps s'accélère, l'urgence s'installe dans le bureau assoupi. Et le travail finit souvent par être baclé.

« Pour la plupart des problèmes simples qui donnent lieu à la réunion de commissions, il faudrait un décideur, qui tranche sous sa responsabilité », estime Christian Pierret. L'administration a en outre du mal à se départir d'une grande timidité à l'égard des progrès techniques et néglige la télématique et les vidéoconférences. Les coûts d'investissements qu'elles requièrent seraient pourtant vite amortis sur les frais de déplacement.

Des écuries pléthoriques

Depuis que le moteur à explosion a fait son apparition, l'administration s'est découvert une passion pour l'automobile. Mais cet amour veut rester secret. Malgré leurs efforts réitérés, les enquêteurs de la Cour des Comptes ou du Comité d'enquête sur le coût et le rendement des services publics n'ont pu recenser les voitures administratives. La plupart des ministères affirment ignorer l'étendue de leur parc automobile, et certains services refusent purement et simplement de répondre à une question aussi indiscrète.

Pourtant, d'estimation en évaluation, il apparaît que le nombre des véhicules publics civils a quadruplé en quinze ans. De 42 000 fin 1966, ils frôlaient les 160 000 à la fin 1982.

Pour tenter d'enrayer cette motorisation forcenée, Pierre Mauroy a demandé en septembre 1982 aux services de l'Etat de ne remplacer que les deux tiers des véhicules réformés par de nouvelles voitures. Cette mesure d'urgence a néanmoins l'inconvénient de pénaliser les services qui se sont montrés les plus économes dans le passé.

Ils ne sont pas très nombreux. Un décret d'octobre 1947, toujours en vigueur, prévoit que chaque ministre peut disposer pour lui-même et son cabinet de trois véhicules. A l'exception du Quai d'Orsay et des services répressifs, les administrations centrales ont droit à une voiture pour deux directions. Les services extérieurs des ministères ne peuvent bénéficier que de véhicules utilitaires ou de transport en commun. Il suffit de pénétrer dans n'importe quelle cour de ministère pour constater que ces règles sont depuis longtemps oubliées.

Le même décret oblige les administrations à équiper leurs véhicules de plaques administratives. Seules quelques hautes personnalités et les membres des services répressifs peuvent bénéficier d'une immatriculation banalisée. Une disposition fréquemment violée par les membres des cabinets ministériels et les directeurs d'administrations centrales ou d'établissements publics. Il est évidemment plus discret de partir en week-end à Deauville avec une voiture banalisée.

Cette pratique, parfois étendue aux congés, est suffisamment répandue pour que le Comité d'enquête sur le coût et le rendement des services publics demande l'application de « sanctions précises et lourdes ». Sans se faire trop d'illusions, puisqu'il ajoute que « la mise en cause de la responsabilité pécuniaire de l'agent en cas de sinistre est l'un des moyens les plus efficaces pour faire respecter cette interdiction ».

Deux parcs méritent une mention particulière. Celui de l'armée, dont on sait peu de chose — pour cause de « secret-défense » —, si ce n'est qu'il est pléthorique. Et celui des PTT : avec 93 000 véhicules, il devance de loin ses concurrents civiles. Les transports, en deuxième position, ne comptent que 18 600 véhicules et le ministère de l'Intérieur 17 200.

La très forte augmentation du parc des PTT, qui a doublé en dix ans, a surtout profité à la Direction générale des télécommunications. Alors que le nombre des voitures postales se stabilisait, cette direction compte aujourd'hui un véhicule pour trois fonctionnaires de catégorie A.

Plus du tiers des voitures sont mises à la disposition exclusive de certains fonctionnaires, souvent avec un chauffeur. Douze berlines bénéficient d'une double immatriculation, civile et administrative, et le « remisage des véhicules au domicile des agents » est largement répandu.

Les services sociaux des PTT sont également très convenablement dotés. Ils disposent de 884 véhicules dont 121 autobus, auxquels s'ajoutent des prêts, temporaires ou permanents, des services. Les multiples associations qui regroupent les agents des PTT se font ainsi prêter des cars ou des voitures par l'administration, qui prend à sa charge les assurances et la réparation des dommages en cas d'accident.

Pour entretenir cette abondante écurie, les PTT emploient 3 400 mécaniciens dans plus de trois cents ateliers et stations-services. Mais du fait de la mauvaise coordination des achats et de la diversité des marques utilisées, leur gestion est particulièrement onéreuse.

L'Etat-client

Piètre gestionnaire, l'Etat est aussi un consommateur peu averti. Les commandes publiques représentent pourtant une somme colossale, 300 milliards de francs par an, soit 10 % environ du produit intérieur brut. **Chaque année l'administration passe plus de 200 000 contrats pour l'achat d'objets aussi divers que des stylos ou des ordinateurs.**

L'Etat ne sait guère tirer parti de cette manne considérable. Ni pour obtenir des conditions favorables des vendeurs. Ni pour favoriser les secteurs de l'économie en difficulté. Soucieux de renforcer cette « optique de politique industrielle », Jacques Delors avait décidé, deux mois avant son départ de la rue de Rivoli, de renforcer les compétences de l'Union des groupements d'achats publics (UGAP).

Mais cet organisme, né en 1968 de la fusion des services d'achat de l'Education nationale et des Domaines, s'est jusqu'à présent singularisé par un grand laxisme de gestion. Traitant moins de 2 % des grandes commandes publiques — son chiffre d'affaires atteint deux milliards de francs environ — l'UGAP s'enfonce dans le rouge. Depuis 1976, son compte d'exploitation est chroniquement négatif. La cause de ce déficit (de plus de 26 millions de francs en 1981 ? Une mauvaise adaptation aux besoins de la clientèle, et des frais de fonctionnement de plus en plus lourds.

Appelé en 1977 par la direction pour « améliorer la façon dont sont dégagés les résultats comptables et obtenir une meilleure approche des coûts », un cabinet de consultants privé a dû renoncer au bout de quelques semaines. « Les données sont éparses, de sources diverses, traitées empiriquement, avec retard par rapport aux opérations d'exploitation qu'elles traduisent. Elles ne permettent pas la prise de décisions et rendent inopérant tout essai de contrôle budgétaire », constatait, découragé, le cabinet.

Aussi étonnant que cela puisse paraître pour une entreprise « commerciale », la direction de l'UGAP est incapable de fournir un tableau précis des marges qu'elle applique. D'après les recoupements de la Cour des Comptes, elles s'échelonnent entre 1 % pour les articles chers, ou livré directement par le fournisseur, et 25 % pour les matériels stockés et livrés par elle-même. L'UGAP hésite en outre entre une activité de grossiste et une fonction, qui serait moins onéreuse, de « groupement de commandes ». Tenue par les prix publiés deux fois par an dans ses catalogues, il lui arrive de vendre moins cher qu'elle n'a acheté, lorsque les fournisseurs modifient leurs tarifs.

Généreusement payés, les heureux agents de l'UGAP sont également confortablement logés. Ils ont quitté en 1976 un immeuble domanial du XIXe arrondissement qui ne coûtait que 80 000 F par an, pour sept étages de bureau dans la tour Paris-Lyon dont le loyer, depuis lors revalorisé, atteignait trois millions de francs.

Les ratés de Big Brother

L'administration, serait-on tenté de penser, devrait être le lieu privilégié des gains de productivité liés à l'informatisation. Or, constate Alain Souloumiac, dans un rapport officiel remis en juillet 1983, **la situation de l'informatique administrative apparaît extrêmement préoccupante.** Outre la carence de personnel compétent, l'absence d'une politique d'ensemble n'a pas permis à la demande publique de jouer son rôle.

Il en est résulté un appel « excessif » aux matériels importés, d'autant plus regrettable que l'administration est, de loin, le premier client de l'industrie électronique. Services administratifs et entreprises publiques détiennent près de 40 % du parc national d'ordinateurs. Cercle vicieux, car les hésitations des acheteurs publics face à la carence de l'offre française ont entraîné une régression des dépenses d'équipement informatique de l'administration (de 22 % en 1977 à 9 % en 1980), alors que les ventes explosaient dans le reste du secteur tertiaire.

Qui porte la plus grande responsabilité dans ce gâchis, dont bénéficient les constructeurs étrangers ? L'industrie française, incapable d'offrir des matériels performants et compétitifs ? Ou l'administration qui n'a pas su coordonner la demande publique pour favoriser le renforcement de la « filière française » ?

Pourtant c'est l'enjeu industriel, la préférence aux produits nationaux ou réputés tels, qui ont guidé l'action de l'Etat en matière d'informatique. Mais l'échec des « plans calcul » qui se sont succédés pendant plus de quinze ans a été à l'origine de nombreux surcoûts pour l'Etat et d'une efficacité des plus médiocres.

Au nom de la politique industrielle et du soutien aux constructeurs français, le Centre national d'études spatiales (CNES) a ainsi dû acquérir en 1977 un système CII-Honeywell Bull, qui a entraîné un surcoût de 15 millions de francs de l'époque, pour de piètres performances. Et pendant longtemps, les différents ordinateurs vendus par CII-Honeywell Bull étaient incompatibles entre eux.

Les règles de la comptabilité publique — notamment l'annualité budgétaire — sont mal adaptées à l'acquisition de matériels informatiques. Elles favorisent la location d'ordinateurs, grâce à des crédits reconductibles d'une année sur l'autre, alors que l'achat ou le crédit-bail pourraient se révéler à terme moins dispendieux. Mais les services administratifs ignorent les notions d'amortissement et de rentabilité et ne réalisent pas de bilan économique et financier des différents modes d'acquisition.

En outre dans de nombreux services, l'informatique a été introduite sans étude préalable suffisante. Conséquence : les surcoûts et les doubles emplois se sont multipliés.

Les malheurs d'Ulysse

Priorité nationale maintes fois réaffirmée depuis le deuxième choc pétrolier, le redressement du commerce extérieur exige plus que des discours incantatoires : une connaissance fine et « en temps réel » des marchés étrangers a permis aux exportateurs japonais, coréens ou taiwanais de conquérir le monde.

Réorganisé en 1976, le Centre français du commerce extérieure (CFCE) est chargé, entre autres missions, de classer et de mettre à la disposition des entreprises tous les renseignements utiles en matière d'exportation. Il décide, tout naturellement, de recourir à l'informatique. Une nouvelle fois, la précipitation et l'improvisation seront mauvaises conseillères. En 1977, il fait appel à une société de conseil privée, qui bâcle son rapport en un mois. L'étude, très sommaire, sert pourtant de base au plan d'informatisation, adopté en 1979 par le conseil d'administration de l'établissement.

Toujours au pas de charge, il prévoit, dès 1979, la naissance d'Ulysse, un fichier informatisé des exportateurs et des prestataires de services pour l'étranger. L'année suivante est programmé le lancement de Télémaque, un système d'information régulier sur les marchés étrangers. Et 1981 verra démarrer Mentor, une banque de données répertoriant les réglementations de par le monde. Le tout devait être opérationnel en 1985, pour un investissement global de 45,5 millions de francs.

Hélas, on avait tout simplement oublié de réaliser une étude de marché préalable pour cerner les besoins spécifiques des entreprises exportatrices. Et le CFCE n'avait nullement réfléchi aux modalités de tarification de ses services. Imprévision d'autant plus regrettable que nos héros antiques devaient, avant même d'avoir vu le jour, affronter une concurrence aussi imprévue que déloyale. Les Chambres de Commerce et d'Industrie, que le Centre espérait mettre à contribution pour nourrir Ulysse, venaient de créer leur propre réseau d'informations, Firmexport et Prom-Export.

De leur côté, et au mépris de la plus élémentaire coordination interministérielle, les Douanes poursuivaient l'informatisation de leur système, très exhaustif, de données sur le commerce extérieur. Plus grave encore : avant même de larguer les amarres, Ulysse était doublé par un système privé, Kompass-Dafsa, largement subventionné par les deniers publics. Né en 1980 du concubinage de la Société nouvelle des éditions industrielles, alors filiale de la Société nationale des entreprises de presse (SNEP) et de la société Documentation Analyses financières, Kompass-Dafsa avait décroché près de 20 millions de francs de subventions du ministère de l'Industrie. Et cela après que le plan d'informatisation du CFCE eut été approuvé.

En décembre 1981, la Direction des relations économiques extérieures (DREE), autorité de tutelle du Centre, se réveille enfin. Le CFCE est sommé de se rapprocher des Douanes et d'interrompre, provisoirement, l'odyssée d'Ulysse. Télémaque est sauvée de justesse, à condition d'accepter un lifting. Les trois cent soixante abonnés gratuits qui la testaient n'en étaient que partiellement satisfaits. Lorsque la Cour fait les comptes, fin 1982, elle constate que 20 millions de francs se sont déjà envolés. Pour de bien maigres résultats. Alors que l'impitoyable guerre économique qui fait rage à nos frontières exigerait que les efforts de chacun, public et privé, se conjuguent au lieu de se gaspiller en une multiplication de projets imparfaits.

Bis repetita

L'informatisation de l'administration menée depuis maintenant plus de dix ans a-t-elle permis une amélioration de la productivité des services ? L'absence de comptabilité analytique empêche de répondre à cette question. L'administration ne peut déterminer précisément le coût de l'informatique. Elle connait le prix des matériels, mais est incapable d'isoler les frais de formation, de fonctionnement et de personnel.

De plus, les déficiences du contrôle ont parfois entraîné de coûteuse erreurs. Ainsi, au deuxième trimestre 1980, l'ordinateur de l'INSEE calculant l'indice du coût de la construction s'était trompé de sept points.

Il a fallu publier d'urgence un rectificatif au *Journal officiel* pour rétablir l'indice, qui sert de base pour définir la hausse des loyers !

Pour éviter que les erreurs de l'informatisation ne se répètent à l'occasion de la « bureautisation » de l'administration, une étude interministérielle a été confiée en janvier 1982 à Lucien Mehl, conseiller d'Etat. L'administration parviendra-t-elle cette fois à un compromis entre ses propres exigences de productivité et l'impératif industriel ? Mais l'Etat, qui en aurait le plus grand besoin, manque de conseillers en organisation.

Il suffit d'errer de ministère en établissement public pour constater le retard de l'administration française en matière de bureautique. Le traitement de textes et la micro-informatique qui pourraient alléger le travail des secrétariats et faciliter les tâches administratives de base ne font encore qu'une bien timide apparition. Au 1er janvier 1980, on ne comptait que 8 000 terminaux dans l'administration. Une misère. Et les banques de données sont créées dans le plus grand désordre.

Dans un rapport rendu public en 1984, le Comité central d'enquête sur le coût et le rendement des services publics note qu'« il n'y a pas actuellement de politique adéquate de l'Etat en matière de bureautisation des administrations ». A l'instar de ce qui s'est passé pour l'informatique, c'est l'enjeu industriel qui guide l'action de l'Etat. Compte tenu du retard des industriels français sur leurs concurrents japonais, américains ou même britanniques, on peut craindre que la « bureautisation » à la française ne prenne une décennie de retard. Tant pis pour les progrès de productivité et les deniers publics.

La guerre de cent ans

Les vieux routiers le répétent, autant que les jeunes loups : l'architecture et les règles de l'administration ne sont plus adaptées aux exigences du temps. Mais il est difficile selon les optimistes, ou impossible pour les résignés, de modifier la course du gigantesque paquebot. La résistance de l'administration au changement est l'un des ponts aux ânes de la sociologie, objet de mille colloques et d'innombrables rapports.

L'administration fait le gros dos et attend que l'extérieur la bouscule. Cet au-delà seul capable de faire bouger la machine, c'est d'abord la « volonté politique ». Même lorsque la structure date de la préhistoire, rien ne changera dans les bureaux, personne ne pourra les adapter aux réalités du monde tant que la « volonté politique » ne se sera pas manifestée.

Et quand elle intervient, le grand corps mou n'a pas dit son dernier mot. Tantôt il lui opposera son insondable force d'inertie. Tantôt il consumera son énergie, libérée par le « changement »», en d'invraisemblables batailles intestines. Derrière les façades austères des ministères se poursuit une guerre de cent ans, qui ignore vainqueurs et armistices.

Une histoire illustrera, mieux que de longs discours, l'âpreté des affrontements. Une histoire parmi tant d'autres qu'un ouvrage ne suffirait pas à rassembler.

Pendant plus d'un an et demi, une bonne partie du temps d'un ministre, de ses collaborateurs, de plusieurs directeurs et de nombreux hauts fonctionnaires a été consacrée à guerroyer. Pour le résultat que nous verrons. Un mot encore avant d'en venir aux faits. Cet épisode nous a semblé exemplaire en ce qu'il avait pour enjeu un des grands projets du début du septennat qui eût pu distinguer la politique « de gauche » de celle de l'« ancien régime ».

Aider le Tiers monde, c'est s'aider soi-même

Le dessein était clair. Il avait été exposé avec solennité par le président de la république en plusieurs occasions. Cinq mois après son accession à la magistrature suprême, François Mitterrand profitait du sommet de Cancun pour annoncer au Sud ravi que la France allait contribuer activement à la mise en place d'un nouvel ordre economique mondial. Un mois avant, ouvrant la conférence de Paris sur les « pays les moins avancés », il s'était engagé à consacrer 0,7 % du PNB français à l'aide au développement, en mettant fin à la mesquine manœuvre qui consistait à inclure les crédits destinés aux départements et territoires d'outre-mer dans le total de l'assistance française.

« Aider le Tiers monde, c'est s'aider soi-même », affirmait le président. Des esprits chagrins notaient la contradiction entre le soutien aux pays du Tiers monde non-alignés et l'atlantisme croissant de la France socialiste, salué avec une insistance génante par la presse anglo-saxonne. Heureusement les militants du PS, pour ne pas parler des communistes, ne lisent guère le *Wall Street Journal* ou l'*Economist de Londres.*

Il fallait donc rompre avec la coopération néo-colonialiste du passé, si souvent fustigée au cours des congrès socialistes. On renoncerait sans faiblesse aux projets du « mal-développement ». Finie l'ère des diamants. On ne financerait plus les frasques des Bokassa. La priorité serait accordée au « co-développement », soucieux des réalités et des desiderata des pays assistés. Sans tomber dans le « mercantilisme », on sortirait aussi du « pré carré » africain. Et on embrasserait le vaste tiers monde : en Asie ou en Amérique latine, de nouveaux pays émergeaient que l'on ne pouvait négliger.

Mais, pour changer de politique, il fallait, préalable indispensable, chambouler l'administration. La préoccupation n'était pas nouvelle. Au moins trois rapports avaient été remis aux prédécesseurs de François Mitterrand, signés par MM. Jeanneney, Gorse et Abelin. Tous trois, enterrés, ces rapports constataient que la France n'avait de politique de « coopération » qu'africaine. Et que le ministère chargé de cette coopération n'était qu'une structure d'exécution, aux ordres de l'antenne élyséenne longtemps dirigée par Jacques Foccard.

Deux autres acteurs intervenaient à côté de la « Coopération », héritière de l'ancien ministère des Colonies puis de la France d'outre-mer, installée rue Monsieur : le Quai d'Orsay, par l'intermédiaire de sa Direction générale des relations culturelles, sise rue La Pérouse, était chargé de « défendre » les positions du français, langue et culture, dans tous les pays relevant de l'« étranger traditionnel » — le monde moins l'Afrique. Et l'inévitable ministère des Finances, par le biais de ses directions des Relations économiques extérieures (DREE) et de la toute puissance direction du Trésor.

La concurrence entre les services de la rue Monsieur et de la rue La Pérouse pour étendre leur territoire au fur et à mesure des indépendances des anciennes colonnes belges ou portugaises, donna lieu à nombre d'anecdotes, parfois cocasses et souvent gaspilleuses. Il faut savoir que chez les plus démunis des pays pauvres, la chasse aux crédits de coopération est la première source de devises.

Exemple dispendieux de cette concurrence absurde : un dirigeant de Sao Tomé, petite île africaine qui appartenait jadis aux Portugais, avait besoin de vingt brouettes. Par des voies mystérieuses, cette requête, somme toute modeste, parvint à peu près en même temps rue Monsieur et rue La Pérouse. Et notre homme eut l'heureuse surprise de voir débarquer quarante brouettes.

Les crocodiles dans le marigot

Dès sa nomination comme ministre de la Coopération, Jean-Pierre Cot s'attelle à la réforme. Premier grand principe : substituer au découpage géographique entre les ministères, une division fonctionnelle des tâches entre les rues Monsieur et La Pérouse. A la première, les projets de développement, si possible « autocentrés », à la deuxième la coopération culturelle classique. Mais, nous avoue l'intrépide ministre dans son intéressant témoignage *A l'épreuve du pouvoir*, « la rue de Rivoli n'entend pas se défaire des instruments financiers du développement, et je n'entends pas épuiser mon crédit à tenter de les lui arracher ».

D'entrée de jeu, il apparaît donc qu'un des trois protagonistes conservera ses prérogatives, à l'écart de la bataille qui fera rage entre les deux autres. Même s'il ne nous dit pas tout — son avenir politique est encore devant lui et le devoir de réserve s'impose — Jean-Pierre Cot nous donne un aperçu de la virulence de l'affrontement. Le directeur de la rue La Pérouse, Jacques Thibau, un gaulliste de gauche, ancien patron de la télévision nommé après le 10 mai « sabote la réforme et désorganise son service au point de déclencher une grève contre sa personne ». De son côté, le lobby francophone s'agite et multiplie les interventions au plus haut niveau. Non sans succès. Les réunions succèdent aux réunions, avec ou sans les syndicats. Faute d'arbitrage rapide, les bagarres territoriales s'éternisent entre services.

La réforme bureaucratique est finalement entérinée le 27 juillet 1982. Contrairement à l'usage, le décret délimitant les compétences des uns et des autres ne porte pas la signature du président de la République. Comme si François Mitterrand n'avait pas voulu ouvertement approuver le décloisonnement géographique, et faire entendre aux « Africains » que l'Elysée ne les lâchait pas. La réforme est au demeurant loin de satisfaire pleinement son promoteur. La division entre diffusion culturelle et aide au développement culturel « a été réglée d'une manière absurde et bureaucratique par les décrets du 27 juillet 1982 » et le découpage des services « devient courtelinesque », avoue encore Jean-Pierre Cot. Ainsi dans un même Institut pédagogique, les coopérants enseignants continuent d'être rattachés dans le désordre à la rue La Pérouse ou à la rue Monsieur.

Rien n'est parfait. Et l'important, au fond, fut la noria des camions de déménagement transférant les bureaux entre les rues La Pérouse et Monsieur. Il fallut deux moix aux gros bras pour concrétiser le nouveau Yalta de la Coopération. Mais lorsque début décembre chacun eut planté ses taille-crayons et ses classeurs sur son nouveau territoire, l'inspirateur de la nouvelle politique fut remercié. Croyant à l'imminence d'un remaniement, Jean-Pierre Cot avait remis sa démission pour manifester son agacement face au lobby africain qui ne cessait de le court-circuiter en faisant donner l'Elysée. Du Tchad au Gabon, les motifs d'irritation ne manquaient pas.

Mitterrand profita du pas de clerc de son ministre de la Coopération pour se débarrasser de celui qui était devenu la tête de Turc des « Africains ». L'« idéaliste » Jean-Pierre Cot est remplacé par Christian Nucci, et la nouvelle politique se met à ressembler de plus en plus à l'ancienne. Le « co-développement » n'aura vécu que le temps du contrat gazier avec l'Algérie et la coopération « auto-centrée » passe aux oubliettes. Quant à la voie « néo-keynésienne », elle s'essouffle sur les pentes escarpées de la rigueur.

Même la politique d'aide alimentaire est contestée par les ONG, les organisations non gouvernementales d'aide au tiers monde. Elle s'apparente de plus en plus aux pratiques américaines dont la finalité première est d'écouler les surplus de l'agriculture nationale. Peu importe que l'on modifie les habitudes alimentaires des pays assistés au risque de créer de nouvelles dépendances. L'impératif du commerce extérieur y trouve son compte puisque la conversion au pain des mangeurs de mil nous ouvre de nouveaux marchés : les Grands Moulins de Paris feront de plus en plus de blé en Afrique.

Bref, à peine a-t-on mis en place le nouvel organigramme, qu'on revient aux anciennes options. Les structures sont désorganisées, et on se retrouve à la case départ, celle du pré carré africain.

La revanche de Bakounine

« Une extraordinaire anarchie caractérise les structures des administrations centrales ». L'auteur de ce constat, Francis de Baecque, est conseiller d'Etat et passe pour l'un des meilleurs connaisseurs de l'administration française. Chargé par Raymond Barre en avril 1981 d'étudier, avec André Holleaux, les « problèmes posés par la diversité de l'organisation des administrations centrales », il a remis son rapport deux ans plus tard à Pierre Mauroy.

Les défauts administratifs y sont décrits sans complaisance. Mais, notent les rapporteurs, la politique porte une lourde responsabilité. Les remaniements ministériels sont un facteur permanent de désorganisation. Chaque fois qu'un nouveau gouvernement est constitué, le nombre de ministères change. Des départements « horizontaux » sont créés ou supprimés, des secrétariats d'Etat apparaissent, plus ou moins éphémères, et les services sont ballotés d'un ministre à l'autre. On case ses amis et on dose entre partis et tendances. Ces incessants remue-ménage ne facilitent pas, bien au contraire, l'efficacité administrative. En fait, nombre de hauts fonctionnaires sont d'accord avec Alain Blanchard, magistrat à la Cour des Comptes : « on pourrait gérer l'Etat avec une dizaine de ministères ».

Les structures interministérielles ont parallèlement une tendance naturelle et non maîtrisée à la prolifération. Sans prétendre à l'exhaustivité, Francis de Baecque a enregistré la naissance de neuf nouvelles institutions en neuf mois, d'octobre 1981 à juillet 1982. Le plus souvent ces missions permanentes de lutte contre la toxicomanie, ces Conseils nationaux du bruit, ces Comités interministériels pour la réglementation industrielle, ces

Commissariats à l'étude et à la prévention des risques naturels majeurs, ou ces Délégations à l'économie sociale se superposent à des organismes existants dans les mêmes secteurs. S'il s'en crée sans cesse, il est rare qu'on en supprime.

Il faut se plonger dans l'impressionnant Bottin administratif pour se faire une idée du nombre, insoupçonné, d'institutions que recèle l'administration. Au lieu de multiplier à l'infini les structures nouvelles, « il convient de poser en principe que dans l'administration telle qu'elle est, le gouvernement trouvera presque toujours un service déjà existant pour remplir une tâche nouvelle », conseille Francis de Baecque. Mais c'est l'inverse qui se produit : on crée toujours plus de services nouveaux et on a un mal fou à gommer les structures désuètes.

L'administration enfle également de l'intérieur. Imitant leurs ministres, les directeurs s'entourent volontiers de cabinets de plus en plus étoffés. Le directeur de l'Aide sociale est ainsi épaulé par un directeur adjoint, cinq chargés de missions et plusieurs conseillers pédagogiques et techniques. Outre qu'elles coûtent cher, ces équipes pléthoriques entraînent des doubles emplois, un émiettement des responsabilités et rallongent souvent les procédures de décision.

La prolifération administrative est le plus souvent légale. Le législateur a ainsi inventé récemment une nouvelle race d'institutions : les « autorités administratives indépendantes ». Son plus beau fleuron, la Commission nationale informatique et libertés s'est jusqu'à présent distinguée par un grand intérêt pour les voyages lointains et les bons restaurants. Il arrive aussi que l'administration développe ses ramifications de manière plus clandestine. Chaque année, la Cour des Comptes s'élève contre le « démembrement » de l'administration par le biais d'associations subventionnées... et non soumises aux règles et aux procédures de la fonction publique.

Le poids de la rue de Rivoli

Au centre du dispositif trône, on l'aura compris, le ministère de l'Économie et des finances. Etat dans l'Etat, la rue de Rivoli symbolise les méfaits du cancer bureaucratique. Ses agents sont enviés et redoutés à la fois. Mal de l'administration française, la centralisation prend aux Finances une dimension pathologique. Des directions aussi puissantes que les Impôts, le Budget ou le Trésor répugnent à se communiquer les informations qui faciliteraient pourtant leur tâche respective.

Le manque de coordination horizontale est aggravé par le foisonnement des chasses gardées et la conception extensive du secret qui prévaut chez les financiers de l'Etat. Le poids de la rue de Rivoli se fait sentir avec insistance au moment de la préparation du budget. Bien souvent les arbitrages entre ministères « dépensiers » qui devraient appartenir au premier ministre, sont rendus par le grand argentier. Et lorsqu'il faut, en cours d'année, sabrer dans la dépense publique, c'est encore le ministre des Finances qui désigne les victimes. Au risque de mettre à mal une politique présentée comme prioritaire, telle la recherche.

Autre arme puissante et peu connue : la gestion de trésorerie. Le rythme de recouvrement de l'impôt et de déblocage des crédits est devenu un instrument majeur de régulation de l'économie. L'importance des sommes dépensées par l'Etat est telle qu'il suffit d'allonger les délais de paiement pour dégager des dizaines de millions de trésorerie. A priori rien à redire à ce rôle de garde-chiourme. Mais les effets pervers ne manquent pas : de nombreux services sont contraints à une acrobatie permanente pour poursuivre leur activité. « Deux ans après la signature de contrats de recherche, les fonds n'étaient toujours pas virés », raconte Xavier Greffe, qui enseigne l'économie à Paris-Dauphine. Au mépris de la règle de la spécialité budgétaire, il a dû engager les travaux sur des crédits qui ne leur étaient pas destinés.

Les contrôleurs financiers, missi dominici de la rue de Rivoli, exercent une surveillance quotidienne et a priori des dépenses de l'administration. Mais la rigidité des règles budgétaires et le contrôle financier, s'ils limitent largement les détournements de fonds, incitent aussi au gaspillage. Pointilleux, le contrôle s'attache à vérifier la conformité à des règles purement financières, et néglige le bien-fondé economique des opérations. Ex ante, il peut provoquer des retards : le contrôleur financier devient un bouc émissaire commode pour justifier l'immobilisme des services. Au contraire, le contrôle a posteriori est notoirement insuffisant.

On peut dépenser l'argent à des réalisations d'utilité ou d'urgence douteuses, à condition de respecter les formes. La règle de l'annualité des crédits, qui interdit le report des dotations d'une année budgétaire sur l'autre, devrait, en bonne logique, permettre de contenir la dépense publique. Or elle conduit souvent au résultat paradoxal d'encourager la gabegie. A partir des mois d'août et de septembre, les services font le compte des crédits non consommés et se lancent dans des travaux de peinture et de décoration, plus ou moins justifiés, sinon par le souci de croquer la totalité de leur enveloppe avant la fin de l'année.

Les limites de l'auto-critique

L'administration consacre un temps et une énergie considérable à se contrôler elle-même. Dans une note rédigée en 1831, le baron Louis, alors ministre des Finances, écrivait déjà : « l'administration se compose de deux parties très distinctes : l'action et la surveillance ». Les tâches les plus prestigieuses et les plus convoitées sont d'ailleurs celles de magistrats (Conseil d'Etat et Cour des Comptes) et d'inspecteurs, des finances si possible. « Mais », fait remarquer Bertrand Eveno, lui-même inspecteur des finances, « il existe un tabou non écrit qui veut que les inspections ne font pas d'enquête sur le fonctionnement des services centraux ». **La suspicion est réservée aux services et aux organismes périphériques.**

Bien sûr la Cour des Comptes est redoutée des services. Mais l'efficacité de cette juridiction souffre de son statut et de sa discrétion. « L'autocensure y est très répandue, et la Cour ne fait pas preuve d'une curiosité tous azimuts », affirme Michel Jobert, qui appartient à la noble institution. **Un ministère, et non le moindre, échappe à la sagacité des magistrats : les Finances.** La raison de cette prudence est simple : la Cour des Comptes est rattachée à la rue de Rivoli. Mais la gestion de l'Etat, n'est-ce pas d'abord la gestion du ministère des Finances ? De même, l'armée est rarement épinglée.

Lorsqu'ils constatent des irrégularités, les magistrats de la rue Cambon peuvent intervenir par référé ou par lettre auprès du ministre concerné, ou traduire le coupable devant la Cour de discipline budgétaire. Dans

60 % des cas environ ses remarques permettent de redresser, au moins temporairement, les « errements de l'administration ».

Mais la Cour n'utilise qu'avec timidité son arme la plus efficace : la publicité. L'immense majorité des rapports restent confidentiels. Un millier sont établis chaque année, mais seuls une quinzaine figurent au « rapport public » publié fin juin, début juillet, juste avant les vacances. Les journalistes survolent les deux ou trois cents pages de caractères serrés. Et pendant un ou deux jours, les quotidiens font leurs choux gras des quelques histoires sélectionnées par la rédaction de l'AFP. L'impact serait évidemment plus grand si la Cour se dotait d'un service de presse et publiait un résumé « clair et intelligible » de ses principales conclusions, comme le souhaitait Jean Rosenwald, lorsqu'il en était président.

Ebranlée par l'affaire des « avions renifleurs », inquiète de la politisation qui entoure ses travaux, la Cour s'interroge sur son rôle. Doit-elle se contenter de contrôler, comme par le passé, la régularité de l'utilisation des derniers publics ? Ou doit-elle se pencher sur leur bon emploi ? Depuis plusieurs années, le glissement s'effectue, insensiblement, vers un contrôle de gestion et d'opportunité.

Ainsi, la Cour a sévèrement critiqué en 1981 et 1983 la ruineuse politique de relance de la production charbonnière nationale. Si les collectivités locales lui échappent désormais au profit de cours régionales, son champ d'investigation s'est considérablement élargi avec les nationalisations de 1981. Mais on ne contrôle pas Saint Gobain ou la CGE comme le ministère de l'Environnement. Pour faire face à ses nouvelles attributions, la Cour devra renforcer ses compétences en matière d'audit de société. En aura-t-elle les moyens ?

A la différence de la Cour des Comptes qui contrôle verticalement une institution, le Comité d'enquête sur le coût et le rendement des services publics s'intéresse aux dossiers transversaux, qui traversent l'administration. Cet organisme sans prétention — son budget annuel est de 350 000 F —, est rattaché au premier ministre, mais vit dans l'ombre de la Cour, qui lui prête trois bureaux, deux secrétaires et ses enquêteurs les plus assidus. Les parlementaires membres du comité négligent ses travaux. Heureusement, le maire de Honfleur représente dignement les élus et assiste régulièrement aux sessions.

Héritier du Comité de la hache et de la Commission de la guillotine qui devaient, après la Libération, tailler dans le gras de l'administration, le comité est plus modeste : il évite les sujets trop controversés, n'émet que des avis, ne met personne en cause et n'hésite pas à prendre son temps pour faire mûrir les consensus.

Bon an mal an, il examine une dizaine de dossiers : il s'est ainsi récemment penché sur la bureautique administrative, les mises à disposition de fonctionnaires ou les parcs automobiles. « Notre rendement est assez élevé compte tenu de notre faible coût », note André Le Gall, son secrétaire général. Attitude suffisamment rare pour être relevée, il ne souhaite pas un accroissement de ses moyens. Le comité est-il efficace ? « Les résultats sont tout à fait décourageants dans l'année qui suit. Ils doivent être appréciés sur une demi-douzaine d'années ».

Le management au secours de la bureautique

Face aux accusations de gaspillage, l'administration sort ses managers. Au milieu des années soixante, naquit la mode de la RCB. Méthode autant qu'état d'esprit, la « rationalisation des choix budgétaires » devait permettre, selon ses promoteurs, d'assurer une étroite liaison entre les moyens et les objectifs, entre les études préalables, les décisions, la gestion et les résultats. Mais ces bonnes intentions se sont diluées dans des exercices de plus en plus abscons. Les modèles économétriques et le discours technocratique ont conjugué leurs méfaits pour faire échouer cette tentative qualifiée par ses détracteurs de « révolution cubaine au budget ».

En outre, selon Anicet Le Pors, les acteurs n'ont bien souvent pas joué le jeu. Les décisions ont fréquemment été prises avant que les études RCB ne soient terminées. Ou elles ont servi à justifier les demandes de tel ou tel groupe de pression. A la fin des années soixante, on hésite entre Le Havre et Fos, près de Marseille, pour implanter une nouvelle usine sidérugique. L'étude RCB est favorable au site normand. Pourtant, au nom de « l'intérêt national et de la stratégie méditerranéenne », le gouvernement choisit Fos. Rassurez-vous, l'étude n'est pas perdue pour tout le monde. Les sidérurgistes s'empressent de la brandir pour obtenir une compensation financière de l'Etat à cette sujétion d'intérêt public qui leur est imposée.

Aujourd'hui, l'administration s'efforce plus modestement d'« évaluer » son travail. Depuis une dizaine d'années, près de trois cents études d'évaluation des politiques publiques ont été commandées par l'administration, pour moitié à ses propres services, et pour le reste à des organismes extérieurs. Mais ces exercices servent davantage à justifier l'action administrative qu'à l'examiner de manière critique.

A l''exception de l'Office parlementaire d'évaluation des choix scientifiques et technologiques, créé en juillet 1983, **il n'existe pas d'institution indépendante et disposant d'une légitimité suffisante pour porter un jugement de poids sur les projets et les réalisations de l'administration.** Comme la RCB, l'évaluation a de bonnes chances de n'être qu'une vogue passagère. Elle ne pourra qu'hésiter entre la complaisance et l'obscurité, tant que les problèmes de fonds de l'administration ne seront pas abordés. Pour mettre fin au soupçon, il faudrait que l'administration renonce à sa manie du secret et accepte de prendre en compte les critiques extérieures.

Resterait enfin, comme y invitent François de Baecque et André Holleaux, à « s'interroger sur le bien-fondé du maintien de certaines règles du statut de la fonction publique et de la réglementation de la comptabilité publique lorsqu'il n'y a plus d'autre moyen de faire fonctionner l'administration que de les tourner ». Mais qui prendra le risque, ô combien politique, de toucher à ces deux piliers de l'administration ?

LA VICTOIRE EN CHANTANT

« L'armée est, par nature, réfractaire au changement »
Charles de Gaulle, *Vers l'armée de métier.*

Entre civils et militaires, la frontière semble franche : à chacun son métier et que vive la paix. La levée en masse décrétée par la Convention et les soldats de l'an II a bouleversé cette géographie primaire : l'armée française doit faire corps avec la nation, qui lui offre ses fils, tous ses fils. Guerres gagnées, guerres perdues, l'armée de conscription a été peu à peu érigée en dogme républicain. Il est entendu à gauche et à droite que le service national est signe d'égalité, de fraternité et de liberté pour les Français. Les jeunes conscrits, l'heure venue, revêtent l'uniforme pour s'entraîner, une année durant à la chose militaire. Voilà pour l'image d'Epinal. Nous en sommes là. L'ennui est que nous devrions ne plus y être.

Pourquoi s'étonner que le président Mitterrand, chef suprême des armées ait mis sous le boisseau la promesse du candidat Mitterrand — la proposition 105 — de ramener à six mois la durée du service militaire ? Le pouvoir encourage l'oubli et ne passe pas pour favoriser la cohérence. Même si une proposition de juillet 84 envisage de réduire le service national à dix mois. Il est cependant singulier que la retraite ait été sonnée aussi prestement : c'est en août 1981, à Papeete, qu'il revient à Charles Hernu, nouvellement désigné ministre de la Défense, de signifier ce changement dans le changement.

On pense d'abord à cette réflexion de Caran d'Ache : « L'immobilité est le plus beau mouvement du soldat ». Mais, loin d'être inspiré par ce principe militaire, Charles Hernu appuya son argumentation sur les contraintes de la vie civile : « Abaisser la durée du service aurait pour effet immédiat et catastrophique d'accroître le nombre de jeunes chômeurs ».

Le voudrait-elle, que la gauche ne pourrait plus revenir sur cet aveu : **le service actuel n'obéit pas vraiment à une nécessité de défense militaire mais se justifie par les impératifs d'un combat civil, celui de l'emploi.** L'armée de réserve industrielle, selon l'expression surannée de Marx, doit se replier du champ de bataille jonché de deux millions et demi de chômeurs, pour rejoindre, en rangs serrés, les casernes. Mieux encore : les jeunes peuvent désormais devancer l'appel dès l'âge de dix-huit ans. Ils ont également la possibilité de repousser de douze mois, au maximum, le moment de leur libération.

Le ministre de la Défense claironne aujourd'hui que le message a été entendu au-delà des espérances premières, affirmant que le « service long » est un succès. Et c'est vrai. A condition toutefois de considérer comme tel le fait que, sans autre horizon que celui de l'ANPE, des jeunes — de 8 000 en 83, leur nombre pourrait atteindre 25 000 en 1985, soit 10 % du contingent — voient leur avenir passer par un bureau de recrutement. En prendre pour un an de plus, c'est aussi imaginer qu'une vie excitante les attend enfin à l'armée, hier à Beyrouth et aujourd'hui encore au Tchad. La crise fait renaître toutes sortes d'illusions.

A son arrivée au pouvoir, la gauche avait chargé une équipe de hauts fonctionnaires réputés pour leur impartialité d'établir un bilan de la France. Dans la partie consacrée à la défense, la commission avait indiqué sans ambiguïté que « techniquement, on pourrait sans doute se passer de l'appel sous les drapeaux tel qu'il est actuellement pratiqué. Il existe d'autres formules, dont le volontariat. Le service militaire n'est pas une affaire technique. Il est affaire morale, économique, sociologique, en un mot : politique ».

Et ajoutaient ces experts « Les budgets sont ennemis de la multiplication par les grands nombres et les grands nombres, c'est le contingent ».

Du mur de poitrines au parapluie de bombes

Depuis l'ouvrage célèbre du général de Gaulle, « Vers l'armée de métier », il y a exactement cinquante ans, la France s'est trouvée engagée dans trois conflits majeurs : la Seconde Guerre mondiale, les guerres d'Indochine et d'Algérie ; mais ce ne sont pas la débacle et les échecs plus ou moins cuisants enregistrés par notre armée qui imposent une remise en cause radicale de la conscription.

Le service militaire n'est plus un impératif de notre défense pour une raison évidente : l'indépendance nationale, c'est aujourd'hui la dissuasion assurée par la force de frappe nucléaire. La France, explique le général Georges Buis, un des meilleurs experts militaires français, vivait dans la hantise de l'ouverture béante que la géographie installait à son nord et à son sud et employait le « mur de poitrines » qui nécessitait la conscription et un service long. Dans une guerre nucléaire, ou même chimique, une armée d'appelés c'est la ligne Maginot. D'ailleurs, la spécialisation nucléaire explique le déclin de l'armée de terre au profit de l'armée de l'air et de la marine.

Les Français paraissent de plus en plus inconscients des enjeux de la défense pour la simple, sinon bonne, raison que la France est une puissance atomique. La démobilisation est générale, car les Français sont devenus pacifistes, et militaristes à la fois et sans jamais vouloir ni l'assumer, ni l'avouer. Le désarmement est double : devant la guerre et face à la paix.

Un sondage de la SOFRES, publié il y a deux ans par « *Actuel* » révélait que l'immense majorité des Français ne contestent pas la force de frappe. Mais en même temps, ils pensent que si l'Armée rouge pénètre dans l'Hexagone, le président de la République ne devrait pas employer l'arme atomique. Le salut ? Entamer des négociations « immédiates » avec Moscou pour obtenir la paix.

Notre défense repose sur la dissuasion — on ne dit plus comme il y a vingt ans la « bombinette » —, évitons donc d'y penser. C'est plus sûr, et moins contrariant. Depuis vingt ans, l'indifférence était totale sur la question des abris anti-atomiques, et les ricanements, la règle à l'encontre de nations qui, comme la Suisse, la Norvège, la Chine et combien d'autres, avaient réalisé des efforts considérables dans ce domaine, avaient bâti des pays sous les pays. Mais c'est la politique de l'autruche, disait-on en France. Sottement.

Construire des abris aurait impliqué qu'on croyait à la possibilité d'une attaque ennemie et donc que l'on doutait de sa propre force de dissuasion. Par mesure de précaution, ou d'hypocrisie, trois abris ont toutefois été construits pour les hauts responsables de l'Etat et une centaine de personnalités triées sur le volet. « J'ai la liste de ces « élus » dans mon coffre-fort, et je n'y figure pas », nous a indiqué le commissaire du Ier arrondissement de Paris, avant de nous faire visiter l'un de ceux-ci, vulgaire salle en béton d'une quarantaine de métres carrés, sous la place du Marché Saint-Honoré. Sa localisation, paraît-il, doit rester secrète pour éviter les émeutes à l'entrée.

La crise des euromissiles a contraint les responsables français à penser — enfin — l'impensable. L'esprit de l'underground a fait surface : des abris vont être enfouis sous terre, dans les parkings ou le métro. Mais leur coût sera supérieur de 15 à 20 % à la facture qui aurait été réglée s'ils avaient été réalisés lors des travaux de construction de ces ouvrages publics.

Ennuyeux, inadapté : le service militaire à la française a déjà été condamné par des experts militaires aussi différents que le général Gallois, un des maîtres à penser de la force de frappe, le général Buis, proche de la gauche, ou encore le gaulliste Yves Lancien, ancien vice-président de la Commission de la défense nationale.

Tous sont convaincus que la France devrait s'inspirer du modèle suisse. Le conscrit helvétique suit d'abord une formation militaire de quatre mois, puis il quitte l'armée et n'y reviendra que pour effectuer une série de périodes de deux à trois semaines jusqu'à l'âge de cinquante ans. Au total environ 200 jours. Il perçoit son salaire pendant ces périodes, mais en cas de défection, c'est à lui de payer.

L'exemple est tout proche et il paraît convaincant. Cependant, il ne plaît pas à la vieille garde de l'état-major, qu'un conservatisme à toute épreuve frappe de cécité. Bon exemple de paléomilitaire, voilà le général Bigeard qui clamait à la veille de sa retraite : « Pas de problème. Les petits gars sont prêts à servir la France ». A quoi, la gauche répond : « Pas de choix, les petits gars n'ont rien d'autre à faire ». C'est le traitement militaire du chômage.

Les « stages Hernu »

Les dispositions adoptées par le Parlement au printemps 1983 sur le service à la carte s'inscrivent, déclare le gouvernement à l'époque, « dans le cadre du dispositif de lutte pour l'emploi ». Une trentaine de mesures « sociales », notamment l'augmentation des soldes, avaient suivi.

La manœuvre parait habile et l'argument, massue. Est-ce si sûr ? **Sur les 800 000 jeunes qui se sont présentés en 1984 sur le marché du travail,**

seulement un tiers, soit 260 000 ont été incorporés sous les drapeaux. Au pire, la réduction de moitié de la durée du service aurait donc pu provoquer une augmentation de 130 000 jeunes chômeurs supplémentaires dans l'année. Avec un effet désastreux sur les statistiques.

Mais pourquoi diable postuler avec absurdité, comme semble le faire le gouvernement, que tous les appelés sont des chômeurs en puissance et que la fin des obligations militaires correspond au début du chômage ? Les données récentes montrent en fait qu'un dixième des appelés pointe déjà à l'ANPE avant de porter l'uniforme et qu'un autre dixième s'y inscriront immédiatement après. On sait également que la moitié d'entre eux trouvent un travail avant leur incorporation : une réduction du service diminuerait-elle leur chance de le retrouver en fin de parcours du combattant ? A l'évidence, non.

A défaut de trouver dans les chiffres ce qui peut bien, en fin de compte, justifier les hypothèses de M. Hernu, il ne faut pas ménager notre admiration pour la place d'avant-garde qu'il a assignée aux conscrits dans le combat anti-chômage. Avec une arme adaptée à notre époque : l'informatique, qu'un bataillon de quatre cents appelés ingénieurs est chargé d'enseigner aux jeunes Français. Posant le clairon au ratelier, l'ami Bidasse pourra-t-il aussi riper devant un micro-ordinateur, dont le langage binaire renvoie aux deux réponses clés des sans-grade : « R.A.S. » et « Affirmatif » ?

Fort amusant pour *kriegspiels* en chambrée, ce modèle docile du cerveau humain, rectifié année 80, n'est pourtant pas appelé à bouleverser les raideurs du système militaire. Mais son encasernement pourrait compléter la formation professionnelle déjà dispensée à plusieurs dizaines de milliers de conscrits. L'utilité sociale civile du service étant reconnue, une question s'impose : est-il juste d'en exclure 150 000 jeunes gens réformés ou dispensés ? Et bien sûr, les jeunes filles qui ne sont ni appelées, ni élues. Une école, le service militaire ? Admettons, mais alors ni élitisme, ni sexisme : l'armée doit être — vraiment — obligatoire !

Qu'elle soit laïque ne semble, pour l'heure, pas devoir être contesté et nous nous en voudrions de prôner une armée de mercenaires « libre » et confessionnelle. Doit-elle être gratuite ? Le gouvernement se penche sur la question. « Nous étudions possiblité de créer un prélèvement sur les personnes non-assujetties au service national pour financer un fonds de compensation et réaliser ainsi une participation équitable de tous au service » a indiqué en mai 1984, Jean Gatel, secrétaire d'Etat à la Défense. Planqués, paralytiques, névrosés ou soutiens de familles, non seulement l'armée ne veut pas vous former mais encore elle exige d'être dédommagée. A vos poches.

Faudra-t-il aussi faire payer les journalistes qui, signe des temps, encouragent les jeunes à rechercher une réforme-bidon. « Cela vaut le coup d'essayer : Qui ne tente rien, n'a rien », recommandait en 1982, *Paris-Match* dans un dossier sur le service.

Reste qu'il n'est pas besoin de propositions farfelues pous savoir que **le service militaire a un coût financier. Il s'évalue à 28 000 F par appelé sur une année.** A raisonner en économiste, il faut bien considérer l'armée de conscription pour ce qu'elle est : un organisme de stage et une administration bureaucratique.

Première constation : le « stage » offert sous les drapeaux est plus onéreux pour les deniers publics et encore moins efficace que les innombrables formules civiles instituées ces dernières années. Les stages « Granet », « Beullac », ou « Rigout » pour les adolescents de la crise ont alimenté les soupçons de gaspillage, et ont été, à juste titre, accusés de ne pas déboucher sur un emploi. Ce n'est pas les absoudre que de souligner qu'ils n'ont coûté que 2 500 F par jeunes. Les contrats emploi-formation organisés sous la houlette de Jack Ralite, alors ministre délégué à l'Emploi, pour les 16-26 ans représentent une charge unitaire annuelle pour l'Etat de 19 000 F.

Pour en finir avec ces comptes d'intendant, un mot encore sur les conséquences financières qu'entraînerait la réduction à six mois du service national. A en croire l'état-major, il faudrait engager environ 130 000 volontaires pour palliers l'insuffisance des effectifs. Comme le coût d'un engagé avoisine les 45 000 F, le surcoût serait de 3,2 milliards de francs. De plus, chaque emploi militaire créé ne reviendrait qu'à 25 000 F. Soit près de trois fois moins que le coût d'un poste de travail libéré par un préretraité.

Deuxième remarque : **l'armée, qui croque près de vingt pour cent du budget de la nation, emploie les bidasses à des tâches dont l'utilité reste à démontrer.**

Au demeurant, elle n'en a cure. François Cailleteau, directeur adjoint du cabinet de Charles Hernu, a indiqué au journal catholique *La Vie* : « Même si les appelés ne font rien dans les casernes, ils sont déjà utiles par leur seule présence. » Aveu désarmant confirmant l'impression éprouvée par le conscrit de faire son temps en le perdant.

Sur le papier, le conscrit « crapahute » pendant une centaine de jours hors de la garnison ; en consacre une cinquantaine à l'instruction et à peu près autant à des travaux d'intérêt général, c'est-à-dire les corvées ; il suit enfin des cours de formation. Résultat : néant. Il est au fond un personnage qui va parfaire son sens de l'obéissance et de l'irresponsabilité dans un système d'ordres, de règlements souvent absurdes, parfois contradictoires visant à lui inculquer le sens de l'hébétude dans un univers tramé d'ennui.

L'instruction militaire du gaspillage

Que l'armée n'utilise pas au mieux les compétences des appelés, on ne saurait s'en étonner. Il ne saurait y avoir adéquation complète entre les besoins civils et militaires. Mais à cette évidence, s'ajoute une considération plus singulière : **l'administration militaire vit du travail gratuit. C'est l'impôt-temps, plus proche de la corvée féodale que du salariat.** Nourri, blanchi, le conscrit reçoit une solde de 13 F par jour, l'obole qu'on pourrait remplacer par une canette de bière et quelques paquets de « Troupe ». La surconsommation des cigarettes, évidente cause de cancer, est d'ailleurs facilitée par un prix de faveur et l'armée évalue à 360 décès le nombre de conscrits victimes des suites d'une permission bien arrosée.

Administration obèse, l'armée n'est pas minée par le gaspillage : elle s'en nourrit. Son exemplarité est là, qui marque les jeunes générations. Que par la grâce du piston, un appelé se retrouve dans un des innombrables bureaux d'état-major, joliment surnommé une « planque », et il prendra une claire conscience, sinon le goût, des charmes discrets de la bureaucratie. Que d'autres, moins chanceux, deviennent voltigeur à Mourmelon, ou sapeur à Neufbrisac et ils pourront apprécier comment l'armée s'y prend pour consommer jusqu'au dernier franc les crédits qu'elle s'est vu allouer dans le budget.

Un ancien conscrit, magasinier à Maisons-Lafitte se souvient : « J'étais affecté au lacérage des capotes neuves, chaque semaine en arrivait un nouveau lot, qu'il fallait attaquer. » Ce combat au couteau contre la bure — épuisant mais victorieux — s'imposait pour justifier les commandes ultérieures programmées pour la garnison.

A l'égard de capotes, l'armée semble éprouver un irrésistible besoin de gaspillage. Il y a par exemple cette grande braderie de 30 000 manteaux militaires organisée en 1977 par le ministère de la Défense : vendus au prix unitaire de 20 F, ils avaient été achetés dix fois plus cher quelques années auparavant. Sans la moindre gêne, le ministère avait répliqué, en 1982, qu'il ne s'agissait pas d'un prix « anormalement bas », indiquant que des capotes identiques avaient même été cédées 5 F pièce en 1980.

Cette extravagante affaire montre jusqu'où on peut aller, lorsque la logique d'une institution prend le pas sur toute autre considération. Certes, nul ne soutiendrait l'idée qu'il faut réduire l'armée à une entreprise. Son monopole est sans partage et nul ne lui contestera de produire sans concurrence la sécurité du pays. Mais la question est de savoir si cette rente de situation n'engendre pas l'irresponsabilité financière. D'autant qu'à l'évidence l'armée est un marché « captif », puisque les fabriquants français d'armes ou de fournitures prennent toujours le pas sur leurs concurrents étrangers.

D'où une relation qui exclut toute notion de rentabilité et bannit l'idée même de concurrence sur le territoire national. Achat ou revente : ces deux fonctions d'une économie marchande sont ici dégagées de la sanction du marché. L'armée française, c'est évident, ne sera jamais en faillite et elle fera tout pour que ses fournisseurs ne disparaissent pas sous les pertes. La rigueur l'atteint, mais si peu. Les besoins sont estimés au jugé, ou déterminés en fonction de considérations politiques, militaires ou industrielles qui ne passent pas pour s'encombrer des lois économiques.

Pour une économie des armes

« Et puis, le secret qui entoure la défense est souvent bien utile pour dissimuler la gabegie », nous expliquait au printemps 1984, Jean Rosenwald, ancien premier président de la Cour des Comptes. « C'est l'unique et total tabou qui est imposé à nos magistrats : il n'est pas prêt de disparaître. **Les militaires sont ainsi faits que rien, ou presque, ne leur est opposé et ce qui est plus grave, leurs erreurs restent dissimulées au peuple français et parfois même au président de la République** », avait poursuivi cet ancien résistant, aujourd'hui décédé et qui restera l'un des interlocuteurs les plus remarquables que nous ayons rencontrés.

Quand il présidait la Cour, en 1983, Jean Rosenwald apprit que l'armée avait lancé la fabrication d'une arme — à l'issue de recherches se chiffrant à plusieurs centaines de millions de francs — dont l'inefficacité aurait été totale en cas d'une attaque ennemie. « Il fallait que le président Mitterrand le sache. Aussi, j'ai pris le dossier pour le porter moi-même sur son bureau, à l'Elysée », nous a indiqué Jean Rosenwald. De quelle arme s'agit-il ? Nous n'avons pu l'apprendre. Secret militaire.

Mais d'autres exemples abondent, qui témoignent de l'incohérence financière, à tout le moins, de l'institution militaire. Dans ses rapports publics, la Cour des Comptes a observé qu'aussi bien pour les armements terrestres, que pour le matériel naval ou l'aéronautique, un nombre très important d'études coûteuses avaient échoué ou étaient demeurées sans suite depuis une dizaine d'années en raison de la méconnaissance par l'armée des contraintes financières.

Phénomène marginal ? Pas du tout : le tiers des opérations de matériels navals examinées par la Cour ne se sont pas déroulées de manière « satisfaisante » ou ont donné lieu à des difficultés « excédant les aléas normaux en matière d'études ».

En vingt-cinq ans, la marine a dépensé pour un demi-milliard de francs en études et frais de développement industriel dans le secteur des torpilles. Les résultats sont « décevants », commente la Cour, connue pour son art de la litote, avant de souligner le « caractère trop ambitieux » de la plupart des projets étudiés.

Les spécifications techniques sont trop difficiles à réaliser, les délais trop courts. Quand les études sont réussies, il arrive que les matériels mis au point soient trop onéreux pour être fabriqués. Dans le cas où la production est cependant entreprise, elle ne peut pas avoir l'ampleur prévue. Bref, les contraintes budgétaires et les impératifs industriels ne sont pas maîtrisés. On ne saurait mieux définir le gaspillage.

Que les besoins soient estimés à l'emporte pièce, l'exemple des véhicules de l'armée de terre l'atteste également à merveille. Prenons les Jeeps. Dès l'après-guerre, l'armée en acquit par milliers aux Etats-Unis. Puis elle s'adressa à des sociétés françaises pour une fabrication régulière et l'approvisionnement en pièces détachées. Très bien, mais quelle pouvait être la durée de vie des Jeeps, réputées increvables et cependant bien mortelles ? Question essentielle pour déterminer le niveau des commandes ou organiser le dépannage. Question de bon sens à laquelle l'armée a apporté en vingt ans cinq réponses différentes.

En 1966, le ministère estimait que les Jeeps devraient être retirées du service au milieu des années soixante-dix et remplacées par un nouveau véhicule de combat léger. Quatre ans plus tard, ce projet fut brutalement interrompu, mais les stocks de pièces de rechange des Jeeps étaient réduits à la portion congrue. Qu'importe, en 1971, les autorités décidèrent qu'il fallait maintenir le parc des Jeeps jusqu'en 1985. Changement de programme l'année suivante, la durée prévisionnelle était ramenée à 1982, puis quelques temps encore après, à 1978. Soumis aux coups d'accordéon des décisions de l'armée, les revendeurs de pièces détachés s'en sont donné à cœur joie, s'entendant sur des prix fixés à des niveaux exorbitants, jouant sur les délais...

Poursuivons l'exemple de la maintenance du matériel militaire des trois armes dont la gestion est un défi au bon sens. Ainsi, dans l'armée de l'air, pour un même avion de combat, « trois sous-chefs d'état-major ont dans leurs attributions l'entretien périodique, les pannes et les accidents dûs à un défaut d'entretien » a révélé la Cour des Comptes dans son rapport de 1984. Quand ils existent, les répertoires de prix des pièces de rechange sont établis parfois avec dix ans de retard sur la mise en service du matériel. De surcroit, le coût de la documentation technique s'envole vers des sommets : le mode d'emploi et le manuel d'entretien du Mirage 2 000 s'élève à 200 millions de francs, le prix d'un appareil complet. Une gestion commune des stocks n'est même pas envisageable, alors que ceux-ci sont composés des mêmes pièces. Chaque armée bricole dans son coin et l'intendance ne suit pas. Elle sommeille à l'arrière.

A l'avant-garde, les marchands français d'armes le sont sans conteste : les ventes aux pays du Tiers monde, endettés comme jamais, sont en nette décroissance et fléchiront encore mais aujourd'hui la France reste le troisième exportateur mondial de matériel militaire, après l'Union soviétique et les Etats-Unis. A juste titre, on peut estimer que ces exportations diminuent le coût du matériel produit, qu'elles font rentrer des devises — pour environ trente milliards de francs par an — et qu'elles assurent aussi cent mille emplois. Mais le bilan actuel est impossible à établir : **une opacité totale entoure le coût réel des fabrications militaires et le montant exact des subventions publiques qui y sont consacrées.**

Quoiqu'il en soit, il est plus que navrant sur le plan moral que la France se soit taillée une réputation internationale de marchand de mort. Et choquant que la gauche, qui naguère avait promis de porter un coup d'arrêt à l'incroyable monoculture des ventes d'armes de l'ère giscardienne, ait sans gêne troqué ses belles paroles pour de bons contrats. Il semble incroyable que **la recherche militaire ponctionne en 1984, comme en 1983, un cinquième du total des dépenses nationales et largement plus d'un tiers du financement public en matière de recherche.** Qu'elle draine aussi vers les industries d'armement un nombre considérable d'ingénieurs qui, dans le privé, auraient le plus grand mal à s'adapter aux règles de la rentabilité.

La recherche militaire a des retombées positives dans le civil, entend-on dire souvent. L'argument en soi n'a aucune valeur. Le Japon ne consacre que 1 % de son produit national brut (P.N.B.) à la défense et mène la danse en électronique dans le monde entier. Quant à l'Union soviétique, malgré le poids de son complexe militaro-industriel, elle est incapable de fabriquer des micro-processeurs.

Et la France, dont le budget militaire est le quatrième du monde en importance avec 4 % du P.N.B., a raté la troisième révolution technologique, celle de l'électronique et de l'informatique.

Dieu, que la guerre est coûteuse

Et le Liban et le Tchad ? Allez savoir quel en a été le coût hier.

Fort habiles à disserter sur les conséquences géopolitiques de tel ou tel conflit, les experts militaires ne s'abaissent jamais, en France, à se demander l'importance de l'effort de la nation et le coût de l'engagement des forces.

Le gouvernement n'en dit que le minimum et le Parlement semble s'en satisfaire. C'est tout le contraire de ce qui se passe aux Etats-Unis : le débat sur les interventions militaires y est réel. Il ne se limite pas à l'importance des dollars dépensés ou à débloquer. Mais jamais les congressistes, ni les journalistes, ne font l'impasse sur le volet financier. La Maison Blanche le sait. Elle ne peut s'amuser trop longtemps au petit jeu de la dissimulation. Dans notre pays, ce n'est qu'au forceps que la vérité sur les interventions françaises finit par sortir, au moins partiellement, de l'ombre. Mais pour en arriver là, combien de versions officielles, qui sont autant de communiqués de victoires, ont été multipliées en se contredisant.

On pense à Kolwezi, à Baalbeck ou au Tibesti. La satisfaction est toujours au rendez-vous, l'efficacité en est peut-être absente. Mais ne s'agit-il que d'efficacité militaire ? Depuis le départ des paras et des marsouins de Beyrouth en mars 1983, dans la foulée des Américains, les forces françaises sont encore engagées au Tchad. 8 000 soldats sont passés au Liban en dix-huit mois de présence, et 3 000 ont été cantonnés au Tchad, sans compter plusieurs milliers de militaires au Gabon, en Centrafrique ou à Djibouti.

Mais la présence de la France aux côtés d'Hissène Habré n'a pas représenté qu'une dépense militaire, dont répétons-le, nous ne connaissons pas le détail, elle a comporté aussi pour les finances publiques un coût considérable, supérieur à cinq milliards de francs par an, pour entretenir l'Etat tchadien, et payer en particulier ses fonctionnaires.

Mais ces opérations extérieures, expliquent les militaires, servent à mettre l'armée française au banc d'essai. Leur satisfaction devrait, à tout le moins, être nuancée par les pertes humaines qui ont déjà endeuillé ces interventions : une centaine de morts dont 58 lors de l'effroyable attentat de Beyrouth en octobre 1983.

Depuis la guerre d'Algérie, l'armée a toujours une revanche à prendre. Elle pleurait d'ennui dans le pré carré national et piaffait au bruit lointain des canons : il lui fallait un plat d'obus pour se sentir revivre. La gauche lui en a fait servir pour quelques centaines de millions de plus. **En pleine activité au large de Beyrouth, le Clemenceau et ses bâtiments d'escorte, de défense et de ravitaillement coûtaient, nous a révélé un haut fonctionnaire de la Défense, la somme de deux millions de francs par jour. Le prix d'une crèche.** Mais le Clemenceau et l'autre porte-avions français, le Foch ont hâté l'âge de leur retraite dans les eaux troublées du Liban.

Le Foch doit se faire ravauder pour 130 millions de francs en attendant le lancement du Charles de Gaulle, le futur porte-avions à propulsion nucléaire, qui représentera une dépense de 10 milliards de francs. Avec sa quarantaine d'avions à bord et, bien sûr, une solide batterie de canons, vogueront sur les flots 25 milliards. Cette somme correspond à 7 millions de tonnes de beurre, de quoi pourvoir généreusement aux besoins des Français jusqu'à l'année 2025. On nous objectera que les excédents laitiers d'aujourd'hui rendent improbables une pénurie de beurre, demain. **Mais faut-il se réjouir de l'évolution d'une société qui réussit à cumuler le double gaspillage d'une surproduction de beurre et d'une surproduction de canons ?**

LES COMPTES EMBROUILLÉS DE LA COMMUNICATION

« De débat en débat, de polémique en polémique, les choses n'avancent guère... Tout le monde est preneur : l'Etat, la banque, l'industrie, la publicité, le cinéma, la presse, la finance. Tout le monde s'observe, se surveille, s'épie, se combat, se neutralise. Puisque ce n'est pas moi, ce ne sera pas toi. Et l'Etat, qui sait si mal défendre son bien, en est réduit au raclage de tiroirs. »

Lorsqu'il tenait ces propos sur la télévision, en janvier 1954, dans *L'Express*, François Mitterrand ignorait qu'il resterait, trente ans après, d'une affligeante actualité. Le jeune président de l'UDSR ne songeait sans doute pas qu'il deviendrait le président d'une République ballotée par la tourmente audiovisuelle.

La gauche hérite en mai 1981 d'un pays audiovisuellement sous-développé. Le monopole radio télévisé, fermement verrouillé, a tant bien que mal résisté aux assauts des radios libres. Jusqu'au crépuscule de l'ère giscardienne, les ondes sont frileusement gaspillées. Tous les sondages concordent : nous sommes en manque. Frustrés de communication électronique.

En retard de plusieurs encablures, la France socialiste veut se brancher au plus vite. Câble, satellite, quatrième chaîne : tout sera réalisé dans les plus brefs délais. L'Hexagone sera irrigué de tuyaux, arrosé de faisceaux. Cette superbe quincaillerie ne va-t-elle pas profiter aux séries B d'Hollywood ou aux sous-produits du cinéma japonais ? Qu'importe. On fabriquera aussi des programmes bien français. Comme souvent, la volonté politique, la sourde pression des technostructures et l'« impératif industriel » tiennent lieu de calculs économiques.

Grand pourfendeur de la gabegie audiovisuelle, le sénateur Jean Cluzel doute que nous ayons les moyens de ces vastes ambitions. « La France peut-elle raisonnablement assurer le financement de tous ces projets alors qu'elle n'arrive pas à faire fonctionner de façon satisfaisante le service public existant ? », interroge le sénateur. D'après ses calculs, les investissements requis ne seront pas inférieurs à 60 milliards de francs au cours des dix prochaines années. Sans compter le budget du service public de l'audiovisuel, 10 milliards en 1983. Ni les péages.

Comme pour les autoroutes, il faudra payer avant d'entrer. 120 F par mois pour *Canal Plus* (la quatrième chaîne), autant pour le câble, plus la redevance (500 F pour la télé et 600 F pour le magnétoscope). **S'il veut être résolument connecté, le téléspectateur de demain devra payer chaque année le prix de sa télé.**

Notre soif d'images et nos porte-monnaies permettront-ils à tous ces nouveaux médias de cohabiter ? Les experts divergent. Certains estiment que *Canal Plus* a tout pour échouer, malgré ses hautes protections. D'autres suggèrent que le câble est assez bien parti pour rejoindre Concorde au musée des réalisations ruineuses. Quant au satellite, on reconnaît désormais à voix haute qu'il est déjà dépassé.

Il est sans doute trop tôt pour porter des jugements définitifs. Les techniques évoluent sans cesse. Des changements de cap sont encore possibles. Mais la gabegie et les errements de gestion du service public pourraient bien apparaître dérisoires face à la facture d'un grand projet abandonné.

Feu sur la télé

Rude printemps pour la télévision : les pavés pleuvent dans la mare audiovisuelle en ce début d'année 1984. Les nouveaux médias se rapprochent, et la Haute Autorité clame bien fort ce que beaucoup pensent tout bas : la télévision d'Etat est mal partie. Elle ne sera sauvée qu'au prix de « radicales modifications de structures et de comportements », qui s'attaqueront enfin « aux faiblesses, aux défauts, voire aux tares du système ».

N'hésitant pas à affirmer son indépendance à l'égard du pouvoir qui l'a nommée, elle ne mâche pas ses mots : « Les sociétés du service public doivent procéder à une remise en ordre et d'abord mettre un terme à la progression bureaucratique des frais gestionnaires et administratifs ». « Les téléspectateurs », ajoute-t-elle, « sont en droit d'attendre une gestion plus efficace des ressources dont la finalité est de produire des images, non des bilans ». Voilà qui est clair et sans appel.

Deux suggestions, à l'adresse du gouvernement, accompagnent cette solennelle mise en garde : la modernisation de la télévision passe par l'allègement des contraintes imposées par les pouvoirs publics. Emissions pour les sourds et les malentendants, mise à la disposition de l'Education nationale d'un quota d'heures d'antenne, commandes obligatoires à la Société française de production (SFP), etc. : les « cahiers des charges » pèsent lourdement sur la gestion des chaînes.

Deuxième proposition : les sociétés de programme devraient pouvoir échapper au cadre étroit et administratif du budget annuel. Et pouvoir, comme toute entreprise digne de ce nom, planifier leur activité au delà d'un an. Assouplissement des contraintes et mise en place de plans de financement pluriannuels : tel est, selon la Haute Autorité, la seule alternative au « remède-miracle » que serait, selon certains, la privatisation ou la dénationalisation. Car elle n'entend pas emboîter le pas aux chantres de la « dérégulation » et règle son compte au « mythe selon lequel la seule loi du profit engendrerait une super-télévision, en quantité comme en qualité ».

Deux mois plus tôt, Pierre Desgraupes, le patron d'Antenne 2, a prononcé le mot tabou dans une interview au *Monde* : « La privatisation, c'est l'avenir, lâche-t-il. Scandale, s'écrient les syndicats, pour qui la voie du renouveau passe par une plus grande unité et une meilleure coordination du service public. Indignation de Matignon et rappel à l'ordre de la Haute

Autorité : « Je n'ai jamais dit qu'il fallait vendre A2 au privé, mais que nous devions avoir l'état d'esprit du privé », explique Desgraupes dans *Libération*.

Mais le débat est lancé. Et sur un terrain bien français : service public contre privatisation. Les partisans du premier affirment qu'il est la seule garantie contre « l'omniprésence de la publicité, la soumission des programmes à la dictature de l'indice d'écoute, la régression de la qualité des émissions et l'invasion des productions standardisées massivement achetées à l'étranger ». Ce sont les termes de Jean-Jack Queyranne, secrétaire général à la culture du PS.

Finies les sinécures

Pierre Desgraupes veut se battre à armes égales. Comme les chaînes du service public, *Canal Plus* a son cahier, mais les charges sont loin d'y peser aussi lourd. Privatisée, Antenne 2 ne serait plus contrainte de « jongler entre les obligations incroyables d'un cahier des charges conçu sous le poids de lobbies multiples ».

Georges Fillioud, le secrétaire d'Etat à la Communication, intervient : le monopole du service public a certes été aboli en droit, déclare-t-il, mais « le monopole de fait demeure pour quelques années encore ». Les chaînes du service public ont un répit de cinq ans pour affronter le grand vent de la concurrence.

En fait, claironne le secrétaire d'Etat, « ce n'est pas le statut juridique de l'entreprise qui compte, c'est la position qu'elle occupe et le dynamisme de ceux qui l'animent. Il n'y a pas deux façons de gérer : la publique et la privée. Il n'y en a qu'une : la bonne ». Il veut rassurer le service public et démentir ceux qui comme le sénateur Cluzel affirment que le gouvernement s'en désintéresse comme d'un « rameau mort ». Décédé pour cause de gabegie et d'obésité.

Tout le monde en convient : la télévision de service public est budgétivore et mal gérée. « Il y a encore beaucoup à faire », pour améliorer la productivité et rendre les comptes plus transparents, remarque Georges Fillioud. Pour Georges Marchais, la cause est entendue : « la télévision est plus mauvaise aujourd'hui qu'avant 1981... et le service public s'enfonce, jour après jour, dans les difficultés, les gâchis et l'inefficacité », déclare le dirigeant de P.C.F. plusieurs mois avant le départ des communistes du gouvernement.

La télé est avant tout malade d'elle-même. La loi giscardienne de 1974, en faisant éclater le « monstre ingouvernable » qu'était devenue l'O.R.T.F., visait à introduire la concurrence entre les chaînes. On voulait aussi, sans le dire, casser la toute-puissante intersyndicale de la radiotélévision. Bref, diviser pour mieux régner. Le résultat fut négatif, à peu près sur tous les tableaux. On ne parvint qu'à cumuler les inconvénients des systèmes public et privé. La concurrence s'est traduite par une course épuisante et vaine aux « points d'audience ».

Et la multiplication par sept du nombre des sociétés a gonflé les effectifs administratifs. Une tendance aggravée par la loi de 1982. Les dépenses de personnel et les frais de gestion ont progressé de 19 % entre 1982 et 1983, au détriment des budgets consacrés à la création. C'est la « loi des vases non communicants ».

Le gaspillage a prospéré à l'abri des corporatismes, des luttes de clans et de la bureaucratie qui ont fini par étouffer l'audiovisuel public. Il est certes un peu démagogique de se demander, comme le sénateur Cluzel, si le produit télévisé a doublé, en qualité ou en quantité, en cinq ans, comme l'a fait le budget du service public, passé de 5,5 milliards en 1980 à plus de 10 milliards en 1984. Mais la radio-télévision publique pourrait sans nul doute nous informer, nous distraire et nous cultiver aussi bien qu'elle le fait... pour moins cher.

Bien mal acquis ne profite jamais

L'ambiance n'est pas très joyeuse en ce mois de juillet 1984 dans les couloirs de TF1. Le P.D.G., Hervé Bourges, vient de recevoir le rapport du directeur financier sur les notes de frais de la rédaction. L'interminable guerre du Liban a été d'un bon rapport pour certains, montre l'enquête menée entre Paris et Beyrouth. En trois ans, plus d'une dizaine de journalistes et de techniciens ont empoché un million de francs, cent millions de centimes, en plus de leurs émoluments réguliers.

Le gonflement des notes de frais n'est pas, loin s'en faut, l'apanage des envoyés spéciaux de la première chaîne. Beaucoup de confrères d'autres organes de presse y voient une contrepartie, généralement raisonnable, aux fatigues et aux dangers du reportage. Mais certains journalistes, parfois connus, de TF1, ont délaissé cette activité de gagne-petit.

Sans doute grisés par l'atmosphère d'argent facile qui règne à Beyrouth, même sous les bombes, ils abandonnèrent les minables gaspillages pour se lancer dans l'industrie, autrement rentable, de la fausse facture. Pendant plusieurs années, des notes de frais bidon, libellées en livres libanaises, furent ainsi remboursées rubis sur l'ongle par les services comptables de TF1. Que les téléspectateurs-redevables se rassurent : les fraudeurs repérés par la direction de la chaîne se sont vus infliger des « redressements » à hauteur des dépenses non justifiées.

Les services administratifs de TF1 ne sont pas épargnés par la chasse aux gaspillages déclenchée par Hervé Bourges. En les obligeant à recourir à la procédure d'appels d'offre pour les travaux d'imprimerie, le P.D.G. espère économiser un autre million de francs, soit un petit tiers des sommes qui y sont consacrées chaque année.

L'austérité frappe aussi les programmes : finis les grands magazines documentaires mensuels, « Vagabondages », « Saga », ou « L'histoire à la une ». Trop chers (une séquence de Saga coûte 120 millions de centimes), ils vont être remplacés par des « séries documentaires » hebdomadaires qui ne reviennent en moyenne qu'à 600 000 F l'heure d'émission.

Placards et féodaux

La télévision souffre-t-elle d'une pléthore de personnel ? Les effectifs ont été bloqués en 1983 et en 1984 à leur niveau de 1982. Soit 17 771 agents permanents, plus deux mille occasionnels. Ce chiffre n'est pas extravagant. Il est même nettement inférieur au personnel de la B.B.C. (30 000), ou de la télévision ouest-allemande (25 300), fait valoir le secrétaire d'Etat à la Communication.

Mais cette stabilisation fait suite à l'embauche de 2 080 personnes en moins de deux ans, notamment des pigistes et des ex-licenciés des charrettes de 1968 et 1974. Profitant de l'interrègne, certains ont fait une excellente opération. Jacques Alexandre, qui avait quitté TF1 pour diriger le service de presse de Raymond Barre, est parvenu à se faire réintégrer en catimini dans la foulée du 10 mai. Histoire de se faire licencier, quelque temps après, avec de grasses indemnités (90 millions de centimes).

Les effectifs des statutaires sont déterminés par les pouvoirs publics. Pour tourner cette contrainte, on fait appel aux pigistes, qui ne tardent pas à devenir permanents. C'est ainsi que la télé a inventé les « popex » (pigistes occasionnels-permanents exclusifs). L'une des revendications majeure, et constante, des syndicats étant bien entendu l'intégration, « au statut », de ces personnels honteux. Et donc la création de nouveaux postes budgétaires.

« L'existence d'un très grand nombre de collaborateurs plus ou moins occasionnels exerce une pression constante en faveur de l'intégration au personnel permanent, qui dispose d'avantages financiers et de la garantie totale de l'emploi, dans un secteur où les reconversions professionnelles sont difficiles », note l'inspection des Finances dans un rapport récent.

La variété des programmes et la spécialisation des tâches entrainent par ailleurs, notamment à la SFP et à FR3, la coexistence d'un certain sous-emploi du personnel permanent et le recours simultané à des personnels de renfort.

Les sureffectifs sont manifestes dans les rédactions. Antenne 2 compte deux cents journalistes, dont soixante-dix caméramen. Ils sont près de deux cent cinquante à TF1, trois cents à Radio-France et sept cents à FR3.

On embauche à chaque changement de direction — TF1 a eu trois P.D.G. en l'espace de trois ans — mais on ne licencie pas. Les strates s'accumulent, aux sensibilités changeantes, gaulliste, pompidolienne, chiraquienne, giscardienne et maintenant, socialiste, avec pour conséquence la pléthore, les frustrations... et les placards.

La télévision regorge de placards. Version audiovisuelle du piquet, le placard est une prison dorée. Le journaliste puni continue de percevoir ses appointements sans autre obligation que celle de ne pas travailler. Le plaisir que le commun des mortels pourrait concevoir d'un repos sabbatique bien mérité est gâché par l'angoisse. Celle que nourrit l'incertitude portant sur la durée de la punition. Et surtout l'angoisse de ne plus paraître. La rivalité entre Patrick Poivre d'Arvor et Christine Ockrent, qui émut les gazettes à la fin août 1983, en dit long sur le narcissisme des stars du petit écran. Le placard sert aussi à masquer les insuffisances professionnelles. Il n'y a pas d'incompétents à la télé. Toute disgrâce passe pour une sanction politique ou la conséquence des guerres de clans.

L'affrontement des féodaux est en effet permanent. Plus qu'Antenne 2, où Desgraupes a rapidement affirmé son autorité, TF1 et FR3 sont rongés par les luttes intestines. Ce n'est sans doute pas par hasard qu'Antenne 2 a le vent en poupe. Son « 20 heures » est devenu le 28 décembre 1982 le « premier journal de France » avec plus de dix millions de téléspectateurs.

Les complots de sérail se règlent bien souvent à coup de promotions. Promotions récompenses ou promotions sanctions, qui finissent par alourdir les frais de personnels et donnent aux rédactions des allures d'armée mexicaine.

Autres seigneurs accrochés à leurs fiefs — on parle de « fromages » dans l'argot de la télévision — : les nombreux administrateurs et « directeurs d'unités de programmes ».

La télé qui n'hésite pas à mixer les époques et les genres, cultive le corporatisme autant que le féodalisme. Le sénateur Cluzel est resté subjugué par la « poésie » de l'accord de travail de l'orchestre de Radio France. La semaine de travail des choristes et musiciens dure 22 heures, et chaque minute de dépassement d'un service donne lieu à l'octroi d'un quart d'heure supplémentaire facturé à 125 %. Le sénateur plaint d'ailleurs « sincèrement les nombreuses personnes qui doivent être chargées de calculer les multiples secondes de présence que les personnels consacrent à un travail pour lequel ils sont payés, mais qu'ils ne pratiquent qu'à mi-temps, dont le volume réel est augmenté fictivement par des décomptes byzantins mais très fructueux et le rendement financier accru par d'innombrables cas de facturation supplémentaire ».

Les cent vingt métiers de la S.F.P.

Le mastodonte le plus lourd et le plus enchevêtré dans les corporatismes reste la Société Française de Production (S.F.P.). Héritière des « Buttes Chaumont », la S.F.P. dispose pourtant d'un des meilleurs potentiels de production audiovisuelle du monde. Et la qualité de son travail est universellement saluée.

Son premier président, Jean Charles Edeline, l'embarque, avec la caution de Valéry Giscard d'Estaing, dans des projets grandioses. Il voulait refaire Hollywood à Bry-Sur-Marne. Mégalomanie, irréalisme, manque de moyens, lâchage par Giscard : l'échec est coûteux et retentissant. Depuis 1975, la production cinématographique a absorbé 21 % des investissements de la société, mais ne lui a rapporté que 1,3 % de ses recettes.

Pour sauver le paquebot en perdition, l'Etat subventionne et contraint les chaînes à signer des accords commerciaux avec la S.F.P. Chaque année, TF1, A2 et FR3 doivent payer la « carte forcée » à la S.F.P. En 1983, cette dîme obligatoire a représenté 573 millions pour TF1, 510 millions pour A2 et 44 millions pour FR3. En échange, la S.F.P. leur accorde une ristourne de 5 %. Le nouveau P.D.G., Bertrand Labrusse, magistrat de la Cour des Comptes, parvient à redresser la barre de la S.F.P., redevenue société nationale en juillet 1982 : les comptes sont équilibrés à la fin 1983. Mais les dettes de la première heure continuent de peser lourd, une quarantaine de millions en frais financiers chaque année.

Malgré la réduction de 20 % de ses effectifs, tombés à 2 500 personnes, la S.F.P. reste un des bastions du corporatisme : du menuisier à la maquilleuse, en passant par le cordonnier, elle compte près de cent vingt métiers. Une spécialisation souvent justifiée pour faire tourner ce musée du bric-à-brac où s'entassent deux cent mille accessoires et plus de trente mille chapeaux répertoriés sur ordinateur.

Mais elle aboutit parfois à des situations absurdes... et coûteuses. Ainsi l'éclairagiste, une fois les projecteurs installés en début du tournage, regardera sans l'aider le « groupiste » — agent chargé du fonctionnement du groupe électrogène — le reste de la journée. Pas question de rendre service au voisin avant de consulter la définition de sa fonction.

En vertu des « habitudes de travail », les équipes de construction de décors des Buttes-Chaumont travaillent de 8 h à 16 h 48 précises. **Et les studios des Buttes-Chaumont ne tournent qu'à 60 % de leur potentiel.**

Plus grave est le gaspillage qui résulte des rapports peu confraternels entre la S.F.P. et les chaînes : il fausse l'ensemble du marché de la production audiovisuelle en France. La S.F.P. est en situation d'infériorité à l'égard des chaînes qui lui apportent 48 % de ses ressources et avec lesquelles elle travaille « à enveloppe fermée ». Une fois le devis signé, les imprévus sont à sa charge. Qu'ils résultent des caprices du temps ou de ceux d'un comédien.

Elle occupe en même temps une position dominante sur le marché de la production. Il n'y a pas de concurrence réelle pour les émissions de fiction, et ses prix servent de référence. Or la S.F.P., qui offre simultanément à ses personnels la sécurité du quasi-fonctionnariat et les salaires élevés du cinéma produit à des coûts élevés.

Pour les syndicats, la lourdeur du système de production a été aggravée par l'éclatement de l'ORTF et le morcellement des centres de commande. De fait, la multiplication du nombre des sociétés, en 1974 puis en 1982, n'a pas contribué à lisser le carnet de commandes de la S.F.P. Sans parler de la prolifération des bureaucrates qui retardent les opérations et alourdissent les frais de fonctionnement.

Outre les coups d'accordéon que les chaînes imposent en permanence au carnet de commandes de la S.F.P., elles pratiquent une politique constante de report de risques à son détriment.

« Les réalisateurs sont, comme les textes des émissions, imposés à la S.F.P. par les sociétés de programme. C'est donc à celles-ci qu'ils ont intérêt à donner satisfaction pour se voir attribuer ultérieurement d'autres émissions. Cet objectif conduit logiquement les réalisateurs à sous-estimer les conséquences économiques de leurs exigences techniques ou artistiques qui apparaissent en définitive dans les comptes de la S.F.P. qui a traité au forfait ». Le système, décrit par l'inspection des Finances, joue régulièrement au détriment de la S.F.P.

L'application d'un barème journalier pour calculer le cachet des réalisateurs ne les incite pas à respecter les délais. Leur commanditaire, la chaîne, ne supportera aucun surcoût... et la S.F.P. n'aura qu'à payer.

Exemple de ces « contrats à forfait » désastreux pour la S.F.P. : la débâcle des *Misérables* lui laissa une ardoise de 23 millions de francs. Là encore c'est la privatisation des profits et la socialisation des pertes. Et le cinéma n'a pas le mauvais rôle.

En 1980, la S.F.P. se met en tête de réaliser simultanément un film et une série télévisée à partir des *Misérables* de Victor Hugo. Le célèbre tandem Robert Hossein, réalisateur, et Alain Decaux, dialoguiste, est engagé. Lino Ventura sera le principal interprète. Le coût de l'opération, évalué à 28 millions à l'origine, est déjà passé à 49 millions lorsque la S.F.P. signe en octobre 1981 un accord de co-production avec le Groupement des Editeurs de Films (G.E.F.) Il est bien entendu prévu que les dépassements de devis seront à la charge exclusive de la S.F.P. TF1 se joint in extremis au projet comme co-producteur.

Par décision unilatérale du G.E.F., le film qui devait durer deux heures, est rallongé à cent quatre-vingt-minutes. Du même coup, la série télévisée est ramenée de six épisodes de 52 minutes à quatre épisodes de 54 minutes chacun. Lésé, TF1 obtient une compensation de 5,5 millions de francs de la S.F.P. Mais ce n'est pas tout. Lorsqu'on arrête les comptes de l'opération, les dépenses ont grimpé à 65 millions, 16 de plus que prévu dans la deuxième estimation, du fait des dépassements de la réalisation. La S.F.P. paye et se retrouve avec un trou de 23 millions. Pour le G.E.F., en revanche, l'affaire n'est point trop misérable puisque le producteur privé s'en tire avec un profit de 8,6 millions.

La peau de chagrin de la création

Une heure de dramatique réalisée par la S.F.P. revient entre deux et trois millions et demi. Or l'achat d'une série américaine de même durée coûte environ dix fois moins cher. On risque de voir souvent rediffuser « Starsky and Hutch ». Même si Antenne 2 a une fâcheuse tendance à surpayer ses séries américaines. Ainsi le coût horaire de « Moviola » (176 800 F), un feuilleton diffusé le dimanche soir, a semblé particulièrement élevé aux enquêteurs de la Cour des Comptes.

Le prix de certaines émissions de variétés atteint des sommets, proches des coûts de production des dramatiques. Le plateau de Stéphane Collaro, pour son émission « Cocoboy », revient par exemple à un million sept cent cinquante mille francs l'heure. A titre de comparaison, l'heure de « Droit de réponse » coûte environ 300 000 F et celle du « Grand Echiquier » 500 000 F.

Conséquence : les rediffusions sont nombreuses (637 heures pour Antenne 2 et 416 heures pour TF1 en 1982) et le nombre d'heures d'émissions produites par les chaînes diminue, malgré l'accroissement de leur budget. TF1 n'a produit que 114 heures de fiction en 1983, contre 123 en 1980, et la deuxième chaîne ne dépasse pas les 200 heures. La place de la fiction régresse. Elle ne représentait plus que 17 % des programmes de TF1 en 1982, contre 19,5 % en 1978.

Le net recul de la production française est confirmée par une étude confidentielle réalisée par Paul Florençon, responsable du Service d'observation des programmes (S.O.P.), à la demande de Georges Fillioud. En 1984, sur les trois chaînes, les premières diffusions françaises de fiction ne représentent plus que 28 % des émissions de fiction diffusées, contre 40,5 % deux ans plus tôt. Dix-sept personnalités, dont quatre académiciens, et le réalisateur Claude Santelli, se sont publiquement inquiétés des dangers, pour notre identité culturelle, de l'érosion de la création française.

On met en cause la concurrence entre les chaînes et la course aux budgets publicitaires qui transforment les annonceurs en « chefs d'orchestre clandestin » des programmes. Mais n'est-ce pas prendre le problème à l'envers ? La télévision française est-elle devenue incapable de produire des émissions capables de rivaliser avec les séries américaines aux indices d'écoute ? **La création coûte cher ? Et bien hâtons-nous de lui consacrer les sommes gaspillées par la bureaucratie et les corporatismes.**

La crise du logement

L'immobilier n'est pas le fort des sociétés du service public. Les Parisiens se sont habitués à la Maison ronde de Radio France, inaugurée en 1963 par le général De Gaulle. Pour 210 millions (de l'époque), la radio a pu rassembler ses services, éparpillés dans une vingtaine d'immeubles de la capitale. Outre les courses poursuites dans les couloirs interminables — trois cents mètres séparent les services des sports et des reportages — l'entretien de l'imposante maison pose quelques problèmes. Les rats, qui pullulent dans les sous-sols, ont la mauvaise habitude de ronger les circuits électriques.

Au bout d'une quinzaine d'années, les petits carreaux de mosaïque qui recouvrent la façade ont commencé à se détacher. Dessin exclusif, fit valoir la société Cerabati, qui n'hésita pas à saler l'addition pour les remplacer. Autre problème, de chauffage cette fois. Un jour de grand froid de l'hiver 1981, les pompes, soigneusement murées, qui alimentent en eau chaude la grande maison, tombent en panne. Deux mille radiateurs électriques doivent être achetés en grande hâte pour relever la géothermie défaillante.

Mais c'est Antenne 2 qui remporte le gros lot au jeu non télévisé du logement le plus cher. Le feuilleton de l'avenue Montaigne, aux multiples rebondissements, lui aura coûté 36,5 millions de francs, le coût de 18 heures de dramatique que les téléspectateurs ne verront pas sur leur chaîne favorite.

Soucieuse de regrouper ses activités dans un bel immeuble au 22 de l'avenue Montaigne, la chaîne signe, en mars 1981, un bail avec la société Nicolo Holding. Jean-Luc Gendry, un homme d'affaires proche de Valéry Giscard d'Estaing, venait de racheter le dit immeuble pour le compte de cette société, domiciliée dans le paradis fiscal de Curaçao, aux Antilles ex-néerlandaises.

L'opération est suspendue le temps du changement de régime. Le nouveau ministre de la Communication donne son accord en août 1981. On s'aperçoit que d'importants travaux d'aménagement sont nécessaires pour adapter l'immeuble aux besoins de la télévision. Les cafouillages se multiplient. Un permis de construire est annulé car il n'avait pas été précédé de permis de détruire.

Antenne 2 aura acquitté pendant près de deux ans un loyer conséquent (2,5 millions par mois), alimenté les sorties de devises et continué de payer les immeubles qu'elle devait évacuer. Sans pouvoir bien sûr profiter de ses nouveaux locaux.

Images à vendre

Peu à l'aise dans le monde trouble de l'immobilier, la télévision ne réussit guère mieux dans le commerce. **En 1984, sur un budget total de plus de 10 milliards de francs, les recettes commerciales du service public n'ont représenté que 135 millions.** Même pas 1,5 % des ressources des sociétés issues de l'ex-ORTF, et moins de la moitié des concours de l'Etat sous forme de dotations en capital (307 millions).

Jusqu'à une époque récente, la troisième chaîne se désintéressait totalement de ses recettes commerciales. Elle s'est depuis 1978 préoccupée de récupérer les sommes qui lui sont dues, sans toutefois aller jusqu'à appliquer la pénalité de retard prévue par les contrats.

La loi de 1982 a bien prévu la création d'une société de commercialisation, France Media International (FMI), qui emprunte son sigle à une institution redoutée des pays dépensiers. Mais le moins qu'on puisse dire est que la FMI française est mal partie. Ses rapports avec les chaînes de programme « ne sont pas au beau fixe », note un connaisseur qui cultive l'euphémisme. Antenne 2 et TF1 préfèrent vendre sans intermédiaire et ne font rien pour aider le pauvre Philippe Rossignol, patron d'un fonds de commerce dont les rayons restent dramatiquement vides.

Les co-productions cinéma-télévision sont rarement une bonne affaire pour les chaînes, nous l'avons vu. Et la règle de l'annualité budgétaire pèse lourdement sur la commercialisation des émissions coproduites. Réduites à gérer au plus serré le court terme, les directions de chaîne n'ont pas d'argent pour investir. Or, en matière de co-productions, moins on met d'argent, moins on peut être exigeant. Pingres pour tenter de boucler leurs budgets, les chaînes sont ainsi contraintes d'abandonner les droits de commercialisation et les droits dérivés à leurs partenaires privés.

Une situation d'autant plus paradoxale que la télévision assure aux innombrables objets et gadgets inspirés des séries — Schtroumpfs, etc. — une publicité sans égale et un succès garanti. En bonne logique commerciale, il serait évidemment plus malin de mettre plus de billes sur des coups dont on est assuré qu'ils rapporteront gros. Et la FMI ne peut, avec son maigre budget (14,6 millions de francs), se substituer financièrement aux chaînes pour empêcher que les droits de commercialisation ne soient bradés.

Quant aux programmes produits avec la S.F.P., ils sont en général trop hexagonaux pour conquérir les marchés américains ou asiatiques. Le réflexe exportateur est encore trop rare chez nos producteurs, au cinéma d'ailleurs autant qu'à la télévision. Pourtant, il suffirait souvent de peu de chose pour mondialiser les productions. C'est dommage, car les réseaux cablés outre-Atlantique, sont de plus en plus assoiffés d'images.

Pour vendre, il faudrait que les produits français soient adaptés aux goûts mais aussi aux durées des publics étrangers. Les Américains par exemple (65 % du marché mondial) ne prennent que des programmes de 26 ou 52 minutes, pour y intercaler les inévitables spots publicitaires. Une contrainte que FMI ne peut que constater, mais qu'il revient aux chaînes de respecter.

L'argent des jeux ne fait pas le bonheur de la télé

Cette logique du partage de l'investissement et de la privatisation des profits atteint son paroxysme avec la publicité clandestine. **Plus encore qu'en matière de co-production, la télévision apparaît comme le dindon d'une farce qui rapporte gros.** Sans qu'elle en retire officiellement, le moindre centime, ses caméras fixent à longueur de match les réclames qui ceinturent les stades.

Du Tour de France à Roland Garros, en passant par les émissions de variétés, des millions de francs passent ainsi sous le nez de la télé. Pire : non content de servir gratuitement de support, le service public paye, fort cher, le droit de retransmettre les grands prix de Formule 1. Le Tour de France lui coûte six millions de francs supportés à parts égales par TF1 et Antenne 2. On mesure l'absurdité d'une situation qui fait les choux gras des organisations sportives : **la télévision paye de formidables opérations publicitaires qui ne lui rapportent pas un sou.**

La promotion gratuite — du moins pour les caisses du service public — n'est pas moins importante en matière de cinéma ou de chanson. Le « matraquage » de rengaines ou l'insistante diffusion d'extraits de certains films assurent une promotion recherchée. Sans aucun profit pour la comptabilité des chaînes. La morale des responsables des chaînes n'est généralement pas en cause. Ils se contentent le plus souvent de quelques miettes.

Ce problème n'est pas nouveau. Le sénateur André Diligent avait alerté l'opinion, il y a plus de dix ans. Plus récemment, Françoise Castro, l'épouse de Laurent Fabius, a créé une commission de « moralisation » de la publicité à la télévision, dont on attend toujours les conclusions. A l'heure où l'austérité les contraint à serrer les boulons, les chaînes de télévision auraient bien tort de persévérer dans cette feinte naïveté qui les tient à l'écart d'une manne dont elles devraient légitimement profiter.

Patrimoine en danger

L'Institut national de la communication audiovisuelle (INA) est dans la même situation que la S.F.P. à l'égard des chaînes de programme : elles lui fournissent l'essentiel de son budget (341 millions en 1984) sous forme d'une contribution forfaitaire et obligatoire. En échange de quoi les chaînes disposent gratuitement des archives audiovisuelles conservées par l'Institut.

Depuis la loi de juillet 1982, l'INA est devenu propriétaire de toutes les archives du service public, qu'il peut commercialiser cinq ans après leur passage à l'antenne. Les chaînes supportent évidemment mal d'être dépossédées de leurs droits et l'un des objectifs d'EVA 2, la jeune filiale commerciale d'Antenne 2, est de vendre les productions de la chaîne, aux réseaux cablés notamment, avant la limite des cinq ans.

Plus grave : la richesse fabuleuse dont a hérité l'INA est en péril. Une partie de ce patrimoine, unique au monde, est entassé dans un hangar aux Essarts, près de Paris. Faute d'être restauré et inventorié, il est en partie inutilisable et risque d'être perdu à jamais. Jean-Claude Pomonti, le président de l'INA a bien obtenu cinq millions sur la redevance. Une goutte d'eau, qui ne suffit même pas à enrayer la dégradation des images. Il estime avoir besoin de près de 200 millions de francs pour sauver et rendre utilisable ce formidable gisement d'images.

Ce plan d'urgence est sans aucun doute justifié et nécessaire. Malheureusement, la rigueur et l'efficacité n'ont jamais caractérisé la gestion de l'Institut. Les archives ne reçoivent que 19 % des crédits de l'INA, alors que les activités de recherche et de formation professionnelle — dont l'utilité est largement controversée — absorbe plus de la moitié de son budget. Pour éviter un gâchis dont tout le monde pâtirait, il est grand temps que l'INA consacre ses deniers et son énergie à la plus urgente de ses missions.

Dynasties régionales

La parthénogènèse qui a fait éclater l'ORTF en sept sociétés en 1974 a été accentuée par la loi de 1982. Au terme de son application, le service public devrait être éparpillé en une cinquantaine d'entités. La décentralisation de FR3 est à l'origine de cette extension « pharaonienne » qui ne va pas sans frais d'administration supplémentaires.

En 1986, douze sociétés régionales autonomes devront se substituer aux centres régionaux de FR3. Trois (Nord-Pas-de-Calais, Aquitaine, Lorraine) ont été créées ou sont en voie de l'être. Le seul coût institutionnel de filialisation des nouvelles sociétés est estimé à 3 % du budget de fonctionnement des sociétés régionales. Et pour lancer cette télévision décentralisée, à l'écoute de la France profonde, on n'a rien trouvé de mieux que « Dynastie », une série américaine dans la veine de Dallas, lancée avec fracas.

Même inquiétude à Radio France, qui a créé une vingtaine de radios locales. Employant une vingtaine de personnes, ces radios coûtent chacune environ huit millions de francs par an. Si l'expérience devait être étendue à quatre-vingt-dix départements, le budget annuel de la société serait alourdi de quelque 750 millions, sans compter des investissements (partagés avec les collectivités locales) de l'ordre de 250 millions. Alors que France-Inter, largement distancée par Europe 1 et surtout RTL, est engagée dans une coûteuse réforme sous la houlette de Jean Garetto, la diète imposée à France-Culture a de bonnes chances de se prolonger.

La fuite des redevables

La rigueur a d'ailleurs frappé en 1984 l'ensemble des sociétés du service public. Leur budget global, qui avait pratiquement doublé entre 1979 et 1983 (de 4,8 à 9,2 milliards de francs) n'a augmenté en francs courants que de 9,1 % en 1984. La progression n'est en fait que de 4,1 %, soit une probable régression en francs constants. La subvention de 435 millions qui compensait les exonérations de redevance pour les personnes âgées a en effet été supprimée.

Principale ressource du service public, la redevance est ponctionnée par les frais de fonctionnement du service chargé de la recouvrer (325 millions de francs). Et cette taxe a de plus en plus de mal à rentrer. Le nombre des fraudeurs ne cesse d'augmenter et dépasserait un million cinq cent mille.

L'époque où la croissance exponentielle du nombre de téléviseurs (passés de 4 000 en 1950 à un million quatre cent mille en 1960 et à cinq millions quatre cent mille cinq ans plus tard) **faisait exploser le produit de la redevance est révolue. Les Français sont désormais équipés.** Et seul « l'effet de parc », c'est-à-dire le passage du noir et blanc (331 F en 1984) à la couleur (502 F) permet d'accroître les rentrées.

Quant à la nouvelle taxe sur les magnétoscopes, qui a bondi de 471 F en 1983 à 621 F l'année suivante, elle ne mettra qu'un peu de beurre dans les épinards du service public. Les « redevables » se défilent. A peine 200 000 « bons citoyens » s'étaient déclarés possesseurs de magnétoscopes au 30 juin 1983, alors que leur nombre était estimé à plus d'un million cinq cent mille. Les quatre cents contrôleurs du service de la redevance, qui ont déjà fort à faire avec les détenteurs de téléviseurs et les multiples exonérations (deux millions trois cent mille en 1984), avouent leur impuissance.

La redevance, dont le produit a été multiplié par sept entre 1967 et 1984 (de 1,1 à 7,7 milliards) ne pourra être indéfiniment sollicitée. Même si cet impôt ne représente qu'un franc trente-sept par jour pour une vingtaine d'heures de programmes télévisés, sans compter les émissions de Radio France, comme se plaît à le souligner le secrétaire d'Etat à la Communication.

Reste la publicité. L'apparition, au milieu des années soixante d'un déficit à la télé avait permis à ses partisans de triompher. En francs constants (1981), les ressources publicitaires sont passées de 70 millions en 1968 à près de deux milliards six cents millions en 1984. Bien que cette obligation ne soit plus inscrite dans la loi de 1982, Georges Fillioud a répété que la publicité télévisée ne dépasserait pas 25 % des ressources du service public. Ce qui n'empêche pas la presse écrite de crier à l'étranglement.

Le gouvernement tenterait, en augmentant la part télévisée du fromage publicitaire, d'asphyxier les journaux qui lui sont dans l'ensemble défavorables. En fait, la concurrence sur ce marché viendra des nouveaux médias, télévision par câbles ou par satellites. Et même des émissions « parrainées » de Canal Plus. Car les budgets promotion des firmes ne sont pas extensibles à l'infini. Et la frontière entre mécénat, « sponsoring » et publicité tend à s'estomper.

Bataille autour d'un panier de câbles

L'aventure du câble avait mal commencé. Créée en 1973 par les PTT et l'ORTF, la Société française de télédistribution (SFT) est restée pendant de longues années, le prototype de l'organisme inutile et coûteux. Sa principale activité a été la publication d'un livre, *Pour une télédistribution française*, qui ne fût pas un grand succès de librairie. Valéry Giscard d'Estaing se méfiant du câble, la SFT fut mise en sommeil. Ce qui n'empêcha pas cette société, confortablement installée dans la tour Montparnasse, d'augmenter à un bon rythme ses frais de fonctionnement. C'est-à-dire pour plus de 75 % les rémunérations de ses cinq salariés. Le PDG a ainsi touché plus de 30 millions de centimes en 1980 pour s'assurer que le sommeil de la SFT n'était pas troublé.

Fascinée par l'enjeu industriel et séduite par le grand dessein technocratique, la gauche fonce, elle, tête baissée : le conseil des ministres choisit en novembre 1982 la fibre optique : le tuyau le plus beau, le plus performant et, au diable l'avarice, le plus cher. 100 000 foyers seront raccordés en 1984, 1,5 million en 1987 et 6 millions en 1992, nous annonce-t-on.

Quinze mois plus tard, le gouvernement semble pris de vertige. La confusion est à son comble en février-mars 1984. La gauche s'empêtre dans les câbles et ne sait plus à quel satellite se vouer. « Personne ne maîtrise plus le dossier. A l'Elysée, pas moins de neuf conseillers le suivent de près. La coordination interministérielle n'a jamais été aussi désordonnée », soupire-t-on dans les cabinets. Réunis à Matignon le 8 février 1984, les cinq ministres concernés ne parviennent même pas à dresser la liste de leurs désaccords. Gaston Defferre accuse les PTT de dicter leur loi aux collectivités locales, menacées selon lui, de faillite.

Le maire de Marseille rejoint cependant Louis Mexandeau, son collègue des PTT contre Georges Fillioud et Jack Lang qui veulent limiter le déferlement des programmes étrangers. Jacques Delors, silencieux, tente de faire les comptes. Combien coûteront l'installation des réseaux et l'élaboration des programmes ? Les additions varient, dans la plus grande fantaisie.

Pourtant, début mai, après des mois d'hésitations et de tergiversations, le gouvernement finit par se mettre d'accord : le plan câble de novembre 1982 est confirmé. Entre 45 et 60 milliards de francs — selon l'évolution du prix de la fibre optique — seront dépensés d'ici l'an 2000 pour câbler 14 millions de foyers. Les PTT donc l'Etat, paieront : l'impôt-téléphone n'a pas fini d'augmenter.

Technostructures, industriels, groupes de communication, banquiers et collectivités locales suivent les embrouilles ministérielles avec attention. Certains, comme le maire de Paris, Jacques Chirac, interviennent bruyamment. D'autres préfèrent le lobbyisme discret. Hachette, Europe 1, la Compagnie Luxembourgeoise de Télévision, la Caisse des Dépôts et Consignations, etc. : les investisseurs ne manquent pas, à l'affût de la télévision de demain. Les bénéfices ne tomberont qu'à certains endroits de la chaîne. Autant éviter les maillons qui rouilleront avant d'être amortis.

Un arbitre bien introduit

Un peu en retrait, André Rousselet, le patron d'Havas et de Canal Plus, joue les arbitres de cette mêlée confuse. La soixantaine sportive, il passe pour le plus proche compagnon de François Mitterrand, dont il avait dirigé le cabinet à l'Intérieur en 1954 et à la Justice en 1956. En 1958, lors du retour du général De Gaulle, André Rousselet abandonne la préfectorale pour se lancer dans les affaires.

Après un bref passage chez Simca, le voilà PDG des taxis G7 en 1962. André accompagne fidèlement François, de son amitié et de ses conseils, durant la longue traversée du désert. Il se fait élire député à Toulouse en 1967, sous l'étiquette « Fédération de la gauche démocratique et socialiste », et reprend en 1972 la direction des taxis, en même temps qu'il réorganise les finances du futur parti socialiste.

Mai 81 : le confident entre à l'Elysée. Il dirige le cabinet du Président et s'occupe tout particulièrement du dossier « communication ». Il constitue une cagnotte pour racheter *France Soir*. Mais l'opération échoue, et les fonds sont consacrés aux *Nouvelles* de Jean-Pierre Ramsay. Avec le succès que l'on sait. Après quelques velléités de réformes vite abandonnées, Mitterrand décide de remplacer Yves Cannac, placé par Giscard à la tête de Havas. Il pense tout naturellement à son vieil ami pour diriger le groupe tentaculaire et tout puissant, dont l'Etat est actionnaire majoritaire.

Rousselet devient ainsi en juillet 1982 l'un des salariés les mieux payés de France. Le cumul d'activités ne l'effraie pas : président (le poste de Cannac) et directeur général (celui de Jacques Douce) de Havas, il est également PDG d'Eurocom, la filiale du groupe qui contrôle 22 % du marché publicitaire français, d'Information et Publicité (la régie publicitaire de RTL) et bien sûr de Canal Plus. Il siège au conseil d'administration de la Compagnie générale des Eaux et a gardé un pied dans le taxi. Une kyrielle d'activités qui n'empêchent pas ce séducteur sportif — golf, ski, tennis — de rester l'éminence grise du président pour les affaires de presse et de communication. « Je suis un homme d'affaires qui a un certain souci de l'intérêt général », dit-il.

L'Etat-DGT

Autre puisssance en lice, la Direction générale des télécommunications (DGT), veut transformer l'essai qu'elle a marqué dans le match qui l'oppose à Télédiffusion de France (TDF). Ses vues ont très largement inspiré le plan câble de novembre 1982. L'Etat-EDF, s'essoufle dans les hoquets du programme nucléaire, voici venir le temps de l'Etat-DGT.

Avec plus de 61 milliards de chiffre d'affaires en 1983, les « Télécoms » jouent un rôle clé dans la nouvelle révolution de la communication. Inutile de chercher le cours de ses actions ou la composition de son conseil d'administration. La septième entreprise française, qui talonne la CGE, n'est pas une société. Mais, comme son nom l'indique, une direction générale du ministère des PTT.

Cette administration foisonnante d'activités s'embarque souvent à la légère sur des projets sans lendemain. Ainsi dépensa-t-elle 100 millions de centimes pour l'étude d'un système de détection automatique des accidents sur autoroute qui ne vit jamais le jour. Un peu plus tard, elle doit résilier un marché de 87 millions de francs passé à Thomson-CSF pour l'étude d'un réseau de radio-téléphone.

Les échecs commerciaux se multiplient : audio-conférence (communication à distance entre plusieurs groupes de personnes), terminal Télétex (appelé à remplacer le télex classique) télécopieur « à large diffusion et très bon marché » ou répondeur téléphonique. « Les études de marché de la DGT manquent de réalisme », note la Cour des Comptes.

Espérons que ça ne sera pas le cas pour Télécom 1, le « business satellitte » lancé en août 1984 par la DGT. Cet engin, d'abord destiné à la communication d'entreprise, a coûté la bagatelle de trois milliards de francs. Trouvera-t-il un marché, alors que les entreprises disposent déjà des réseaux « Transpac » ou « Caducée » fournissant des services analogues ?

Portant le fardeau d'une dette de 100 milliards de francs, les Télécoms sont mises à contribution par les pouvoirs publics : pour soutenir la filière électronique, à hauteur de 3,4 milliards, ou pour « durcir », c'est-à-dire protéger, les réseaux téléphoniques à la demande des militaires. Et, de plus en plus, pour alimenter directement le budget de l'Etat. L'essence et le téléphone sont en passe de devenir les deux mamelles du Trésor public.

C'est encore la DGT — donc le contribuable abonné au téléphone — qui supportera l'essentiel du financement du plan câble. A sa demande, convient-il d'ajouter. Après le grand boom du téléphone, la DGT décida en effet que le câble serait son nouveau fromage. Pas question d'en abandonner la maîtrise à TDF, cette autre forteresse de la technocratie française.

Une mise sur orbite difficile

Née de l'éclatement de l'ORTF en 1974, TDF s'est vu confier la gestion des réseaux de télévision. Elle assure avec zèle la police des ondes sous Valéry Giscard d'Estaing, traquant les radios libres. On reparle d'elle le premier janvier 1983. La grue qui devait relayer, depuis Latché, les vœux du président, était restée en rade à Nancy. Humilié par la grue fantôme, son PDG Maurice Rémy abandonne son fauteuil à un socialiste venu de la DGT François Schoeller. Non content de lui avoir imposé son homme,

Mexandeau tranchera en faveur de la DGT : TDF, soumise à la double tutelle des PTT et de la Communication, perd la première manche de la bataille du câble.

Cette victoire ne suffit pas à Jacques Dondoux, le patron des Télécoms. Le 6 mars 1984, il sort de sa réserve. Avant de chicaner sur les câbles et les satellites, explique-t-il en substance dans *Libération*, mieux vaudrait utiliser le « gisement inexploité » des fréquences hertziennes, qui permettraient de satisfaire à bon compte la fringale d'images des Français. En attendant le câble magique, qui a encore besoin de dix à quinze ans pour s'imposer.

Le coût du satellite de télédiffusion directe (TDF1), un projet franco-allemand lancé par Valéry Giscard d'Estaing en 1979 et reconduit par la gauche, est « exorbitant » : près de trois milliards de francs pour l'engin, qui ne pourra diffuser que quatre chaînes supplémentaires à la fin de 1985. Soit le prix de Télécom 1, mais personne n'en fit la remarque à M. Dondoux. Plus 30 milliards pour les dix millions d'antennes (3 000 F par foyer) nécessaires à la réception. Une addition bien lourde alors que cette technologie est déjà dépassée, selon le numéro un de la DGT.

Et Dondoux d'ajouter que TDF affabule lorsqu'elle affirme qu'il n'y a plus de réseaux disponibles. Et d'accuser ses chers collègues de gaspiller les fréquences en arrosant sans discernement la France avec des systèmes à large diffusion. Les « satellites locaux » au sol qu'il propose n'enchantent évidemment pas l'Aérospatiale ou Matra, les protecteurs d'Ariane. La fusée européenne qui rivalise avec les navettes de Cap Kennedy a besoin de vrais satellites prêts à s'arracher au plancher des vaches pour rejoindre les étoiles.

Pourtant TDF1 ne sera pas abandonné. Trop d'argent a déjà été englouti dans l'opération (220 millions sont programmés en 1984). Gérard Théry, l'ancien directeur de la DGT, confirme le jugement sévère de son successeur. Tout en suggérant au ministre des PTT, un argument pour sauver la face... et le projet. Bien qu'obsolète, le satellite pourra toujours être utilisé dans les zones rurales où le câble n'est pas rentable.

Surtout, le satellite franco-allemand est sauvé par l'offensive américaine, au début du mois de juin 1984. A quelques jours des élections européennes, le Luxembourg annonce brutalement qu'il signe avec un consortium d'outre-Atlantique un accord pour l'exploitation du satellite américain Coronet, doté de seize canaux. Au lieu de s'associer, comme on l'espérait, au projet TDF1.

Une course de vitesse est dès lors engagée entre le satellite franco-allemand et le cheval de Troie américano-luxembourgeois. L'enjeu est considérable : satellite de la « seconde génération », Coronet pourra arroser deux cent vingt millions d'Européens et bouleversera les marchés publicitaires. Quels que soient les retards et les imperfections de TDF1, il importe d'occuper l'espace européen au plus vite. Pour ne pas laisser le champ libre au « satellite Coca-Cola », quitte à mettre au point dans les meilleurs délais un nouveau satellite, aussi performant que Coronet.

Câbles et satellites

Quelques précisions techniques ne sont pas inutiles pour saisir les tenants et les aboutissants de cette confuse bataille. Les sons et les images peuvent être transmis de trois manières : les classiques réseaux hertziens, sur lesquels TDF veille, relaient d'émetteurs en réémetteurs, les programmes du service public (et bientôt de Canal Plus) selon le principe éprouvé du télégraphe.

La deuxième technique utilise les satellites. Ils peuvent être lourds. Ce sont les satellites à diffusion directe, dont les émissions sont captées à l'aide d'antennes individuelles. Ou légers : leurs messages sont captés et décodés par les PTT ou les « têtes de réseaux » câblés avant d'être retransmis. Légers, mais puissants, les satellites de la « seconde génération » (tel Coronet) pourront également être captés directement, à l'aide d'antennes individuelles ou collectives.

Enfin les câbles. Le tricolore, imposé au pas de charge par les cerveaux de la DGT et une poignée d'industriels (SAT, CGCT, Velec et LTT-Thomson) délaissera le cuivre pour la fibre optique. Le câble coaxial, en cuivre, est connu, facile à poser et relativement peu coûteux. Mais il ne permet que la télédistribution.

Plus chère, la fibre optique, est fabriquée à partir de minuscules cheveux de verre ou de plastique. Elle a l'avantage de transporter d'autres informations que les programmes télévisés et de permettre l'« interactivité », c'est-à-dire l'échange de messages. Le câblé aux fibres optiques pourra contempler son interlocuteur téléphonique grâce au visiophone, télépayer ses factures, interroger banques de données et conseillers municipaux ou être sondé à domicile et en direct.

Mais la fibre de la DGT n'est pas vraiment au point. Surtout, son prix reste trop élevé. **Solennellement inauguré par Louis Mexandeau le 21 mai 1984, le réseau câblé de Biarritz a coûté une fortune : 600 millions de francs, pour une cinquantaine d'abonnés, soit 12 millions de francs lourds par prise.**

Les malheurs de Ludovic

La mésaventure de Ludovic Augier a fait réfléchir plus d'un édile. En mai 1983, le maire de Vaux Le Pénil, petit bourg de sept mille âmes en Seine-et-Marne, découvre, émerveillé, le câble. Vidéotron, une société canadienne à la recherche de nouveaux débouchés, lui propose un ambitieux plan de câblage. De Vaux, sa toile s'étendrait à tout le département. Trois cent mille abonnés recevraient une trentaine de canaux.

Monsieur le maire, un quinquagénaire moderne et fonceur, forme une société, Transcâbles. Il engage six millions de francs en études de faisabilité et en démarchage et prend langue avec la Compagnie générale des Eaux et la Caisse des Dépôts. Ces deux poids lourds se disent intéressés. Le conseil régional promet 60 millions de francs. Notre homme est radieux et débordant d'activité.

Hélas, l'entreprenant Ludovic avait négligé un détail important. Le câble, en France, c'est la DGT. « Tout est négociable, martèlent les ingénieurs de la puissante administration, sauf notre rôle d'opérateur technique. »

Pas question pour les communes d'adopter, dans le désordre, des architectures cuivrées conçues à l'étranger. Le schéma proposé par Vidéotron la québécoise négligeait en effet la fibre optique au profit du câble coaxial, utilisé depuis quinze ans en Amérique du Nord. Veaux, vaches, cochons, couvées... le beau rêve est brisé. Le maire est lâché par ses conseillers et traité de mégalomane.

Ne peut défier la DGT qui veut. Francisque Collomb, à Lyon et Jacques Médecin à Nice pèsent d'un autre poids : ils ont choisi la Générale des Eaux comme opérateur technique et des câbles de cuivre.

Après l'enthousiasme des débuts, les élus s'interrogent. Les pièges sont multiples, techniques, financiers, juridiques ou culturels. Qui paiera quoi ? Et que mettra-t-on dans le câble ? Certes, la DGT prendra à sa charge les frais d'infrastructure. Mais pour être câblées en priorité, les communes devront en financer une partie, sous forme d'avance remboursable aux PTT. Il faut aussi songer à l'équilibre financier des SLEC, les Sociétés locales d'exploitation du câble. Or ces SLEC, qui assureront la gestion des réseaux — de 9 à 12 canaux — ne devraient pas sortir du rouge avant trois ou quatre ans, selon les prévisions les plus optimistes.

Même si, comme l'indique une enquête réalisée en septembre 1983 dans les XIIIe et XVe arrondissements de Paris, une petite majorité de futurs câblés est prête à payer un abonnement de 120 F par mois et une prime de raccordement de 750 F. Combien faudra-t-il d'abonnés pour rentabiliser ? Là encore, c'est le flou. Selon les uns, un réseau devra draîner au moins 15 à 20 000 abonnés, et atteindre un taux de pénétration de 40 % des foyers. Mais soulignent d'autres experts, un programme, pour être rentable, devra toucher au moins 200 à 300 000 câblés.

Le poids de la Caisse

Bien sûr, les collectivités locales peuvent compter sur l'appui financier et les conseils de la **Caisse des Dépôts et Consignations. Cette institution peu connue gère, discrètement, plus de 900 milliards de francs. A peu près autant que le budget de l'Etat**. La Caisse serait sans conteste, la pre mière banque du monde si elle n'était d'abord un service public.

Les millions de Français qui déposent chaque année quelques centaines ou quelques milliers de francs sur les livrets d'épargne à l'emblème de l'Ecureuil ou de l'Oiseau Bleu ignorent pour la plupart que leur argent alimente la Caisse. Principale bailleuse de fonds du logement social, la Caisse bouche, sans mot dire, les trous du budget de l'Etat. Elle détenait en 1982 près de 100 milliards de bons du Trésor, plus de 40 % des bons en circulation. L'épargne publique comble ainsi en catimini le déficit public et limite le recours à la planche à billets.

« Foi publique », dit sa devise. C'est encore en son nom que la Caisse vole au secours des grandes entreprises publiques — EDF, SNCF ou Charbonnages — qui investissent des sommes considérables tout en perdant beaucoup d'argent.

Mais la Caisse reste avant tout le banquier des collectivités locales : elle couvre plus de 80 % de leur besoin de financement à long terme. Fin 1982, communes et régions lui devaient plus de 200 milliards. Et la Caisse est « bonne poire » : sur la cinquantaine de milliards qu'elle leur prête chaque année, les trois-quarts portent des taux d'intérêt « bonifiés », c'est-à-dire inférieurs à ceux du marché.

En mai 1982, la vénérable institution voit débarquer un nouveau directeur général. Robert Lion, qui a brièvement dirigé le cabinet de Pierre Mauroy, et veut faire bouger le maison. Parmi les projets de cet homme dynamique, qui passe pour être proche de la « deuxième gauche » : aider les collectivités locales à développer le nouveau service public de la communication. Après le financement du logement, de l'adduction d'eau, des transports publics ou des piscines municipales, la Caisse veut devenir l'« ensemblier de la communication » locale.

Tout d'abord en développant une activité de conseil. « Actuellement, nous disons aux municipalités : prenez votre temps et réfléchissez encore. Oubliez l'approche technocratique des uns et l'approche mercantile des autres, partez de l'usager ! », explique Robert Lion dans un entretien accordé en novembre 1983 à *L'usine nouvelle.*

La Caisse se dit prête à investir dans les SLEC chaque fois qu'on le lui demandera. Mais la Haute Autorité, chargée de délivrer les autorisations, risque de mettre le holà. La loi de 1982 sur la communication prévoit en effet qu'une même personne morale ou privée ne pourra participer au financement de plus d'une société mixte exploitant les réseaux. Et surtout, elle s'intéresse de près aux programmes que diffuseront les réseaux câblés.

Paris sur câble

C'est sur ce terrain des programmes que Jacques Chirac a choisi de croiser le fer. Conseillé par Denis Baudoin, l'ancien patron de la Sofirad et Jacques Marette qui fut ministre des PTT, le maire de Paris joue au plus malin. Pour s'imposer, le câble à la française a besoin de la vitrine parisienne. Jacques Chirac ne rejette pas la fibre optique de la DGT. N'a-t-il pas repoussé l'offre alléchante de la Chase Manhattan Bank ? La grande banque new-yorkaise lui promettait de confortables royalties s'il acceptait une formule à l'américaine.

Mais il est intransigeant sur le « software » et sur l'autonomie des sociétés d'exploitation du câble. Curieux avatar du nationalisme gaulliste, le nouveau champion de la liberté d'expression exige une plus grande ouverture aux télévisions étrangères — le « déport » est limité à 30 % des canaux — et aux chaînes commerciales. Et surtout, il entend conserver la haute main sur Paris-Câble, la SLEC parisienne. Sinon, « nous pourrions ne pas utiliser la fibre optique », menace-t-il dans une interview au « Point ».

Pour harponner le maximum de citoyens, il faut diffuser des programmes attrayants que la France ne produit qu'en maigre quantité. A l'opposé de cette conception du client-roi, les tenants de la « communication sociale » rêvent d'un câble convivial et de réseaux interactifs.

Pour des raisons plus intéressées, la DGT privilégie les usages privés et interactifs (télématique...) qu'elle pourra facturer. Mais cette ambition est sans doute prématurée, si l'on en juge par le test en grandeur nature de Vélizy : le télétel aux multiples fonctions intéresse surtout les enfants, qui se sont rués le temps d'un engouement sur les jeux vidéos. On ne renverse pas en quelques mois des années de passivité et le petit écran reste avant tout un distributeur de détente à domicile.

Demandez le programme

Même si le pari, industriel et financier, de la DGT est gagné, le contenu, c'est-à-dire les programmes, est à terme l'enjeu déterminant. Il ne suffit pas de construire de beaux modèles tricolores et performants. Il faut songer au carburant. Sinon la facture des programmes, comme celle de l'or noir, risque de s'alourdir année après année.

L'explosion des réseaux, un peu partout dans le monde, fait craindre une pénurie de films. Le marché nord-américain en dévore quotidiennement une cinquantaine. Connaîtra-t-on un « choc » des programmes et une flambée des prix ? En tous cas, une période d'adaptation délicate s'annonce, surtout pour les produits de qualité. Tout le problème est de savoir si cette demande est solvable. Et comment ?

Qu'en est-il en France ? Si l'ensemble des projets envisagés se réalisent, le volume des émissions nationales va doubler en dix ans, passant de dix à vingt mille heures. Aujourd'hui, le cinéma français investit 1,2 milliards de francs en production et la télévision environ autant. Il faudra multiplier ce chiffre par deux, en francs constants, dans quatre ans (1987-88). Le développement d'une industrie de programmes vigoureuse figure certes parmi les priorités du IXe Plan.

Les contribuables sont là encore mis à contribution. Le Fonds de soutien aux industries de programmes a reçu un coquet cadeau de baptême, 110 millions de francs (60 sur le budget de la Culture, 50 sur celui de la Recherche et de l'Industrie) en 1984. Ces crédits seront plus que doublés en 1985, pour atteindre 250 millions.

L'argent public ne servira théoriquement qu'à amorcer la pompe. En régime de croisière, le Fonds devrait être alimenté par une taxe perçue sur les recettes des nouveaux médias. Mais cette taxe ne rapportera qu'un petit million et demi en 1984, un gros centième des crédits budgétaires débloqués. **Payé par l'ensemble des contribuables, y compris ceux qui n'auront pas les moyens ou le loisir d'être câblés ou de s'abonner à la quatrième chaîne, cet impôt nouveaux programmes a de bonnes chances de perdurer.**

Sans argent, pas de bons programmes. Sans programmes attrayants, pas d'abonnements. C'est la quadrature du cercle que s'efforce de briser Monsieur Câble. Député socialiste des Yvelines, Bernard Schreiner est parvenu à rassembler en moins d'un an deux mille heures de programmes. Son catalogue ne brille pas par sa nouveauté. Mais de nouveaux partenaires entrent en scène. « Le câble nous menace, et bien défendons-nous », réplique François-Henri de Virieu, le directeur du développement d'Antenne 2. Eva 2, filiale à 100 % de la chaîne, commercialisera son fonds de commerce et proposera des programmes originaux aux nouveaux médias.

La production inédite bute sur l'étroitesse des réseaux, cent mille prises installées au maximum en 1984. La « mission câble » dispose d'une enveloppe de huit millions de francs pour aider les pionniers de la création. Mais la rentabilité de ce marché balbutiant reste très aléatoire.

Le recours au budget de l'Etat, aux finances locales et aux abonnements ne suffiront pas à couvrir les frais d'équipement et de fonctionnement. Le câble fera aussi appel à la publicité. La loi de 1982 stipule que les recettes publicitaires ne pourront dépasser 80 % des ressources des sociétés locales. La presse régionale, qui n'a pas l'habitude de partager son gâteau, s'inquiète. Pour attirer les annonceurs, les nouveaux canaux — soumis aux mêmes « cahiers des charges » que les chaînes du service public — devront justifier d'une audience qui ne soit pas confidentielle. Et nous retombons dans une variante du cercle vicieux : sans argent, pas de bons programmes, donc peu d'audience et peu d'intérêt des publicitaires.

L'Etat se lance-t-il dans un nouveau Concorde ? C'est ce qu'affirme François-Xavier Hutin, directeur du service d'études de *Ouest-France*... et militant du PS. Le brouillard que laissent planer, sciemment ou non, certains acteurs aussi importants que la DGT ne contribue pas à clarifier les choix. « Profitons de notre retard pour prendre de l'avance », dit-on aux Télécoms. Encore faudrait-il que le flou qui entoure toujours le prix et les qualités de la fibre optique soit rapidement dissipé. La France a changé en dix ans. Finies les illusions de croissance et de ressources illimitées qui présidaient au lancement du programme nucléaire en 1974. Ou du plan téléphone, pour lequel 140 milliards de francs furent investis en cinq ans à partir de 1975. Le câble répond-il à un besoin aussi pressant ? Nombreuses sont les sociétés qui firent faillite outre-atlantique pour avoir surestimé ce marché.

Autre problème, politique celui-là, évoqué dans les allées du pouvoir : un câblage trop rapide pourrait influer fâcheusement sur les prochaines échéances électorales. Les municipalités d'opposition manifestent un empressement plus grand que celles de la majorité. Est-il urgent de leur octroyer, par le biais de la multiplication des sociétés locales d'exploitation du câble, une autonomie finalement beaucoup plus redoutable que celle prévue par la loi de décentralisation ? La « majorité socialo-communiste » a peu de chances d'être présentée sous son jour le plus favorable sur Canal-5-Tour-Eiffel, la future chaîne parisienne d'informations locales.

Et surtout, un répit de deux ou trois ans ne fera pas de mal à André Rousselet. Juste le temps de bétonner sa quatrième chaîne. C'est ce que les initiés appellent le « poids des décisions d'antériorité ». Dans la course à l'abonné qui s'annonce entre les différents médias, trois ans d'avance, ce n'est pas négligeable.

Canal toujours plus

« Canal Plus ? L'addition sera au moins deux fois plus lourde que celle de la Villette ». L'auteur de cette sombre prédiction sait de quoi il parle. C'est l'un des neufs sages de la Haute Autorité, la « clé de voûte du nouvel édifice de l'audiovisuel », chargée par le président de la République de réguler les « nouveaux espaces de liberté ».

Près d'un milliard de francs (1970) avaient été engloutis dans la modernisation des abattoirs, irrémédiablement fermés le 15 mars 1974. **Avant même d'avoir commencé à émettre, la quatrième chaîne — un investissement d'environ 1,5 milliard — a déjà largement puisé dans les fonds publics.** Enfant chéri d'Havas — groupe dont les Français sont actionnaires majoritaires —, le premier canal privé tricolore n'aurait pu éclore sans un généreux arrosage budgétaire.

Curieuse chaîne privée en effet, dont la naissance nous fut annoncée par le Président de la République lui même au cours d'une conférence de presse le 9 juin 1982. Ce nouveau divertissement ne nécessiterait aucune charge fiscale supplémentaire, promettait le chef de l'Etat. Il n'était pas question d'alourdir la redevance. Ni d'exciter la presse écrite en sollicitant la publicité. Non, les consommateurs d'images paieraient. Un an plus tard, Georges Fillioud confirmait que le cadeau serait prêt pour la Noël 1984. Un cadeau dont le moins qu'on puisse dire est qu'il n'est pas gratuit.

Qui sont les actionnaires de cette société de droit privé ? Aux côtés d'Havas, qui contrôle un peu moins de la moitié des 150 millions de francs de capital, on trouve un pool de banques (nationalisées) dirigées par la Société Générale, pour 20 %. La Compagnie générale des Eaux — n'oublions pas que le PDG d'Havas siège depuis peu à son conseil d'administration —, Merlin, l'enchanteur des bords de mer, un ami d'André Rousselet, et la presse régionale détiennent chacun 10 %. Ajoutons pour faire le compte les 5 % confiés à l'intrépide Garantie mutuelle des fonctionnaires.

Voilà donc une société où les capitaux sous contrôle public pèsent deux fois plus lourd que les fonds privés. Rousselet avait bien essayé d'intéresser Hachette, Filipacchi ou les Editions Mondiales. Mais ces capitalistes s'étaient défilés. Trop risqué, avaient répondu les aventuriers de la libre entreprise.

De fait, Canal Plus est un coup de poker audacieux. Même pour un groupe aux reins aussi solides qu'Havas. Nulle part au monde, il n'existe de chaîne nationale payante diffusée par voie hertzienne.

Avant toute chose, il a fallu remettre en état — et reconvertir pour la couleur — l'ancien réseau VHF 819 lignes de la première chaîne. TDF a exécuté les travaux... sans être payée. La note s'élève à 252 millions en trois ans, avancée donc sur le budget de TDF, lui-même alimenté par la redevance télé.

La société tiendra compte, dans sa future tarification, des avances ainsi consenties. Pour sa diffusion sur l'ensemble du territoire, Canal Plus paiera quelque 200 millions de francs par an à TDF qui devrait donc s'y retrouver. A condition bien sûr que la quatrième chaîne ne plonge pas au milieu du gué. Il n'en reste pas moins que cette heureuse entreprise privée fait préfinancer ses investissements par une société du service public. La redevance, taxe acquittée par les télespectateurs, est mise à contribution pour l'équipement de la chaîne « haut de gamme ».

Car la gauche, qui n'est plus à un paradoxe près, crée avec Canal Plus, la première télé élitiste. Malgré les grognements de nombreux parlementaires socialistes et les réserves du PCF. « Etait-il inéluctable que l'accès à Canal Plus soit aussi inégalitaire ? » interroge le sénateur communiste James Marson.

Comme au poker, il faudra payer pour voir. Le jeton coûtera 120 F par mois. Un peu moins de 1 500 F par an, l'équivalent de ce que dépense en fumée un intoxiqué léger.

Pour éviter les fraudes, chaque abonné recevra un décodeur, fabriqué par la Radiotechnique — une filiale de Philips — sur lequel il tapotera son chiffre confidentiel pour accéder aux programmes. Il faudra débourser 360 F de caution pour l'indispensable boîte noire.

Il aura dû au préalable modifier son antenne. Soit environ 550 F pour un particulier ou 50 F par personne pour une antenne collective. Et bien souvent racheter un poste neuf. Seuls les récepteurs équipés d'une prise Péritel pourront capter Canal Plus. La plupart des téléviseurs fabriqués avant 1981 sont dépourvus de cette broche où viendra s'enclencher le décodeur.

L'addition finit par ne pas être négligeable. Pour réussir, Canal Plus doit séduire. Son budget de fonctionnement oscillera autour du milliard de francs chaque année. Pour équilibrer ses comptes, il lui faudra rapidement trouver un million de fidèles abonnés.

Un marketing intensif a permis de mieux cerner la future clientèle. Nous voulons des films, encore des films, toujours plus de films, scandent les sondés. Qu'à cela ne tienne, Canal Plus deviendra la plus grande salle de cinéma du pays. La chaîne diffusera, en stéréophonie, au moins un film par jour.

La plus grande salle de cinéma

De quoi inquiéter l'industrie du cinéma, qui se targue d'avoir hissé la France au deuxième rang des producteurs de films du monde occidental. Grâce à son réseau de salles, elle amortit 50 % de ses coûts dans des délais inférieurs à dix-huit mois. Pourquoi aller au cinéma si l'on est assuré de voir les films les plus récents à la télé ? Veut-on que le cinéma français s'effondre comme l'italien ? s'écrie le Bureau de liaison des industries cinématographiques (BLIC), un autre lobby bien organisé. La diffusion incontrôlée de films sur les réseaux câblés est en passe de tuer le cinéma transalpin. En cinq ans, les salles de projection de la péninsule ont perdu 400 millions de spectateurs.

Pendant plus d'un an, la polémique fait rage entre la quatrième chaîne, qui veut des films « frais », et le BLIC, qui s'efforce de retarder au maximum leur diffusion à la télévision. La présence d'un troisième larron ne contribue pas à clarifier la situation : menacé par la nouvelle chaîne, le cinéma l'est aussi par l'explosion de la vidéo.

Au nom de la liberté, les diffuseurs de copies vidéo se mobilisent contre le délai d'un an qui leur est imposé et crient au vidéocide. Un délai qui favoriserait, selon eux la piraterie. Une fois de plus, les corporatismes se déchaînent dans la confusion et la mauvaise foi. Il n'est pas rare de retrouver les mêmes personnages dans le cinéma et la vidéo. Plaidant le matin pour la libre entreprise et le commerce sans entrave. Et le soir implorant la puissance publique d'intervenir pour protéger la production cinématographique menacée.

D'arbitrages en concessions, les négociations entre le BLIC et la quatrième chaîne aboutissent enfin au début du mois de mars 1984. Canal Plus pourra programmer les films un an après leur sortie. Pour faciliter le démarrage de la quatrième chaîne, ce délai est réduit de 30 jours au cours de ses quinze premiers mois d'existence.

Canal Plus, la chaîne du cinéma, bénéficie là d'un avantage considérable sur les chaînes du service public obligées d'attendre trois ans — deux ans si elles sont co-producteurs — après la sortie d'un film.

Autre avantage pour cette quatrième chaîne, dont le cahier des charges ne comporte que 35 obligations contre 155 pour Antenne 2 : la diffusion sera pratiquement non-stop. Les abonnés de Canal Plus auront droit à vingt heures d'émissions quotidiennes en semaine. Et les programmes se relaieront autour du cadran les vendredi et samedi. Il s'agit là d'un «plus » déterminant. Un sondage IPSOS réalisé début 1984 montre en effet que 14,3 % des télespectateurs (environ 2,5 millions de foyers) sont prêts à s'abonner dans ces conditions, alors qu'ils ne sont que 8,7 % pour dix heures par jour.

Comment diable Pierre Lescure, le directeur des programmes venu d'Antenne 2 va-t-il occuper tout ce temps d'antenne ? D'abord, pour être sûr qu'on ne puisse pas les rater, les films seront rediffusés plusieurs fois en quelques jours. Et surtout, André Rousselet qui a décidément le bras long, a obtenu le monopole du « sponsoring ».

Résurgence du mécénat à l'heure de l'image électronique, il remplacera la publicité dont Canal Plus est privé. Les entreprises financeront ainsi des programmes sans rapport avec leur activité ou leurs produits en échange de l'apparition de leur nom au générique.

Malgré ces nombreux atouts, le pari reste très incertain. Canal Plus devra convaincre... et fidéliser au moins un million cinq cent mille abonnés. Un simple succès d'estime ou de curiosité ne suffira pas. Pour un prix mensuel comparable, le câble offrira neuf à douze chaînes. Perfidement, Chirac a proposé à Rousselet de diffuser, sur son câble, la quatrième chaîne. « Avant que les grandes villes françaises ne soient câblées, nous sommes gagnants », se console-t-on à l'état major de Canal Plus. Mais après ?

Et le magnétoscope est un autre concurrent qu'on ne peut négliger. Même si le lobby de la vidéo ne parvient pas à réduire le délai d'un an, même si quelques réseaux de pirates sont bruyamment démantelés. L'expérience des cassettes musicales montre qu'on ne peut rien pour empêcher la micro-piraterie.

André Rousselet a tout prévu, même l'échec. L'article 15 de la convention passée entre l'Etat et la quatrième chaîne mérite d'être cité : « Si un déséquilibre important et durable intervient dans l'exploitation de la concession du fait des circonstances extérieures à la volonté des cocontractants, le concédant (l'Etat) s'engage à verser au concessionnaire (Canal Plus) une compensation financière ou à procéder à la révision de la concession avec l'accord du concessionnaire, en vue de rétablir l'équilibre de l'exploitation ». La convention ne précise pas si le manque d'empressement des téléspectateurs est une « circonstance extérieure à la volonté des cocontractants ».

Et si malgré, tous ces « plus », la quatrième chaîne ne réussit pas sa percée, l'Etat-concédant n'aura qu'à payer les pots cassés.

AGRICULTURE
LES COMPTES DE LA SEMEUSE

« Quant aux subventions, je n'ai jamais eu de complexes. »

François Guillaume.

« Ce que les agriculteurs cultivent le mieux, ce sont leurs inquiétudes. »

François Mitterrand.

Prenez un franc. Côté pile, l'inflation le défigure. Côté face, la Semeuse n'a pas pris une ride. Gravée pour l'éternité, se dresse Marianne, pieds nus et coiffée du bonnet phrygien. De sa main droite, elle sème à tous vents. C'est la France verte, une image qui associe la richesse de notre pays à sa terre. Il faut manger pour vivre. Et les Français aiment bien manger et manger bien. Autre évidence : la fourche précède la fourchette, et ceux qui tiennent la seconde ont besoin de ceux qui manient la première. La reconnaissance du ventre en résulte, ainsi qu'un sentiment de culpabilité des Français des villes envers les Français des champs.

Sur cette base s'est développé un malentendu. Le monde agricole doit échapper à la critique, et nul ne peut contester que l'ensemble des exploitants agricoles — 1,2 million, mais seulement 800 000 à plein temps — tirent le diable par la queue. Que les agriculteurs dévastent des édifices publics, bloquent les routes, molestent des camionneurs étrangers ou agressent un ministre, il s'est toujours trouvé jusqu'à une période récente, une majorité pour les en absoudre.

L'exemple, il est vrai vient de haut. Par pure démagogie, c'est-à-dire électoralisme, les gouvernements de droite ou de gauche pratiquent la complaisance et la flatterie. A l'exception notable, mais éphémère, d'Edith Cresson, c'est une constante politique de notre pays. **Dans tous les grands pays occidentaux, l'agriculture est subventionnée : la sécurité d'approvisionnement est à ce prix.**

Encore faut-il en évaluer les limites. En France, l'addition n'est jamais présentée et les limites toujours repoussées. Alors, un chiffre d'emblée : 100 milliards de francs, **100 milliards de francs « semeuse » consacrés en 1984 à soutenir, autant dire subventionner, la France verte.** Cette somme représente plus du dixième de l'ensemble des dépenses de l'Etat, et équivaut au revenu brut annuel des paysans. Ou encore, à la moitié environ de la production agricole française. Chaque exploitation reçoit en moyenne une « aide » publique de 50 000 F par an. Un SMIC inavoué. Première constatation : la Semeuse récolte davantage qu'elle ne sème. Deuxième constatation : la manne publique est dévorée à 95 % par les dépenses sociales et les subventions pour soutenir une production non rentable. La Semeuse ne prépare pas l'avenir.

« Nous avons voulu et inventé un certain type d'agriculture, fait d'exploitation à responsabilité personnelle » rappela dans la revue *Le Débat*, François Guillaume, le dirigeant de la FNSEA, avant d'affirmer crûment : « Quant aux subventions, je n'ai jamais eu de complexes et je suis moins complexé que jamais maintenant » en voyant l'argent distribué pour les créations d'emplois dans l'industrie. De ce point de vue, il ne peut être démenti.

Pour les paysans, l'aide publique n'est que l'expression de la solidarité nationale. C'est encore une fois la liberté des profits, et la socialisation des pertes. Et, il ne vient à l'idée de personne de dire publiquement que les paysans sont, eux aussi, des assistés. Mais, le plus étrange est cette sorte de discrétion qui rime avec subvention, un vilain mot qu'on réserve à nos usines décaties. Alors, tant qu'à parler d'argent, disons plutôt soutien. La générosité se conjugue ici plus aimablement avec solidarité. Les mots ont leur pouvoir, que les gouvernements et la corporation, n'entendent pas laisser en jachère.

51 000 F par exploitation et par an

D'un côté, les dépenses publiques pour l'agriculture se sont élevées en 1983 à 92,5 milliards de francs et de l'autre, le revenu brut agricole, après soustraction des charges de production — engrais, essence, etc. — a été d'environ 100 milliards. Pour un franc rapporté par l'activité agricole, le monde rural a reçu près d'un franc de l'Etat. Trois fois plus qu'il y a vingt ans.

Calcul simple mais aussi simpliste, car le tiers des deniers publics — une trentaine de milliards — vont en réalité aux paysans retraités et qui ont, théoriquement abandonné le travail de la terre. Ce sont donc plus de soixante milliards que se partagent le million deux cent mille chefs d'exploitations, soit en moyenne pour chacun d'entre eux, 51 000 F.

Cette estimation (pour 1982) que, seul, le rapporteur de la commission des finances de l'assemblée, le député socialiste Christian Pierret a eu le courage de faire, montre que l'effort de la collectivité en faveur du monde agricole est considérable. Est-il choquant ? Pour répondre à cette question, il faut préciser comment est répartie cette manne publique.

Au premier étage, 46 milliards alimentent le régime de Sécurité sociale et de retraites agricoles, soit 80 % de ses recettes. Les paysans y ajoutent en cotisations et taxes 11 milliards, 20 % seulement de ses ressources. Sur les 46 milliards, les assurés du régime général fournissent d'abord 14,5 milliards au titre de la « compensation démographique ». En raison de l'exode rural massif des vingt-cinq dernières années, les agriculteurs ne peuvent cotiser seuls pour venir en aide aux retraités. Le sérieux coup de pouce des assurés est complété par une série de taxes et de dotations budgétaires pour une bonne trentaine de milliards.

95 % des agriculteurs payent ainsi moins de cotisations sociales qu'un smicard. Il ne faut, en France, que 28 quintaux de blé pour acquitter la cotisation agricole moyenne contre 74 quintaux en RFA, 77 en Belgique et 81 aux Pays-Bas, selon les statistiques de la CEE. L'assiette des cotisations est en effet calculée en France en partie sur le revenu « cadastral » qui ne reflète en rien la réalité.

Deuxième étage : 19 milliards pour le soutien des marchés. C'est la part de la contribution française au budget européen, qui revient à l'agriculture. Financée par les consommateurs, elle sert à subventionner les marchés par la grâce du système, aberrant dans sa forme actuelle, de la politique agricole commune.

Au troisième étage, un confortable matelas de 6,5 milliards de francs sert à la « bonification » des intérêts des prêts que le Crédit Agricole octroit aux agriculteurs ou aux coopératives à des taux qui font pâlir d'envie particuliers et industriels. Deuxième banque mondiale en termes de dépôts, après la Citicorp américaine, la « banque verte », dont les caisses régionales sont contrôlées par la FNSEA, est coiffée par une caisse nationale, dont le directeur général est nommé par l'Etat. D'où des frictions permanentes entre les premières et la dernière. Intervenant de plus en plus dans le financement du logement — ce qui lui a valu d'être épinglé par la Cour des Comptes pour quelques opérations douteuses — ou de l'artisanat, le Crédit Agricole, qui n'aura bientôt d'agricole que le nom, dispose d'un monopole dans cette redistribution de la manne publique au monde rural. Un monopole synonyme de généreux profits.

Le dernier étage se contente de quelques milliards pour le fonctionnement du ministère de l'Agriculture et pour les aides directes qui vont des dotations aux jeunes agriculteurs — 700 millions distribués — aux primes de montagne ou aux subventions en faveur des établissements d'enseignement privés.

Pour compléter l'ensemble, il faut mentionner les 15 milliards de pertes de recettes pour le budget de l'Etat du fait de trente-trois dispositions spécifiques et dérogatoires engrangées par les agriculteurs. Par exemple le taux réduit sur le fuel utilisé comme carburant consenti, il y a plus de vingt ans, pour encourager les paysans à acquérir des tracteurs. **Avec 1,3 million de tracteurs et 250 000 moissonneuses-batteuses, la campagne française est pratiquement saturée, mais personne n'a songé à supprimer ce privilège.**

Fait grave, les dépenses sociales dévorent les aides à l'équipement. Le fardeau de l'assistance est devenu tel que l'avenir est aujourd'hui sacrifié. Il y a quinze ans sur 100 F dépensés par l'Etat en faveur du monde rural, 35 F étaient consacrés à la protection sociale et 15 F allaient à l'investissement. Aujourd'hui, la protection sociale absorbe 50 F et l'investissement ne reçoit que... 3 F.

On aurait tort de croire que la tendance va s'inverser. Un paysan sur deux a plus de 55 ans et il ne sera pas remplacé dans la majorité des cas. Au cours des années soixante-dix, 700 000 agriculteurs ont cessé leur activité et la moitié seulement ont trouvé un successeur. Il a fallu faire appel aux fonds publics, dans des proportions de plus en plus vertigineuses, pour financer les retraites. Et la facture s'alourdira dans les années à venir.

Elle deviendra insupportable si rien n'est fait pour mettre un terme au système de subvention des productions excédentaires, qui profite principalement aux plus riches exploitants. Nous le verrons, **le consommateur**

paye ce que lui vend, indirectement, l'agriculteur, moitié chez le commerçant et moitié chez le percepteur.

On peut se demander d'ailleurs si un mécanisme de revenu agricole minimum garanti ne serait pas moins onéreux pour la nation que le présent système. Car le syndrome de la sébile, pleinement assumé par François Guillaume, permet d'éluder ces questions essentielles : quelle agriculture demain, combien de paysans et à quel prix ? Sans oublier qu'une France sans paysans, c'est le désert aux portes de nos villes et la nature abandonnée à elle-même.

Le poker-menteur du revenu agricole

C'était l'âge d'or. De la fin de la Seconde Guerre mondiale au début des années soixante-dix — les « trente glorieuses » — le pouvoir d'achat des agriculteurs a triplé. Pendant la dizaine d'années qui a suivi la création du Marché Commun, en 1962, leurs bénéfices ont doublé. Depuis 1974, l'année du choc pétrolier, la paysannerie crie misère : le revenu de 1982, lit-on dans une plaquette des Chambres d'agriculture, se retrouve en valeur réelle au niveau de 1971. Et encore, ce revenu a-t-il augmenté de près de 8 % en 1982, avant de baisser à nouveau de 3 % en 1983.

Ces chiffres ne reflètent pas, comme nous le verrons, la réalité de gains des agriculteurs. Mais, c'est tout leur intérêt, ils représentent les figures d'une formidable partie de poker-menteur que disputent chaque année, à l'automne jadis et désormais au printemps, les syndicats agricoles et le gouvernement. Et le gagnant, c'est-à-dire avec une belle régularité la corporation paysanne, empoche un pot garni de quelques milliards.

Ce grand rendez-vous n'a plus pour cadre les traditionnelles « conférences annuelles », car la gauche eut l'incongruité, aux yeux de la FNSEA, de vouloir y convier les organisations rivales, les syndicats réformistes minoritaires. On se retrouve dorénavant autour d'une banale table ministérielle, dans une arrière-salle discrète. Autre changement : ce sont des moyennes définitives et non des statistiques provisoires qui serviront de mises. Mais la règle ne change pas : c'est la politique qui bat les cartes. Et qui les brouille en entretenant la plus parfaite confusion entre le social et l'économique.

Car, dans le domaine du revenu agricole, on se trouve en pleine fiction. Pour une raison simple : il n'y a pas de données fiscales qui permettent de cerner les gains. Alors on estime au prix de contorsions statistiques effectuées par la comptabilité nationale, les revenus obtenus par les exploitations du travail de la terre. L'ennui, c'est qu'ainsi sont évacuées les autres sources du revenu : travail extérieur ou retraites des paysans qui restent en réalité en activité.

Quelques études officielles, qui le plus souvent restent dans les placards, permettent d'y voir plus clair. L'une d'elle, citée par Philippe Simonnot dans le *Grand bluff économique des socialistes*, estime que ces revenus extérieurs étaient en 1981, d'un montant égal à 72 % du revenu agricole tel qu'il ressort des chiffres de la comptabilité nationale. En 1975, selon un travail du ministère de l'Agriculture achevé à l'été 1982, les revenus extérieurs représentaient en moyenne la moitié du revenu brut d'exploitation. Ce pourcentage variant de 730 % pour les petites exploitations à 5 % pour les plus opulentes !

Des trois millions et demi de personnes qui vivent sur les exploitations agricoles, près de la moitié touchent ainsi des revenus qui ne doivent rien au labeur de la terre. Et ce ne sont pas seulement des retraités ou des parents du chef d'exploitation. Deux à trois paysans sur dix ont des activités hors des champs, en particulier en Alsace, en Aquitaine, en Corse ou dans le Languedoc-Roussillon. Il ne s'agit pas d'un particularisme de notre agriculture, le phénomène s'observe aux Etats-Unis ou en Allemagne. Mais en France, il est purement et simplement nié. Il faudrait également ajouter trois facteurs difficiles à comptabiliser : l'autofinancement, l'autoconsommation et le cadre de vie.

A en croire le Centre d'études des revenus et des coûts (CERC), le revenu disponible moyen des exploitants agricoles aurait été en 1980 de huit mille francs par mois environ, soit plus que celui des ouvriers et des employés. A se fier seulement au revenu fiscal, largement sous-évalué on l'a vu, il n'aurait été que de deux mille huit cents francs. Et si l'on prend les statistiques de la comptabilité nationale, on trouve moins de six mille francs. Voilà comment, en quelques chiffres, tout peut être dit, et son contraire.

Mais ce qu'aucune moyenne n'indiquera jamais, c'est l'inégalité profonde du monde agricole. La France verte est bien sûr une facilité de langage. Pour les organisations syndicales, l'unité de l'agriculture française est surtout un argument de tribune ou de cabinet ministériel dont l'utilité première est de cacher l'intérêt des plus riches exploitants derrière les difficultés des paysans les plus démunis. C'est une règle d'or du corporatisme, à la ville comme à la campagne.

Le Moyen-âge et le troisième millénaire

Dans nos campagnes, les paysans à peine sortis d'une économie de subsistance côtoient les industriels de la terre. Comment comparer une ferme désuète du Limousin et une exploitation beauceronne, le « revenu » d'un vigneron de Champagne ou de Bourgogne et celui d'un viticulteur languedocien ? C'est dans le monde rural que l'on trouve aujourd'hui les plus fortes disparités de la société française.

Les revenus, pour autant qu'on peut les apprécier, varient de un à quinze entre les paysans des Alpes et ceux de l'Aisne ou de l'Essonne. Un céréalier gagnera trois à quatre fois plus qu'un éleveur de mouton. Encore plus frappant : **cent mille exploitants — moins de dix pour cent du total des paysans — empochent près de la moitié du revenu de l'agriculture française.** A l'autre extrémité, cinq cent mille paysans — quarante pour cent — ont un revenu voisin du SMIC.

Et la terre ? Totalement oubliée par la comptabilité nationale, son existence n'est évoquée par les dirigeants agricoles que pour témoigner de l'écrasant endettement des paysans. Là aussi, les généralités ne disent rien de la diversité des patrimoines. L'exemple mis en avant est celui du paysan qui vit pauvre, au bord de la ruine, car il a acquis tant de terres et de machines pour se moderniser qu'il croule aujourd'hui sous les dettes.

Il n'est pas question de le nier : très nombreux sont les paysans, disons moyens, qui vivent cette situation pénible avec des charges annuelles de remboursement pouvant atteindre les deux tiers de leur revenu. Incités à s'agrandir par la garantie des prix, encouragés par les prêts extrêmement favorables offerts par le Crédit Agricole, ils doivent s'attendre à des moments difficiles. Et, pour certains, dramatiques.

Ainsi fonds fonds fonds...

La soif de terres a entraîné une spéculation féroce, que les maigres digues mises en place par l'Etat n'ont pu contenir. Depuis la guerre, les bourgeois des villes se sont retirés de la campagne, en vendant « leurs » terres. Certes, les résidences secondaires ont fleuri à travers champs, mais ceux-ci ont été peu à peu cédés aux paysans. En un quart de siècle, les citadins ont ainsi vendu près de trois fois plus de terres qu'ils n'en ont acheté. Loin de calmer la spéculation, ce retour des terres semble au contraire l'avoir entretenue. Jusqu'au sévère coup d'arrêt de ces dernières années.

Reste que le capital est là et qu'il est absurde de ne pas en tenir compte. Surtout quand en Bourgogne, certains terroirs valent deux ou trois millions l'hectare et qu'ils échappent à l'impôt sur les grandes fortunes. L'exemple est extrême, bien sûr. Mais, comment nier qu'il y a une hiérarchie des sols, avec au sommet le bassin Parisien et fermant la marche les terres désolées du Massif central.

Le plus étonnant, c'est précisément qu'on remise dans les vestiaires ces éclairages pour ne s'intéresser qu'aux statistiques illusoires de la comptabilité nationale. Pour la FNSEA, il ne faut parler que du revenu agricole, c'est l'approche économique qui compte. Mais en même temps elle porte la discussion sur le terrain social. Ce qui est contradictoire.

Le consensus du silence arrange tout le monde. La corporation paysanne n'a évidemment nul intérêt à contester une moyenne qui lui permet de faire l'impasse sur les disparités agricoles et l'autorise à hurler misère ; le gouvernement croit y trouver son compte en lâchant quelques milliards pour acheter la paix sociale dans les campagnes et y ramasser des voix

Pour être juste, il faut souligner que la gauche a tenté de moraliser un peu le jeu, en démontrant, chiffres en main, que la tricherie avait atteint son comble. A la fin de l'année 1980, Raymond Barre avait décidé de distribuer 4,6 milliards d'aides au revenu pour les agriculteurs. Cette manne étant déversée quelques semaines avant les élections présidentielles de mai 1981. Si l'intention électoraliste était d'emblée évidente, les conditions dans lesquelles l'argent public fut distribué ne furent révélées que bien après.

Il est d'abord apparu que la perte de revenu que ces aides devaient compenser avait été surestimée de deux à trois milliards. Mais le plus singulier est que ces fonds, loin de profiter en priorité aux paysans les plus pauvres, ont principalement bénéficié aux plus riches exploitants.

Près de la moitié des aides ont ainsi été distribuées aux 20 % d'agriculteurs qui cette année-là avaient réalisé un chiffre d'affaires d'au moins vingt-cinq millions de centimes. Mieux encore : les petits paysans ont dû se contenter d'une moyenne de cinq cents francs alors que les riches percevaient jusqu'à trente fois plus.

Même inégalité au niveau géographique : les départements les plus défavorisés ont perçu infiniment moins que ceux du Nord ou du bassin Parisien, où se trouvent les céréaliers et les betteraviers.

Défendu par les organisations agricoles, c'est le principe du calcul sur le chiffre d'affaires qui a prévalu. Il ne pouvait que profiter aux grandes exploitations. Aussi, Pierre Mauroy a-t-il décidé de renverser la vapeur pour les aides 1981, en limitant aux paysans les plus démunis une « allocation solidarité » forfaitaire, contre l'avis de la FNSEA qui s'en tenait à l'ancien système. Bien sûr, ces milliards devaient compenser la dégradation du revenu que faisaient apparaître les résultats provisoires.

Quelques mois passent et, surprise, les chiffres définitifs témoignent d'une progression. En bonne logique, ces fonds auraient dû être reversés dans les caisses de l'Etat. Cela a-t-il été le cas ? Question sacrilège, qu'il convient de ne pas poser.

Le fisc se met au vert.

Le croquemitaine est au bout du champ. Son nom moderne est le fisc, qui tinte sans poésie. Les paysans en connaissent l'existence mais par ouï-dire ; rares sont ceux qui l'ont vu de leurs yeux. Les statistiques, une autre invention des villes, sont formelles : les agriculteurs ne sont contrôlés qu'une fois tous les cinquante-cinq ans. Autant dire que le souvenir de cet épouvantail s'estompe vite des mémoires.

C'est par Raymond Barre que le scandale est arrivé. Malheur, le meilleur économiste de France se voulait également un fiscaliste averti et il demanda à y voir un peu plus clair sur l'agriculture et l'impôt. En 1981, peu de temps après son arrivée au pouvoir, la gauche eut ainsi le loisir de prendre connaissance du rapport Laxan, du nom de l'éminent spécialiste qui fit, pendant quelques mois, un voyage des plus exotiques dans nos campagnes.

Du résultat de son travail, qui n'a jamais été publié, on peut extraire ces lignes : « Le dispositif actuel ne permet pas d'appréhender exactement les revenus individuels. Il en résulte plusieurs conséquences : l'égalité devant l'impôt n'est pas garantie et le rendement de l'impôt est faible... » Un paradis fiscal à la mode de chez nous.

Déjà, le Conseil national des impôts avait calculé que les agriculteurs détenaient **la palme de la sous-estimation fiscale.** Ses calculs montraient qu'un agriculteur qui déclarait 100 F disposait en réalité d'un revenu de 250 F. Exactement deux fois et demi plus que les gains déclarés. Le CERC avait même jugé que la sous-estimation était encore plus élevée en 1980 : 2,8.

Pour cette année-là, le revenu réel agricole aurait donc été au total de 45 milliards de francs et non de 18 milliards, ce qui aurait entraîné une perte de recettes fiscales de 5,5 milliards. Autre constat : **les deux-tiers de la sous-estimation de bénéfices est le fait des agriculteurs les plus aisés.**

Lorsque les recettes annuelles sur deux années consécutives dépassent un million de francs — 500 000 F en moyenne par an — l'agriculteur est imposé au bénéfice réel. Pour ne pas dépasser ce seuil, de nombreux paysans mettent leur exploitation au nom de leurs parents, ou enfants, et au total on ne compte que 50 000 exploitants au « réel ». Cinq paysans seulement sur cent.

Il existe également un régime « réel simplifié », en réalité incroyablement compliqué, pour les paysans dont le revenu est compris entre 500 000 F et un million de francs par an. Il ne concerne que 20 000 exploitants.

Le régime dominant est celui du forfait : neuf paysans sur dix y sont soumis. Extraordinaire, ce forfait. Cas unique en France il est fixé collectivement, syndicats agricoles contre fisc. Chaque année, et dans chaque département, les larrons se mettent en position de chiens de faïence et marchandent, autour d'une table, sur la base de revenus supposés par hectare et type d'exploitation. Résultat : les bénéfices forfaitaires calculés à l'hectare sont sous-évalués en moyenne de moitié. Admirable concertation, dont on se demande pourquoi elle n'inspirerait pas le CNPF ou la CGT.

Jusqu'à cette année, l'exploitant agricole qui passait au « réel », pouvait encore plus légalement que lorsqu'il était au « forfait » échapper à l'impôt : en choisissant le moment de départ et la durée de l'exercice fiscal, et donc en bouclant ses comptes au moment où le résultat était déficitaire. Il avait aussi la possibilité d'imputer sur l'exercice écoulé les dépenses à venir (engrais, semences, etc.) et de comptabiliser les recettes dans l'exercice suivant. Ainsi, la première année d'application du régime réel, les paysans arrêtaient leurs comptes avant la levée de la récolte — pas de recettes — et y incorporaient les dépenses de la récolte suivante — maximum de charges. Le tour était joué, avec à la clé un déficit considérable et une minoration des bénéfices pendant quelques années.

Cette opération, qui en jargon fiscal s'appelait les « avances aux cultures », a été abandonnée en dépit d'une incroyable pression du lobby agricole siégant sur les bancs parlementaires. Instauré par décret en 1976 par Christian Poncelet, alors secrétaire d'Etat au budget, ce dispositif aberrant a permis une forte évasion fiscale depuis cette date. Et il a fallu de surcroît rembourser les sommes que les agriculteurs, de leur plein gré, avaient acquittées les années précédentes. Le Conseil des impôts a calculé que le Trésor a ainsi dû restituer près de 200 millions sur quatorze départements seulement.

Brandissant le rapport Laxan, sans toutefois aller jusqu'à le publier, le gouvernement socialiste a décidé de rétablir un minimum de cohérence dans un domaine où l'injustice était patente. Le seuil de l'imposition au réel sera progressivement abaissé pour atteindre 450 000 F. L'objectif est d'**imposer un exploitant sur deux « au réel » en 1988.**

Pour nombre d'agriculteurs, que le seul mot de comptabilité rebute, cela représentera sans doute un bouleversement, mais aussi une gestion plus rigoureuse. A vrai dire, le fisc n'attend pas de rentrées miracles de cette réforme. Parce que les bénéfices agricoles, en moyenne, restent faibles et que la vraie richesse agricole se trouve dans la terre. Ce patrimoine a échappé à l'impôt sur les fortunes, ce qui n'a pas vraiment déplu aux propriétaires champenois ou bourguignons. Mais la justice y gagnera, et surtout une photographie plus fidèle du revenu paysan pourra enfin s'esquisser.

Nature et culture

Sale temps sur la France. Calfeutrés dans les salles de classes, les petits Français apprennent que leur pays jouit d'un climat des plus tempérés grâce à son heureuse situation géographique. Cela ne veut pas dire que du nord au sud et de l'ouest à l'est, les baromètres ne se contredisent pas.

Les statistiques du Fonds national des calamités nationales remettent heureusement les choses en place : la France, c'est le Sahel une année, et le sud-est asiatique la suivante. Parfois, la sécheresse et la mousson conjuguent même leurs détestables effets.

Prenons les douze mois qui séparent août 1982 d'août 1983. Les calamités naturelles ont durement frappé notre pays puisque quatre-vingt-huit départements, la quasi totalité du pays, ont été déclarés sinistrés. Qu'est ce qu'une calamité ? En langage administratif, il s'agit de « dommages d'importance exceptionnelle dus à des variations anormales d'intensité d'un agent naturel ».

Bigre, les agents naturels anormaux — gel, tempètes, etc. — se sont acharnés sur le malheureux département de l'Ain, qui à huit reprises a été déclaré sinistré durant cette campagne. L'impitoyable nature a aussi torturé seize fois les cultures des Pyrénées-Atlantique et du Gard entre 1974 et 1978. Une période noire que ces cinq années : un demi-millier de « calamités », une tous les trois ou quatre jours. Et surtout la grande sécheresse de 1977, suivie l'année suivante par les grandes inondations, qui eurent droit au label chéri des médias de « catastrophe la plus importante du siècle ».

Nature et culture : un beau thème de dissertation pour le bac. Ou encore, un sujet de composition de troisième : dites le désespoir des paysans impuissants devant les caprices du temps. La copie rendue par la Cour des Comptes il y a quelques années avait retenu un autre angle, sans doute par cette calamité de l'âme qu'on nomme aussi sécheresse : *Argent public et catastrophes agricoles.* Et un sous-titre, qui fournit *La conclusion : la culture des sinistres est d'un bon rapport.*

Dans certaines départements du sud de la Loire, il semble même s'agir d'une mono-culture. Ainsi en Ardèche, en Dordogne, en Charentes ou dans la Drôme, les aides ont dépassé, au milieu des années soixante-dix, le revenu imposable du travail de la terre. Dans le Gers, les indemnités ont été supérieures de 150 à 1 400 % à ce revenu. Au total, ces fonds publics ont représenté, de 1974 à 1977, 16 milliards, soit près de la moitié des bénéfices déclarés de tous les agriculteurs français.

L'angélus a bien changé et on imagine les paysans au coin du champ, les mains jointes et les yeux relevés jusqu'au ciel, marmonnant une prière aux intempéries. Contrairement au jugement commun, moins habité aujourd'hui il est vrai par l'esprit divin, le mauvais temps se décrète. Question de jugement ou d'opportunité électorale : c'est au gouvernement de

Par exemple en 1977, la récolte de riz des Bouches-du-Rhône est frappée de « calamité » sans qu'on puisse repérer l'agent anormal qui s'est abattu sur la région. Le rapport du service départemental de l'agriculture s'est borné à constater l'existence de « conditions climatiques défavorables à la culture du riz ».

Mais le miracle ne tombe pas seulement d'en haut ; il se manifeste également en bas. Appliquant le précepte « aide-moi, le ciel t'aidera », les paysans ont trouvé le chemin qui mène infailliblement à la multiplication des pains. C'est d'ailleurs tout simple. **On vend sa récolte, puis on déclare que l'agent naturel l'a détruite avec sauvagerie et on se la fait payer une deuxième fois.** Non sans mal, les magistrats de la Cour des Comptes ont démontré que cette pratique était généralisée, à des degrés divers, dans tous les départements inondés par les aides publiques.

Un agriculteur de l'Ariège a fait état d'une récolte de maïs détruite à 100 % alors qu'il a livré, pour la campagne correspondante, 1 500 quintaux de maïs. Une exception ? Pas du tout. La majorité des céréaliers gersois ont procédé de même pour se faire payer deux fois, en 1977, 150 000 quintaux de blé. Coût pour les contribuables : 600 millions de francs. Une paille.

Parfois l'administration s'aperçoit que l'argent s'est indûment envolé dans la nature. La Caisse centrale de réassurance, organisme public en constant déficit, s'en va alors aux champs où, selon le bel euphémisme de la Cour des Comptes, « elle se heurte à une résistance certaine de la part des exploitants agricoles ». Et voilà comment, par la force des fourches, les deux-tiers des sommes dues ne reviennent jamais dans les caisses de l'Etat.

Depuis mars 1976, pour « accélerer le mouvement », l'instruction de dossiers et le calcul des indemnités et des prêts sont assurés par une commission communale. Les agriculteurs, les représentants de la corporation et le maire, qui fait bloc, on le conçoit, avec ses électeurs, y sont majoritaires. Autrement dit, les décisions y sont également prises sous la pression des fourches. Et l'administration n'a pas le choix : elle passe dessous.

L'aide prend trois formes. D'abord une indemnisation versée par le Fonds national de garantie des calamités agricoles, dont le budget est alimenté pour partie par les primes d'assurance des agriculteurs. En assez forte augmentation ces dernières années, en dépit des protestations véhémentes des organisations agricoles, ces primes doivent être complétées par plusieurs milliards de fonds publics chaque année. Ensuite, l'octroi de prêts-calamités du Crédit agricole dont une partie — un milliard environ — est à la charge de l'Etat. Leur octroi est si fréquent qu'il est devenu un moyen d'obtenir des crédits très bon marché. Enfin, des dégrèvements fiscaux. Et n'oublions pas l'« impôt-sécheresse » de 1976.

C'est avec Jacques Chirac que le système a totalement dérapé. Fait oublié, c'est lui qui fut l'initiateur de cette incroyable innovation fiscale que fut l'« impôt-sécheresse », qui rapportera plus de cinq milliards. Sachant que ses jours étaient comptés à l'hôtel Matignon, il peaufina le projet — un cadeau d'au-revoir aux paysans — et laissa à son successeur, Raymond Barre, le soin de le faire avaler aux Français. Une manière de dire « Après moi, le déluge », qui mit en fureur le « meilleur économiste de France ».

Conscient de l'impopularité de l'impôt-Chirac, Raymond Barre décida qu'il serait remboursé sur cinq ans aux contribuables. Mais il s'abstint d'indiquer que, faute de tenir compte de la dérive monétaire, une partie non négligeable ne le serait jamais. « Dans cette affaire », explique sans complexe François Guillaume, « les pouvoirs publics ont été assez maladroits. La formulation était peu pertinente ». L'impôt-gabegie ou l'impôt-électoralisme auraient en effet été de plus justes appellations.

Ce qui était, dans les textes, une aide exceptionnelle, et d'ailleurs parfaitement légitime, de la collectivité nationale, est devenu pour le monde agricole, une garantie de revenu extorqué aux contribuables. Les combines sont devenus un véritable système qui se double d'un chantage au drame paysan. Par roublardise et clientélisme, le gouvernement et les élus locaux s'en font complice. Pour eux aussi, les calamités sont d'un bon rendement.

Je sème à tous vents

1945 : La France, laminée par les années de guerre, se réveille au milieu des ruines. Dans les champs, vingt millions d'hectares, sont encore endormis, en jachère forcée. Le « Mérite agricole », c'est d'avoir réussi, en vingt ans, à assurer aux Français leur pain quotidien. On a parlé pour cette période d'une révolution dans les campagnes françaises, et sans doute l'expression n'est pas forcée. Sous l'impulsion d'une nouvelle génération d'agriculteurs, formés à l'école de la Jeunesse agricole rurale, la modernisation des exploitations a été fulgurante. Le paysan disparaissait, pour faire place à l'exploitant agricole. Et un agriculteur « nourrit » aujourd'hui trente personnes contre trois à quatre, après-guerre.

Légitimement, ces nouveaux paysans aspiraient à plus de confort et voulaient échapper aux aléas dramatiques et aux incertitudes séculaires de la terre. Le Traité de Rome, qui fondait l'Europe, allait leur permettre d'accéder à ce rêve, qui, ici, s'appelle la garantie d'un revenu minimum. En réalité, le Marché commun n'a concerné, dès ses débuts, qu'une partie de la France verte, celle du nord. Les chiffres le montrent : les dépenses de garantie de prix bénéficient deux à trois fois plus aux agriculteurs picards, lorrains, champenois ou ardennais qu'aux paysans provençaux, languedociens ou corses.

Le hasard n'a, ici, joué aucun rôle. C'est la nécessité des plus forts qui s'est imposée, celles des seigneurs de la terre : les céréaliers et les betteraviers. Pour eux, mais aussi en faveur des producteurs de lait, dont le nombre fait la force — un agriculteur sur trois — le général de Gaulle allait imposer à ses partenaires européens un système miracle. Son principe : la libre circulation des produits agricoles à l'intérieur du Marché commun. Et en cas de mévente, le rachat, à un prix garanti, des excédents par la Communauté, c'est-à-dire les contribuables européens.

Les négociations pour fixer les prix, les « marathons » annuels de Bruxelles, sont ainsi devenus une joute politique, aux antipodes des considérations économiques. Chaque ministre en revient avec sa moisson de chiffres, qui déterminent le pouvoir d'achat des agriculteurs.

Premier résultat, phase un : l'Europe est devenue autosuffisante en matière agro-alimentaire et le pouvoir d'achat des paysans a triplé en vingt-cinq ans. Les prix agricoles, déconnectés des lois du marché, se sont aussi envolés.

Second effet, phase deux : la consommation n'a pu suivre la production car le système des prix garantis sans limitation de quantités a engendré de fantastiques excédents. Nous en sommes là. Et pour longtemps. Un million de tonnes de lait en poudre — six mois de consommation des 270 millions d'Européens — s'entassent dans des frigos bourrés à craquer. Pour conserver le trop plein des vingt-cinq millions de vaches grasses européennes, il a fallu acquitter une facture de 3,5 milliards de francs en 1983.

Une faible partie de ces stocks peut être écoulée au delà des frontières européennes. A condition de subventionner ces exportations, car les prix des productions laitières européennes sont quatre à cinq fois supérieurs aux cours mondiaux. A ce compte là, chaque litre de lait excédentaire coûte le prix de deux litres de lait. Pour expliquer l'irrésistible ascension de l'empire agro alimentaire de Jean-Baptiste Doumeng, il faut d'abord évoquer ces opérations, telles les 130 000 tonnes de beurre achetées, en 1979, 15,90 F le kilo aux coopératives et revendues à Moscou 5,90 F, après une généreuse subvention communautaire.

Au total, l'ensemble des fonds consacrés au soutien de la production laitière — subvention et stockage — aura représenté en 1984 quelque 40 milliards de francs. Il n'est pas besoin de savants calculs pour s'apercevoir que chaque vache aura donc couté 1 500 F aux finances des Dix. Autrement dit, chaque contribuable aura acquitté un « impôt-vache » de 490 F pour l'année, soit une traite mensuelle de 41 F.

Il n'est pas étonnant que le tiroir-caisse de la Communauté se soit vidé. Et les gouvernements européens se sont — enfin — décidés à limiter les frais. On le sait, un contingentement, avec application de quotas par pays, a été arrêté. Il prévoit de diminuer la production de 106 millions de tonnes en 1984 à 98 millions deux ans plus tard. Pour la France, la baisse sera de 500 000 tonnes dès la campagne 1984, soit 2 à 3 % de la production annuelle. Elle atteindra 7 % et 11 % pour la R.F.A. et la Hollande, où ont fleuri les « usines à lait » hors des champs.

Les excédents seront-ils pour autant résorbés ? Sans doute pas, mais leur vertigineuse progression a été freinée jusqu'à la fin de la décennie. Mais, aucune réforme radicale de la politique agricole commune n'ayant été envisagée, les mêmes causes produiront inévitablement les mêmes effets.

Sachant qu'il ne sera plus rue de Grenelle en 1989, Michel Rocard peut déclarer sans complexes : « La restructuration du secteur laitier, ce n'est pas la sidérurgie. Le lait a de l'avenir, et les quotas ne sont acceptés que pour cinq ans. »

Sidérurgie ou pas, l'extrême aveuglement qui a rendu inéluctable l'adoption du plan de réduction laitière a un goût amer pour les paysans les plus démunis. Comment ne pas être touché par le désarroi d'agriculteurs poussés, des années durant, par leurs dirigeants et les pouvoirs publics sur la pente de la surproduction ? D'autant qu'une partie d'entre eux devront, sans doute définitivement, quitter la terre. Brutalement. **Le gâchis aurait été moindre si l'ancienne majorité avait eu le courage de s'attaquer au problème au temps de la croissance.** Cette politique à courte vue, platement électoraliste, a aujourd'hui un coût social pénible.

S'y ajoute une nouvelle charge pour les finances publiques. Les contribuables vont une fois encore payer les pots cassés. Ce ne sont pas moins de trois milliards de francs qui vont ainsi être consacrés, sur trois ans, aux efforts de réduction de la production. Primes de conversion, indemnité de retraite ou de pré-retraite : tout l'arsenal classique de l'Etat-providence a été envisagé.

Michel Rocard a cru bon d'ironiser sur le fait que c'est précisément le pays qui a été le plus exigeant sur le plan budgétaire — la Grande-Bretagne — qui a été amené aux plus grandes dépenses publiques pour calmer ses agriculteurs. Gaspillons, d'autres gaspillent encore plus que nous.

Reste à affronter les autres excédents agricoles, également ruineux, de l'Europe verte. Légèrement écorné, l'« impôt-vache » est certes le plus lourd mais d'autres sont aussi bien établis : l'« impôt-bœuf » pour la viande bovine, l'« impôt-épi-de-blé » qui prospère à l'ombre de silos, l'« impôt morceau-de-sucre », généré par les betteraves ou encore l'« impôt-pinard », qui tourne au vinaigre dans les chaix.

Sans oublier les **500 000 tonnes de fruits et légumes qui finissent, chaque année, à la décharge, dévorés par les flammes**. En langage technocratique européen, il s'agit d'une « utilisation des denrées à des fins non alimentaires ». La moitié des produits retirés du marché finit au rebut, l'autre est transformée en jus de fruit, alcool et en aliments pour le bétail.

Le candidat François Mitterrand avait promis que la gauche au pouvoir mettrait fin à ce scandale. Une campagne d'information a bien été lancée à destination d'associations de bienfaisance, des écoles ou des hôpitaux pour que s'organise la collecte des produits retirés du marché. Quelques milliers de tonnes seulement ont pu être réparties de la sorte. L'intendance n'avait pas suivi.

La récolte des vergers est imprévisible, nous dit-on et seul le ciel décide. On cite toujours le cas des pommes dont la production peut varier de trois à quatre millions de tonnes d'une année à l'autre. On ne peut certes pas programmer la production des pommes comme celle des élastiques. Mais n'a-t-on pas développé à l'excès certaines espèces à rendement rapide, comme l'insipide Golden ?

Beaucoup plus au fait de ce qui se passe à la ville que ne le sont les citadins de la situation dans les campagnes, les cultivateurs ne voyaient pas pourquoi ils n'auraient pas bénéficié d'un vaste filet de secours, à l'aulne des autres acteurs de l'Etat-providence. A cela rien de choquant. Mais sous couvert d'une politique favorisant les exploitations familiales, les prix ont été fixés pour garantir le revenu des moins productifs, alors même qu'on développait un modèle hyper-productiviste en n'imposant aucune limite quantitative de production.

Les résultats ne se sont pas fait attendre : prix trop élevés et surproduction ruineuse, gâchis et frustration. **Un paysan sur dix est au bord de la faillite**. On estime que l'endettement des agriculteurs représente les deux-tiers du revenu brut agricole contre le tiers au début des années soixante-dix. Avec des prêts du Crédit agricole — dont les intérêts ne sont aujourd'hui que de 6, 5 % — des paysans se sont installés en confiance. Comme si on vous offrait pour dix sous le château de Versailles en négligeant de vous préciser le coût de son entretien.

Il ne s'agit plus de produire pour vendre, mais de produire pour produire. Consommer ou gaspiller. Vendre ou stocker. Qu'importe, l'Etat paie.

La Semeuse, côté pile

C'est peu dire que la France verte a cru en l'Europe. Dès la mise en place du Marché commun, les labourages et pâturages français rêvaient d'en être les mamelles. Notre agriculture jouit de terres fertiles et d'un climat des plus tempéré, et allait tout naturellement imposer ses produits chez nos partenaires.

Au fil des ans, tous les pays européens ont renforcé leurs productions et se sont dotés d'une agriculture qui n'a rien à envier à la nôtre. Bien au contraire. Car nous avons pris la route qui descend au moment où ils gravissaient celle qui monte. Ils y ont été aidés, c'est exact, par les fameux « montants compensatoires monétaires ». Inventés en 1969 par Valéry Giscard d'Estaing, alors ministre des Finances, les M.C.M. récompensent, on le sait, les monnaies européennes « vertueuses » et pénalisent les autres.

Le mark allemand et le florin hollandais en ont largement bénéficié à l'inverse du franc français. Si on ajoute qu'une devise forte permet également d'importer à moindre coût les aliments pour bétail américains et que les producteurs d'engrais néerlandais profitent d'une remise occulte sur le prix du gaz, on comprend que certaines cartes paraissent biseautées aux yeux des paysans français.

D'où une explication facile aux difficultés : l'étranger, voilà l'ennemi. Pêle-mêle, ce sont les Allemands et les Hollandais, les profiteurs des M.C.M., ce sont encore les Britanniques qui inondent l'Europe de moutons australiens et de beurre néo-zélandais, et ce seront les Espagnols qui vont y déverser leurs fruits. Ces raisonnements à courte vue, repris sans nuance par le Parti communiste et le R.P.R., oublient que l'agriculture française fournit ou fournira aux uns et aux autres ses excédents.

On peut aussi rappeler que François Guillaume, grand pourfendeur des M.C.M., n'a pas reculé d'horreur quand il s'est décidé à acquérir, en 1983, du lait allemand subventionné grâce aux M.C.M. pour produire le beurre de sa coopérative lorraine « Saint-Hubert », à Nancy. Cela lui revenait moins cher que d'acheter du lait français. Cela vaut bien une entorse aux beaux discours.

Pas un expert sérieux ne considère que ce mécanisme monétaire suffit à expliquer **la formidable dégradation de la compétitivité de l'agriculture française. Quelques exemples en donnent la mesure. Le rendement moyen du blé français — 45 quintaux à l'hectare — n'est désormais que le septième du Marché commun**, loin derrière celui des Pays-Bas — 58 quintaux —, du Danemark, de la Grande-Bretagne — 52 quintaux — ou de la R.F.A. Orientés vers le pur rendement, nos céréaliers ont développé à outrance la production de blé tendre impanifiable, que nous devons compléter pour faire nos précieuses baguettes par du blé de force importé.

Les vaches françaises ne produisent que 3 500 litres en moyenne par an, soit également la septième place européenne. Une vache hollandaise livre 5 500 litres, et la vache danoise, 4 900 litres. De plus notre lait n'est pas toujours de bonne qualité. Pasteurisé, il « tourne » en quarante-huit heures alors que le lait d'autres pays peut se conserver une semaine.

Pour la pomme de terre, les rendements français sont de 25 tonnes à l'hectare, contre 40 tonnes en Hollande. La France doit aussi importer du porc ou du mouton. Son déficit pour la viande porcine a atteint 4,7 milliards de francs en 1983. 10 % du total du « solde négatif » des échanges commerciaux français.

Quant au potentiel agricole du Midi, il est gâché par la production d'un vin de « table » souvent navrant. Or, sur les tables, les vins d'appellation — plus ou moins contrôlée — gagnent du terrain. En quinze ans, les ventes annuelles de vins de table ont chuté de 40 à 30 millions d'hectolitres alors que celles des autres vins ont doublé pour atteindre 10 millions d'hectolitres.

L'élémentaire sagesse serait d'accélérer la reconversion du vignoble méditerranéen et d'arrêter de distiller à fonds perdus le gros rouge. L'argent qui doit aider à la reconversion de la région est rituellement gaspillé en « aides de trésorerie », avec en prime la promesse d'une distillation « exceptionnelle ». Comme les Italiens en font autant, on voit mal comment l'Europe, noyée dans les excédents structurels, ne finira pas par fermer le robinet des subventions.

Nous nous sommes endormis en matière de développement, que les autres pays n'ont pas sacrifié au profit des aides aux revenus. Pour quelles raisons a-t-on accepté de subventionner directement la FNSEA et CNJA sous couvert d'actions au développement ? On est ici dans le domaine de la politique, qui entretient des rapports des plus éloignés avec le progrès de l'agriculture française. Précisons encore que huit agriculteurs sur dix n'ont reçu aucune formation spécialisée et parmi les 16 000 jeunes qui chaque année deviennent chefs d'exploitation, près des deux-tiers ne possèdent pas de diplôme agricole.

L'argent caché de la corporation

Le souci électoral pousse à donner des apaisements de toutes sortes aux agriculteurs pour les inviter à bien voter. Pour avoir enfreint ce pacte politicien, Edith Cresson a dû plier bagages et laisser le champ libre à Michel Rocard pour refaire le terrain perdu. Mais la faute la plus impardonnable d'Edith Cresson n'est pas tant d'avoir dit que la période des vaches grasses avait fait son temps, que de s'être attaquée sans concession à la FNSEA, dont la perfection corporatiste est sans égale en France.

En contestant son monopole de représentativité et en s'intéressant de près à son financement, elle a commis un crime de lèse-majesté sans précédent depuis la création de ce groupe de pression qui, jusqu'alors, cogérait la politique agricole avec le ministère. Pour réduire son influence, elle invita à la table des discussions le MODEF (proche du PC), la Confédération nationale des syndicats de travailleurs paysans, la Fédération nationale des syndicats paysans (proche du PS) et même la conservatrice Fédération française de l'agriculture.

A semer le vent du pluralisme, Edith Cresson ne manqua pas de récolter la tempête du corporatisme. Rappelons qu'après la Libération, la Corporation paysanne imbibée de pétainisme avait volé en éclat pour donner naissance à la Confédération générale de l'agriculture. Peu à peu, la FNSEA, qui en était une des branches, parvint à éliminer socialistes et communistes et établir, encouragée par la droite, un monopole quasi-absolu sur le monde paysan. Les « jeunes Turcs » du syndicalisme agricole — le CNJA — n'ont émergé que plus tard, prenant de fait le pouvoir à la FNSEA à la fin des années cinquante.

C'est peu dire que ce courant, moderniste à ses débuts, s'est coulé dans le moule d'un parfait conservatisme, pratiquant un concubinage sans vergogne avec les ministres de l'Agriculture qui se sont succédés rue de Varennes. A l'exception d'Edgar Pisani, à qui le général de Gaulle conseillait de ne « concéder aucun avantage au monde agricole sans le négocier contre un changement d'attitude », ceux-ci ont joué la carte de la démagogie. Un jeu porté à la perfection par Jacques Chirac. Raymond Barre a témoigné d'une certaine défiance à l'égard de la corporation. Ce qui ne l'empêcha d'ailleurs nullement de donner l'occasion à Michel Debatisse de troquer son fauteuil de président de la FNSEA contre un strapontin de secrétaire d'Etat.

Mais l'irritation du syndicat agricole atteint son comble avec Edith Cresson. « Son programme, c'est de nous détruire », clama François Guillaume, le président de la FNSEA Faut-il rappeler qu'elle fut désavouée par François Mitterrand sans grande élégance.

Au moment même où, en février 1982, il recevait François Guillaume à l'Elysée pour un long tête-à-tête, le chef de l'Etat ne savait sans doute pas qu'elle était rudoyée grossièrement dans une ferme normande par les troupes du dirigeant agricole. Il se borna à préciser, quelques jours plus tard, que s'il avait été informé du sort réservé à son ministre de l'Agriculture, il aurait « peut-être » ajourné ce rendez-vous.

Si l'anecdote, très révélatrice du « lâchage » d'Edith Cresson, est connue, les dossiers réunis lors de son passage, rue de Varennes, sont jusqu'à présent restés secrets. Elle-même s'est refusée à en faire publiquement état et Michel Rocard s'est empressé de les enterrer. Or, ils livrent, comme on va le voir, de précieuses données sur le considérable financement public de la FNSEA.

A considérer les sommes en jeu, on peut affirmer que les syndicats ouvriers ne sont que des gagne-petits à côté du **formidable ruissellement de fonds publics drainés vers les caisses de la FNSEA et du CNJA.** Le principe reste le même : la création d'organisme de formation et de promotion sert de réceptacle tout trouvé à la manne publique.

Mais, ces deux organisations, qui vont de pair, n'ont nulle concurrence sur leurs flancs. Le partage du gâteau, objet d'âpres bagarres entre les centrales ouvrières, s'est fait à l'amiable. C'est tout naturellement que les pouvoirs publics ont proposé à la corporation paysanne de cogérer le développement du monde agricole. On imagine sans peine que celle-ci lui a répondu : « Tope là ! »

Ainsi est née, en 1966, l'Association nationale de développement agricole, l'ANDA. Comment financer une œuvre qui s'annonçait grandiose ? La création d'un fonds spécial s'imposait, et pour l'alimenter des taxes parafiscales allaient être perçues à travers la France verte. Ce sont surtout les céréaliers qui furent mis à contribution et aujourd'hui encore ils fournissent les deux-tiers des recettes de ce fonds considérable — 800 millions de francs de budget annuel — à leur grande exaspération.

Pour s'assurer le contrôle des procédures de financement, la corporation décida en un tournemain, six ans après la création de l'ANDA, de se débarrasser des filtres administratifs mis en place par la loi au sein des départements. Parallèlement, le poids des chambres d'agriculture, contrôlées par la FNSEA, était renforcé. Avant d'en venir aux chiffres, une anecdote sur la manière dont ces syndicats croient, aujourd'hui encore, pouvoir se nourrir sur la bête. En 1983, le CNJA obtint une dotation pour aller inspecter, en Martinique et en Guadeloupe, l'installation des jeunes agriculteurs.

Une rapide enquête de l'administration démontra que seule une visite touristique avait été effectuée en Guadeloupe. Mais sans se démonter, le CNJA n'hésita pas à demander, début 1984, une nouvelle dotation de plusieurs millions de centimes pour se rendre, cette fois-ci, à la Réunion. Le commissaire du gouvernement siégant à l'ANDA demanda un rapport d'activité des précédentes missions, ce qui lui valut d'être traité par le directeur du CNJA de « dictateur » et de « honte de l'administration ».

Une note confidentielle du ministère de l'Agriculture, rédigée en mai 1983, permet de se rendre compte de l'ampleur des sommes qui ont ainsi directement atterri dans les caisses des syndicats agricoles. De 1974 à 1983, les subventions à la FNSEA ont triplé, progressant certaines années de 25 %. Le CNJA a également vu s'envoler les fonds qui lui étaient alloués.

« Malgré les difficultés financières croissantes de l'ANDA jusqu'en 1977, souligne cette note, la FNSEA et le CNJA voient leurs crédits augmenter plus vite que l'ensemble des subventions ».

Si on ajoute les sommes versées pour des actions particulières de développement et celles, qui ne transitent pas par l'ANDA, affectées à la promotion collective, la FNSEA et ses fédérations départementales ont reçu 20 millions de francs et le CNJA environ 28 millions en 1981.

Chiffres, d'ailleurs partiels, qu'il faut comparer avec les budgets — hors subventions — de ces deux organisations. Soit, la même année, 23 millions pour la FNSEA (500 000 adhérents) et 4 millions pour le CNJA (40 000 adhérents).

Michel Rocard s'est finalement résolu à demander un rapport sur l'ANDA. Devinez à qui il confia ce travail ? A Pierre Cormoréché, vice-président des Chambres d'agriculture. Un homme du sérail qui n'avait évidemment aucun intérêt à soulever le couvercle. L'ANDA peut ainsi continuer à subventionner certains organismes qui méritent un détour.

Les comptes épineux de l'école buissonnière

Rien de plus légitime que le goût pour la culture. Non pas la culture en chambre, ni celle des champs, mais la formation agricole dispensée aux agriculteurs qui aspirent à se moderniser, à se saisir des nouvelles connaissances de l'art de bien produire. Ainsi fut créée l'Assocation nationale pour la formation professionnelle en agriculture (ANFPA).

Prise en main par la FNSEA et le CNJA, elle fut chargée de gérer le Fonds national d'assurance formation des exploitants agricoles — le FAFEA — alimenté par les taxes parafiscales de l'ANDA et des fonds publics européens. Son budget dépasse les deux milliards de centimes. Bien sûr, cette association ne dispense pas elle-même les cours de l'école buissonnière mais elle apporte son soutien aux organismes de formation.

Faute de pouvoir mesurer sur le terrain les progrès éducatifs enregistrés, on ne peut que se féliciter de la souplesse de la procédure mise en place sous les auspices des pouvoirs publics. Tout au plus pourrait-on contester que l'association, très secrète, interdise totalement à d'autres syndicats que la FNSEA et le CNJA l'accès à ses organes de gestion. Mais voilà, la Cour des Comptes y délégua, un beau matin, quelques magistrats. Personne à ce jour ne connaissait les résultats de leur « audit ». Daté du 27 juin 1983, cet accablant document avait été enterré et les scandales qu'il révèle, étouffés. Signé par Jean Rosenwald, l'ancien premier président de la Cour, il a été remisé dans un tiroir profond de Michel Rocard, son destinataire.

Les bilans, d'abord, ont été truqués de 1978 à 1981. Les artifices de comptabilisation étaient devenus monnaie courante dans le but d'occulter les pertes. Jonglant avec les sommes — importantes — qui transitaient dans les caisses, la comptable a ainsi pu détourner à son profit et à celui de tiers une somme d'environ 400 millions de centimes. Le pot aux roses découvert, elle a été incarcérée et les présidents successifs du FAFEA ainsi que son directeur ont été traduits devant la Cour de discipline budgétaire.

Mais ce n'est pas tout. Très instructive est la manière dont les subventions ont été distribuées — en violation du règlement intérieur du FAFEA — et surtout l'identité de leurs heureux bénéficiaires. Il n'est guère étonnant que la FNSEA et le CNJA aient bénéficié des largesses de cet organisme, dont la mission est, rappelons-le, la formation : charité bien ordonnée commence par soi-même. Ainsi, en 1977 la FNSEA se voyait, on ne sait trop pourquoi, accorder un prêt sans intérêt de 10 millions de centimes. Chaque fois les remboursements ont été effectués avec d'importants retards sur les échéances.

De même, l'Institut pour la formation des cadres paysans (IFOCAP) dirigé par Michel Debatisse, l'ancien président de la FNSEA, a bénéficié en 1979 d'un prêt qui, quatre ans plus tard, n'était toujours pas remboursé. Le CNJA a reçu plusieurs subventions relatives à des actions de formation ou d'installations de jeunes agriculteurs sans signature du bureau du Fonds. Il n'a évidemment pas fourni les pièces justificatives des opérations prétendument engagées. Un obscur Institut africain pour le développement économique et social a également reçu des subsides sans même la signature d'une vague convention.

Mais il y encore plus grave. En 1975, un prêt de 25 millions de centimes a été accordé, par une simple lettre du président du Fonds, à l'Association lorraine de développement en agriculture (ALPA). Son remboursement devait s'effectuer en deux fois, fin 1975 et fin 1976. Un premier différé fut accordé, puis, aucune somme n'ayant été reversée, le prêt fut transformé en 1981 en subvention. Purement et simplement effacé par un simple jeu d'écriture.

Pour les lecteurs, sans doute nombreux, qui ignorent ce qui se cache derrière l'ALPA, indiquons que cette association « à but non lucratif » a fondé une « ferme modèle », à Haroué, à une vingtaine de kilomètres de Nancy. Le nom de son fondateur et celui de son dirigeant à l'époque des faits ? François Guillaume.

Mais, quittons un instant l'univers enchevêtré des organismes agricoles. Les millions évaporés de la formation n'empêchent pas, nous dit-on, la France d'être le second exportateur mondial de produits agricoles et agro-alimentaires.

Le mirage du « pétrole vert »

Au détour d'un salon agricole, Valéry Giscard d'Estaing décida de révéler la vérité aux Français. Dans un style moins bucolique que celui de Sully mais mieux adapté aux vicissitudes énergétiques des années soixante-dix, il nous le dit, à nous qui n'en savions rien : le « pétrole vert » est notre richesse.

Notre Semeuse allait conquérir les marchés étrangers et venir au secours de nos usines rouillées. En échange de nos verts produits, nous allions recevoir du dollar, ce vert billet, qui vaut son pesant d'or noir. L'examen des chiffres, à première vue flatteurs, montre que le miracle ressemble étrangement à un mirage. Ce qui, on le sait, n'a rien d'exceptionnel.

Les échanges agricoles et agro-alimentaires ont dégagé des excédents de 25,4 milliards de francs en 1981, puis de 18,6 milliards en 1982 et enfin de 25,4 milliards en 1983. Dans un océan de déficits, seules les ventes d'armes font mieux, si l'on peut dire. Il est vrai qu'avec encore davantage d'hypocrisie depuis le 10 mai, nos dirigeants préfèrent parler des bénéfices du beurre plutôt que des profits des canons. L'ennui est que si la présentation des ventes du matériel de guerre est des plus floues, la large publicité faite aux comptes extérieurs de l'agriculture pèche par omission.

Par un tour de passe-passe dont l'agriculture n'a pas le monopole, nous n'avons connaissance que de la balance commerciale retraçant les seules exportations et importations de produits agricoles et agro-alimentaires. Or, si ce compte était significatif quand l'agriculture se suffisait du cheval de trait et du fumier, il n'a plus grand sens dès lors qu'il faut faire appel aux engrais chimiques, aux aliments pour bétail et aux tracteurs.

Autrefois, pour produire cent, le paysan achetait dix. Désormais, pour une production de cent, il doit acquérir cinquante. Et sur ces cinquante, la moitié est importée. La bonne question est donc celle-ci : **Jusqu'à quel point les exportations de produits de notre agriculture couvrent les importations d'autres produits agricoles et les « consommations intermédiaires » indispensables à notre production ?** Ce compte existe, et avec cet humour involontaire qui leur appartient, les comptables nationaux l'ont baptisé le « solde propre ».

Une étude publiée par l'INSEE en 1982 en livre le résultat. En dépit de l'amélioration du solde commercial, les exportations de la branche agro-alimentaire n'ont pas suffi à couvrir ses achats à l'étranger en 1980. Excepté en 1981, année exceptionnelle, le solde « propre » n'a depuis cessé de ruiner le mythe du « pétrole vert ».

De plus, les exportations sont subventionnées doublement, voire triplement. D'abord par la grâce des « restitutions » européennes. Ensuite par l'ensemble des fonds publics que la collectivité verse chaque année au monde agricole — 100 milliards de francs. Et enfin de plus en plus souvent, par le coup de pouce des crédits privilégiés dont une partie est à la charge des contribuables.

La France exporte ce qui ne rapporte rien, ou si peu. Et ne vend pas, ou si peu, ce qui rapporterait. C'est-à-dire les produits transformés par les industries agro-alimentaires que le monde agricole français n'aime guère. Au point que les industriels privés, tenus en pestiférés par la corporation paysanne, ont même songé à quitter la tutelle du ministère de l'Agriculture pour se placer sous celle du ministère de l'Industrie.

En imposant des prix à la production trop élevés, les dirigeants agricoles ont rendu un mauvais service à une industrie agro-alimentaire qui doit payer sa matière première plus cher. Conséquence : elle doit acheter ailleurs ce qui n'est plus abordable en France. Pour réussir dans ce domaine, il faut paradoxalement s'éloigner des produits agricoles. Dans le prix d'un yaourt, un de ceux que Gervais-Danone vend de New-York à Pékin, la part du lait n'est que de 20 %.

Au bon beurre

« Quel traquenard, cette création du Centre national interprofessionnel de l'économie laitière » (CNIEL). Encore scandalisés, ces importants responsables de l'industrie laitière expliquent comment, au milieu des années soixante-dix, fut prise la décision.

Pour obtenir une garantie de prix encore plus généreuse que celle assurée par les procédures européennes, les producteurs de lait et leurs coopératives, qui forment les gros bataillons de la FNSEA, eurent la géniale idée de faire « payer les riches », c'est-à-dire les industriels. Refus des « riches », qui ne voyaient pas pourquoi ils auraient ajouté au prix déjà très élevé du lait français, un surcoût les pénalisant face à leurs concurrents étrangers. Le centre est néanmoins créé, en 1974, mais on ne sait pas encore qui alimentera ses caisses.

C'est alors, à les en croire, que Jacques Chirac est intervenu. Sans ménagement. Au début de l'affaire, il était ministre de l'Agriculture et cultivait les meilleures relations avec la FNSEA « Nous avons été menacés pendant deux ans de nous voir couper nos aides, et pire encore », se rappellent-ils et voilà pourquoi l'industrie a plié. C'est à l'occasion d'une « conférence agricole », la grand-messe qui réunissait alors les représentants du monde agricole et les membres du gouvernement, que la décision fut annoncée. « Une scène inoubliable, qui marqua notre reddition sous les regards réjouis de la corporation et de Chirac, devenu premier ministre de Valéry Giscard d'Estaing. »

Dans le berceau du CNIEL fut déposée une taxe parafiscale qui allait se transformer en une extravagante « cotisation volontaire... et obligatoire ». Avec mauvaise grâce, l'industrie privée laitière se prêta un temps au jeu et puis craqua, à l'été 1978. Excédée par l'arrogance de la corporation et les privilèges des coopératives — exonération de l'impôt sur les sociétés, réduction de moitié de la taxe professionnelle, prêts bonifiés du Crédit agricole — la Fédération de l'industrie laitière refusa de participer aux assemblées générales du CNIEL jusqu'au printemps 1981.

Trois années pendant lesquelles se passèrent d'étranges choses. Les absents, dit le proverbe, ont toujours tort. En le renversant, un autre pourrait dire que les chats dansent quand la souris n'est pas là. Un rapport de la Cour des Comptes a reconstitué cette période.

Première constatation grave : les ministres qui se sont succédés rue de Varennes depuis la création de cet organisme, et en premier lieu Jacques Chirac n'ont jamais désigné de commissaire du gouvernement : pas de regards indiscrets de l'administration. Et quand un contrôleur d'Etat est intervenu, les dirigeants du CNIEL « n'ont pas facilité sa tâche », précise par euphémisme la Cour.

Deuxième constatation : il n'existe pas de règlement intérieur régulièrement adopté et les attributions du directeur et du directeur général adjoint ne sont définis par aucun texte. Les exercices 1978 et 1979 n'ont pas été adoptés par l'assemblée générale qui aurait dû être réunie dans le mois suivant l'arrêt des comptes annuels.

Troisième constatation : vite devenue très abondante, la cassette du CNIEL a déversé son trop plein vers de fructueux placements à terme, alors que les sommes excédentaires auraient dû être déposées en comptes au Trésor, comme l'exigent les textes. Privés en 1981 de leur taxe parafiscale, qui contrevenait à la règlementation européenne car elle servait à subventionner anormalement les exportations, les dirigeants du centre ont doublé le taux de la cotisation professionnelle... sans avertir les payeurs pendant plusieurs mois.

Les cadres — une notion élastique au CNIEL — ont obtenu plus de 18 % d'augmentation en 1980 et près de 21 % en 1981. Aux salaires s'ajoutent les inévitables rémunérations annexes : titre de transport, assurance décès prise en charge gratuitement. Des avantages qui n'ont jamais été soumis à l'approbation d'un contrôleur d'Etat.

Mais toutes ces extravagances et irrégularités ne sont rien à côté des révélations de la Cour sur l'utilisation des fonds publics qui sont tombés dans l'escarcelle du CNIEL.

Chargé depuis 1978 de réaliser en France un programme de promotion des produits laitiers par des conventions passées avec la commission de Bruxelles, le centre a vu soudainement affluer plusieurs dizaines de millions de francs par an (40 à 60 selon les années).

Ses dirigeants se sont tournés vers la Société nationale pour l'expansion des ventes de produits agricoles et alimentaires (SOPEXA) pour la mise en œuvre de ces actions. Puis, en 1981, ils décident, sans en saisir l'assemblée générale, de prendre en charge les campagnes de publicité et de créer à cet effet, une filiale, la Société de développement et de communication agro-alimentaire (SDCA).

A l'évidence un peu désemparée devant cet art du camouflage, la Cour des Comptes note que les dépenses se retrouvent tantôt dans les comptes du CNIEL, tantôt dans ceux de sa filiale. Curieusement, le comité directeur a confié, en 1981, à l'agence OPUS une importante campagne de promotion sans qu'une consultation préalable avec d'autres agences ait été effectuée. Un organisme spécialisé Initiative Média a d'autre part été chargé d'achat d'espaces publicitaires moyennant une commission de près de 2 % qui paraît excessive. L'Union fédérale des consommateurs avait relevé à l'époque que la publicité télévisée sur le thème « Mangez du beurre » coûtait plus de quatre millions de centimes pour 15 secondes.

Mais le plus étrange, c'est qu'à l'exception du choix d'OPUS, les décisions, dit le rapport, ont été prises par des « groupes n'ayant pas d'existence juridique » et non par les « organes prévus par les statuts ».

Un certain mystère plane aussi sur les versements « forfaitaires et globaux » que le CNIEL a effectués au profit des fédérations professionnelles adhérentes au centre sans qu'« il soit possible de connaître le détail et d'apprécier l'opportunité des dépenses ».

L'aventure de Congrilait

Une belle histoire que celle du Congrès mondial du lait. Une importante manifestation qui est restée gravée dans vos mémoires. Non ? En fait, vous avez sans doute oublié qu'il s'est tenu en juin 1978, à Paris. Et pourtant l'enjeu était tel qu'il a fallu créer dès 1974 une association, « Congrilait », pour sa préparation. Très généreusement, le ministère de l'Agriculture lui versa une subvention de deux millions et le CNIEL, qui allait en assurer la trésorerie, fit un chèque de 2,5 millions. Un prêt, pas un don, cela va sans dire.

Comme c'est l'habitude, cette manne fut d'abord utilisée à régler les frais de réceptions et de déplacements des dirigeants de Congrilait. Et même, lors du Congrès, les notes d'hôtels quatre étoiles de diverses personnalités. Et puis, avec tristesse, les lampions s'éteignirent, la fête était finie. Mais son directeur M. B. ne dut pas s'en apercevoir car il continua pendant des mois à endurer de fatigants voyages et d'accablantes réceptions. Et, s'indigne la Cour des Comptes, « des règlements en numéraire par sortie directe de la caisse ont été effectués pour des montants élevés ».

Autre sujet d'étonnement des magistrats : pendant les cinq années d'activité de Congrilait, il n'a pas été établi de compte annuel et le CNIEL s'est dispensé de faire réaliser ces documents. Etrange également cet expert comptable, M. P., choisi pour apporter son concours à l'association et qui fut radié de son ordre, peu après le congrès. Congrilait a ignoré cette radiation, intervenue en novembre 1978, alors que les comptes du congrès n'étaient pas arrêtés.

La Cour des Comptes se demande pourquoi le ministère de l'Agriculture n'a demandé aucune explication, ni aucun document sur l'emploi de sa subvention. Et pourquoi aussi, en 1982, année de son enquête, Congrilait n'avait pas encore été dissout et conservait un compte bancaire ouvert à la signature du président, du trésorier et du directeur. Un compte qui fut crédité en avril 1981 d'un versement de 300 000 F représentant un remboursement de T.V.A., pour lequel le CNIEL est intervenu en apportant sa caution. Cette somme a ensuite été placée au profit de Congrilait alors que sa dette à l'égard du CNIEL, supérieure à 2,5 millions de francs, n'a fait l'objet d'aucun remboursement. Une dette qui d'ailleurs ne figurait toujours pas, en 1982, au bilan du CNIEL.

Mais celui-ci n'a pas oublié M. B. Revenu sur terre, il a été embauché par le CNIEL et, selon la Cour des Comptes, il est chargé, seul, de l'utilisation des fonds européens pour la promotion, en France, des produits laitiers en tant que gérant de la SDACA.

Un autre travail de synthèse de la Cour des Comptes, réalisé en 1984, souligne sobrement que le CNIEL, « institution contestée ne semble être conservée que pour préserver la fiction d'une interprofession ».

Cotisation volontaire et... obligatoire

« Pour la corvée de patates, je vais désigner les volontaires ». Cette plaisanterie sur les charmes discrets de la vie militaire paraît aujourd'hui quelque peu éculée. Beaucoup plus originale et fort mal connue, il en existe une version civile, inventée il y a dix ans, à l'usage de divers organismes professionnels. A prononcer très vite et sans rire, cela donne : « cotisation volontaire et obligatoire ».

Plus lentement, il faut d'abord considérer qu'il est parfaitement normal qu'une assocation demande à ses membres d'apporter leur écot. Qu'il s'agisse d'entreprendre une action pour le bien de tous ou de frais de participation à une activité sportive, la cotisation sera volontaire et les fonds réunis seront privés.

Il est également évident qu'un Etat ne peut s'en remettre au simple volontariat pour que soient assumées l'ensemble des tâches indispensables à la collectivité nationale ou certaines actions utiles au développement d'une profession. L'impôt sera levé ou des taxes perçues, et les « redevables » ne pourront, en principe, s'y soustraire. Obligatoire, ces contributions deviennent des fonds publics.

Imaginons maintenant que les producteurs de betteraves se mettent dans la tête d'inonder un pays quelconque de leur sucre en subventionnant les exportations grâce à une taxe parafiscale. Ils risquent alors d'être accusés d'utiliser des fonds publics pour enfreindre les règles de la concurrence internationale. Qui tentera d'y mettre le holà ? Pas le gouvernement français qui y trouve son compte en engrangeant de précieuses devises, mais la Commission européenne, gardienne des valeurs communautaires. Et aussi le GATT, l'organisme international qui surveille le commerce mondial.

L'astuce pourrait donc consister à n'utiliser que des cotisations volontaires, donc des fonds privés. Mais évidemment rien n'obligera un producteur à acquitter cette contribution s'il n'est pas convaincu que l'action entreprise, au nom de toute la profession, lui bénéficiera également. Egoïste ? Parfois, peut-être. **Reste que la règle d'or des corporatismes est de dissimuler les intérêts des plus puissants derrière la défense de l'intérêt général.**

Que tout le monde paye, mais que les dividendes ne reviennent qu'aux nantis et qu'on distribue aux autres quelques miettes. Exporter, bénéficier du progrès, c'est très bien mais qui sera en mesure d'en profiter ? Qui disposera des relais au sein de l'administration, des faveurs des uns ou des autres ?

Pour éviter que ces questions essentielles ne soient posées, et afin de ne pas apparaître en première ligne face aux censeurs de Bruxelles, les pouvoirs publics ont rendu obligatoires des cotisations volontaires fixées par des professionnels. Le tour était joué. Autre avantage : le Parlement ne peut légalement pas contrôler l'usage des fonds qui tombent ainsi dans les caisses des organismes professionnels. Pourtant, la nature de ces cotisations n'est pas différente de celle des taxes parafiscales souvent perçues au même moment et sur les mêmes bases d'assiette. Créées pour relayer les taxes, ces cotisations se sont le plus souvent ajoutées à elles.

Le paradoxe est évident. D'un coté, les corporations qui affirment défendre la libre entreprise vont quémander à l'Etat le droit d'asseoir leurs privilèges. De l'autre, un Etat qui se prétend libéral impose par la force d'un arrêté ou d'un décret des dispositions anti-démocratiques pour mettre en œuvre une politique anti-concurrentielle.

Le plus piquant est que les socialistes ne sont en rien à l'origine de cette perversion. Ils en ont hérité par la grâce de la loi du 12 juillet 1974. Qui était alors au pouvoir ? A l'Elysée, Valéry Giscard d'Estaing, fraîchement élu. A Matignon, Jacques Chirac, nouvellement désigné. Au Parlement, une chambre R.P.R.-U.D.F. horizon. Et qui, aujourd'hui, répète crescendo : moins d'Etat, encore moins d'Etat, toujours moins d'Etat ?

Du grain à moudre

Par un mardi pluvieux de février, un petit groupe de paysans décida de monter à la capitale. Pas contents, ces militants de la Fédération Française de l'Agriculture, un petit syndicat marqué à droite, avatar un peu anachronique du parti agrarien d'avant guerre. Pas question pour eux de déverser quelques choux-fleurs invendables ou d'arracher les grilles du métro. Non, ils venaient occuper les luxueux bureaux d'Unigrains, la « banque des céréaliers ». dans les beaux quartiers, près de la place de l'Alma. Leur objectif : voir les comptes et demander que cessent les subventions occultes versées à la FNSEA, la puissante corporation agricole.

Inconnu du grand public, Unigrains est aujourd'hui un organisme unique en France. Alimenté par une taxe parafiscale il est, bien que sous la surveillance d'un contrôleur d'Etat, un véritable fonds privé à la disposition des céréaliers, ces seigneurs de la terre. C'est une société anonyme dont le capital est détenu par les céréaliers (51 %) et un groupe de vingt-cinq banques françaises et étrangères. Mais des organisations représentant l'élevage (FNSEA, CNJA..) sont présentes dans le comité de gestion de son fonds de solidarité.

Ce n'est qu'à partir de 1969, six ans après sa création, qu'Unigrains a vu affluer vers ses caisses un flux considérable de millions. Au mois d'août de cette année là, le gouvernement de Georges Pompidou décida une brutale dévaluation du franc : 12,5 %. Pour éviter un relèvement dans les mêmes proportions des prix agricoles français, il demanda à ses partenaires de Bruxelles d'étaler sur deux ans cette augmentation — moyennant la création des fameux MCM.

Considérant également que les céréaliers, les plus grands bénéficiaires du système européen de garantie des prix, gagnaient beaucoup d'argent, il décida de leur reprendre une partie de cette augmentation sous formes d'une taxe. Au terme d'une belle bagarre, les céréaliers obtinrent de récupérer cette taxe pour créer un fonds de solidarité des céréaliers et des éleveurs qui a été rattaché à Unigrains. Son but : favoriser l'amélioration des structures des uns et des autres. Son financement : une taxe parafiscale qui lui a rapporté depuis quinze ans plus d'un milliard de francs.

Une partie — le tiers — de ce magot a été utilisé au profit des céréaliers. Ainsi, pendant la sécheresse de 1976 puis après les grandes inondations de l'année suivante, des aides ont été accordées pour soulager la situation financière d'organismes de collecte. Unigrains a aussi tenté de créer une agence de presse, basée en Belgique, perdant dans cette affaire, avortée, 3,5 millions de francs. Et une somme équivalente dans un concours apporté au Comité de la pomme de terre du Nord et du Pas-de-Calais.

Pour le reste, Unigrains a multiplié ses interventions souvent utilement dans nombre de coopératives d'élevage en détresse là où les banques se seraient refusées à agir. Mais ces prêts ou aides de trésorerie n'ont pas été du goût des industriels privés qui, au milieu des années soixante-dix, se sont fâchés : en 1976, Francis Lepatre, président de l'association nationale des industries agricoles et alimentaires et qui est aujourd'hui un membre influent du CNPF, a déclaré que l'existence même d'Unigrains, constituait « un démembrement de la puissance publique, puisqu'elle gère le produit d'une taxe-parafiscale ». Il l'accusait d'« aider en priorité le secteur coopératif au détriment des firmes privées ». Vieille querelle, jamais totalement apaisée, entre la coopération agricole, contrôlée par la FNSEA et les industriels, affiliés au CNPF.

En effet, a révélé un rapport de la Cour des Comptes rédigé en 1982, Unigrains a versé jusqu'en 1980 une « contribution au budget de la FNSEA » de plusieurs centaines de milliers de francs par an. Sans ambiguïté, la Cour a jugé cette dotation « étrangère à la mission d'Unigrains », comme d'ailleurs une avance d'un million consentie en 1978 — et non remboursée trois ans plus tard — à la revue *Le producteur agricole,* organe du syndicat des céréaliers.

A ces aides, s'ajoutaient des subventions, moins discutables, à la Confédération nationale de l'élevage, liée à la FNSEA. Sur dix ans, ces allocations se sont élevées au total à 10 millions de francs.

Pourquoi de tels coups de pouce à la corporation ? « C'est très simple », nous a expliqué Jacques Dupuis, le directeur général d'Unigrains, « la FNSEA était moins bien implantée chez les éleveurs que parmi les céréaliers, alors nous avons pensé qu'une petite aide pourrait lui permettre d'accroître son audience ». Mais, nous a-t-il dit, « nous avons fermé le robinet depuis l'arrivée de la gauche ».

Les relations entre les céréaliers et la FNSEA semblent en outre se détériorer. Sur la question de l'entrée de l'Espagne dans le Marché commun, en particulier, Philippe Neeser, président d'Unigrains et du syndicat des producteurs de blé a publiquement déploré « la dictature intellectuelle » exercée par la FNSEA dans le domaine professionnel.

Le grand moulin d'Unigrains

« Unigrains » et les céréaliers ont, n'en déplaise à François Guillaume, les yeux de Chimène pour l'Espagne. Pour déverser leur blé outre-Pyrénées, ils devront certes attendre le feu vert de Bruxelles, mais déjà ils y ont acquis un beau château.

A les en croire, ce sont les pouvoirs publics qui, il y a quelques années, les ont entraînés à prendre une participation dans SIMAGO, la première entreprise de distribution alimentaire espagnole, associée à Carrefour dans la moitié des hypermarchés du pays. Sans doute un bel investissement, moins catastrophique qu'une autre affaire, réalisée en Iran. Mais, malheureusement, tout à fait contraire aux principes de gestion d'un organisme alimenté par une taxe parafiscale.

Les principes, on le sait, sont faits pour être tournés. Et Unigrains s'en prive d'autant moins que les gouvernements de droite et de gauche l'utilisent de plus en plus pour réaliser, à l'abri des regards de Bruxelles, des opérations peu orthodoxes. Riche, très riche car il a su faire fructifier par de judicieux placements sa précieuse taxe, Unigrains intervient à l'étranger pour subventionner des exportations. Et c'est Unigrains, ou l'une de ses seize filiales, qui va soutenir les cours du porc qui s'effondrent, comme ce fut le cas au début de 1984. Quand il s'agit de renflouer les tanneries françaises qui appelle-t-on ? Unigrains encore, qui y perdra 20 millions. Pour sauver les canards boiteux de l'industrie agro-alimentaire, se crée un IDI-Bis et à qui demande-t-on de s'y associer ? Unigrains, toujours.

Pour la Cour des Comptes, une telle opulence constitue « une tentation permanente pour les dirigeants de l'établissement mais aussi pour les pouvoirs publics d'opérer sur cette masse des prélèvements plus ou moins justifiés ». Mais voilà, tant va la cruche à l'eau qu'elle finit par casser, et les Cassandre de la Cour de noter, que « si une telle politique se maintenait, la richesse d'Unigrains ne serait bientôt plus qu'un souvenir ».

Un, deux, trois Unigrains

« Il n'est pas question de faire ce cadeau à la FNSEA », pendant plus d'un an Edith Cresson tint bon. Puis Michel Rocard lui succéda rue de Varennes et, au désespoir des syndicats de la gauche paysanne, il céda, en acceptant de créer, en octobre 1983, le Centre national pour la promotion des produits agro-alimentaires. C'est Michel Debatisse, alors président de la corporation qui s'était battu pour l'obtenir et le Parlement, en 1980, avait adopté son principe. Et c'est enfin François Guillaume qui en est devenu le président.

Voilà pour la petite histoire de ce nouveau fonds qui, officiellement, doit mener des actions de promotion de produits agricoles et agro-alimentaires sur les marchés extérieurs. Mission curieuse, car il existe déjà un organisme, la SOPEXA qui emploie 250 personnes pour faire la même chose et avec qui, d'ailleurs, le nouveau centre est censé collaborer. Double emploi, encore du gaspillage ? Vrai et faux à la fois.

Précisons encore qu'il a reçu en cadeau de baptême plus de 100 millions d'Unigrains et du Crédit agricole. Ses tuteurs seront les représentants de la corporation mais aussi ceux du CNPF et même des chambres de commerce et d'industrie. Et il sera alimenté par des « cotisations volontaires obligatoires » qui devraient avoisiner trente millions par an.

Pas d'angélisme, cette confrérie n'est pas une société philanthropique chargée seulement de répandre la bonne parole à l'étranger. En réalité, nous ont confirmé de hauts fonctionnaires, ce fonds va lui aussi intervenir pour subventionner certaines opérations clandestines à l'exportation, loin des regards inquisiteurs de la Commission européenne.

A supposer que celle-ci se rende compte des coups-fourrés, l'argument du gouvernement français est tout trouvé. Tout ceci n'est pas officiel, ce sont les professionnels qui agissent sans nous en avertir. Ce qui ne sera pas toujours vrai.

Le scandale de la patate

Les Belges vont pouvoir se raconter une histoire française. Une histoire de frites fantômes : 10 milliards de centimes gâchés, transformés en purée. Depuis des années, une poignée de fonctionnaires du ministère de l'Agriculture se la racontent à mi-voix. Pas question d'en faire état, l'honneur national l'interdit. Aux allures bouffonnes, cette histoire est aussi un scandale qui commence, dans la plus grande discrétion, en 1976. A l'été de cette année là, la France s'alanguit sous un soleil de plomb. Pas la moindre goutte de pluie : c'est la « sécheresse du siècle », qui transforme nos campagnes en sahel. Pour les producteurs de pommes de terre, la cause est entendue, leurs tubercules resteront ratatinées sous terre et les Français ne mangeront pas de frites l'année suivante. Ou ils devront payer la pomme de terre au prix du caviar. A quelques mois des élections municipales, le gouvernement ne prend pas l'avertissement alarmiste à la légère : une crise de la patate pourrait virer en Bérésina politique. Préparé par l'administration sur la foi des prévisions des professionnels, un rapport indique que la récolte de pommes de terre sera, en 1976, inférieure de moitié à la normale. Un choc patatier. Et c'est sans doute aussi parce qu'il a dans l'esprit, la nouvelle hausse record des prix du pétrole que le Gouvernement d'alors décide la constitution d'un « stock de sécurité » de pommes de terre. Le feu vert est très officiellement donné par le ministre de l'Economie, ministre de l'Agriculture et le secrétaire d'Etat à la Consommation, Christiane Scrivener. La nouvelle ne percera pas dans la presse, l'opération, on ne sait trop pourquoi, doit rester secrète. Mais dès septembre, tout va vite, très vite.

Une première mesure est prise dans la précipitation : l'exportation de pommes de terre est désormais interdite à partir du territoire national. Mesure extraordinaire, mais aussi illégale au regard des règles du Marché commun, et même tout simplement du droit français. La Commission européenne n'a nullement été avisée préalablement de cette disposition. Les exportateurs se retrouvent, eux, devant le fait du prince, dans l'impossibilité de faire leur métier. Fort logiquement, ils se tournent vers la justice pour demander des dommages et intérêts. Sept ans après, les procès ne sont pas encore clos mais, selon un avocat chargé d'une des affaires, l'Etat devra inéluctablement verser des sommes importantes aux exportateurs lésés.

Les rôles sont répartis pour la mise en œuvre des contrats d'importations. Claude Villain, directeur des prix, aujourd'hui commissaire européen à l'Agriculture, coordonne l'opération. Le Fonds d'orientation et de régularisation des marchés agricoles (FORMA), dirigé par André Bord, fixe un échéancier très détaillé des importations. La Société nationale interprofessionnelle de la pomme de terre (SNIPOT), dont le directeur, Pierre Marcel Adéma est fils d'un négociant en pommes de terre et auteur d'un obscur opuscule sur Apollinaire, organise les importations et le stockage des tubercules. Objectif : 350 000 tonnes. Un montant formidable qui doit faire, pour les mois à venir, de la France le plus important importateur mondial de pommes de terre.

Une première convention est signée le 16 septembre, suivie d'une seconde le 2 novembre. Les contrats dûment paraphés commencent à s'exécuter. Sur le papier, le plan patate-urgence doit s'échelonner jusqu'en avril 1977 avec un rythme mensuel d'importations quasi exponentiel : de 7 000 tonnes en novembre à 50 000 en avril. Mais voilà : la France, à l'automne, ne quitte plus ses parapluies. Sous terre, les tubercules reprennent vie. De la patate nationale, vous en aurez plein les friteuses, affirment, en novembre, les professionnels aux pouvoirs publics. La surprise est de taille, la perplexité est totale. Il faudra attendre plus d'un mois pour que soit prise la décision de ne pas concrétiser une commande de 155 000 tonnes. Trop tard : la rupture des contrats d'importation coûte 27 milliards de centimes.

Restent 200 000 tonnes qu'il n'est plus possible d'annuler. Et voguent les cargaisons patatières. Car c'est d'outre-atlantique que doivent venir — à 95 % — les pommes de terre, prenant la même route qu'au XVIe siècle quand elles parvinrent sur le vieux continent. Les seules réserves disponibles du moment se trouvent sur la côte est des Etats-Unis. Précisément dans l'Etat du Maine, qui connaît une période de froid d'une rigueur exceptionnelle et où sévit à l'état endémique — personne ne s'en soucie — une grave maladie de la patate : *le ringroot*. Les lots sont embarqués, puis débarqués. A Dunkerque, les inspecteurs du service de la qualité et de la répression des fraudes, à qui personne n'avait demandé d'aller procéder à une inspection outre-Atlantique, se penchent sur les patates américaines, les tournent et les retournent. Résultat : les deux-tiers sont impropres à la consommation. Entre le 1er octobre 1976 et le 28 février 1977, sur les 70 000 tonnes arrivées à bon port, ce sont ainsi 42 000 tonnes qui sont refusées. Comble de malchance, les dockers se mettent en grève en plein hiver et les patates gèlent à quai. Un mois, 35 000 tonnes sont comptabilisées au débarquement mais on n'en dénombre plus que 20 000 tonnes dans les entrepôts de stockage.

Aux patates américaines sont également venues se joindre quelques milliers de tonnes de patates belges. Leur qualité n'est pas en cause : elles reçoivent le label : « bonnes pour les frites ». Mais, placées dans des magasins humides, un bon quart d'entre elles pourrissent. Quelle aventure, ce stockage. Initialement, notre « stock stratégique » national doit être entreposé dans les frigos des professionnels. Dès lors que leurs prévisions de production s'éclaircissent, ils refusent net. A l'administration de se débrouiller. Le SNIPOT se tourne vers les coopératives fruitières, dont les entrepôts n'offrent qu'une capacité totale de 40 000 tonnes dans trente-cinq départements. C'est évidemment trop peu, mais faute d'alternative, les camions partent de Dunkerque pour enfourner les patates aux quatre coins du pays.

Des dizaines de milliers de tonnes sont aussi bradées, en avril, dans les pires conditions, à des commissionnaires, à des marchands qui viennent se servir à quai, d'autres lots sont cédés à des collectivités quasi gratuitement. Contraints de reprendre les pommes de terre refusées par l'administration, ces importateurs vont les trier pour les reconditionner. Deux d'entre eux crient, non sans raison, à la faillite. Au total des lots assez douteux seront jetés sur le marché, les prix vont s'effrondrer et les consommateurs, peu dupes pour une fois, vont bouder ces patates venues d'ailleurs, au goût étrange.

Pour cette opération menée de bout en bout de manière incohérente, la facture réglée par les contribuables s'est élevée à dix milliards de centimes. Personne n'avait encore révélé l'existence de cet impôt-patate. Le dossier a été délibérément enterré. Au SNIPOT, il ne reste qu'un compte-rendu succinct de l'affaire dans un dossier poussiéreux. En huit lignes incompréhensibles pour les non-initiés, le rapport 1984 de la Cour des Comptes évoque l'histoire. Mais, davantage qu'un long commentaire, la conclusion d'une note du ministère de l'Agriculture, rédigée en 1984 illustre le refus officiel d'informer les Français sur ce scandale : la « lourde perte » était « inéluctable, dès lors que le déroulement — heureux pour l'économie générale du pays — de cette fin de campagne 76-77 plaçait les stocks en position excédentaire donc difficilement commercialisable ». Qu'en termes pesés, ces choses-là sont dites.

In vino veritas

Le vin est à l'honneur dans le monde des organismes agricoles. Normal, semble-t-il, pour un pays qui possède les terroirs les plus divers et les appellations les mieux contrôlées. En tout, vieux châteaux et gros rouge pour une fois mélangés produisent quatre-vingts millions d'hectolitres par an. Soit 150 litres par Français.

Un magistrat de la Cour des Comptes se désespère : dénombrer, explique-t-il, les organismes du secteur viticole serait difficile, ne serait-ce que dans une région limitée.

Dans le Bordelais coexistent, entre autres, le Comité interprofessionnel des vins de Bordeaux, le Syndicat de Saint-Emilion, le Syndicat des vins de Bordeaux, le Groupement d'intérêt économique du Médoc, et plusieurs grandes maisons de vin qui mènent des actions multiformes et mal coordonnées. Et qui s'ajoutent à celles entreprises par l'Office national des vins de table, l'Institut national des appellations d'origine, l'Association nationale des vins de table, l'Institut technique de la vigne et du vin, la Société pour l'expansion des ventes des produits agricoles ou les Comités interprofessionnels des vins tranquilles, tous financés sur des fonds publics. La griserie qui nait de cette énumération peut nous rappeler cette évidence gaullienne : **ce qui est le plus à redouter, ce n'est pas le vide, c'est plutôt le trop plein.**

Ces organismes dépensent sans compter, et sans se soucier des voisins. C'est ainsi que les actions de promotion — 13 millions de francs en 1981, payés par les contribuables — de l'Office interprofessionnel des vins de table (ONIVIT) couvraient non seulement le « gros rouge », mais aussi les vins de qualité supérieure et d'origine contrôlée, qui dépendent pourtant de l'Institut national des appellations contrôlées (INAO). La SOPEXA, dont la vocation est de promouvoir la « conquête des marchés extérieurs » a, elle , été chargée de mener une action de « reconquête du marché intérieur ».

L'ONIVIT (actuel ONIVIN), qui a pour objet d'orienter les productions et de régulariser le marché dans le cadre de la politique agricole commune de l'Europe et reçoit à ce titre des centaines de millions par an s'est mis en tête de tenir à jour un cadastre vinicole. Mais cette tâche s'est avérée impossible dans plusieurs régions. Peu importe d'ailleurs puisque tous les renseignements étaient déjà en possession de la Direction générale des impôts.

Mais ce n'est encore rien. Prenez l'Institut technique du vin (ITV), qui émarge généreusement au ministère de l'Agriculture. L'édition tentait ses dirigeants. Qu'à cela ne tienne, la revue *Vignes et Vins* allait se « positionner sur le marché ».

Trois sociétés, pas moins, ont été nécessaires pour lancer cette intéressante publication. La première devait partir à la chasse aux contrats publicitaires et en verser le produit à l'Institut. Le contrat, que d'aucuns jugeraient léonin, garantit à cette société 50 % des recettes publicitaires, et compte tenu du prix d'impression des pages de publicité, l'ITV n'en retire aucun bénéfice. La seconde a été chargée de la prospection des abonnements. Malgré des honoraires plantureux, elle n'a pu obtenir aucune augmentation sensible du nombre des abonnés, sur lequel d'ailleurs de fausses informations ont été transmises à la commission paritaire des publications.

La troisième, la société Tolbiac-Editions, s'est vu confier, en 1975, l'édition de la revue. En dépit d'un important déficit resté à la charge de l'Institut, cette société est parvenue à verser de coquets émoluments à ses trois actionnaires qui, comme par hasard, étaient le directeur et le secrétaire général de l'ITV et un fonctionnaire, dont l'épouse, encore le hasard, était gérante de la société. Cette situation, écrit la Cour des Comptes « a permis un détournement de fonds publics ».

Autre expérience : l'informatisation que l'ITV, et bien d'autres, n'ont malheureusement pas réussi à maîtriser et dans laquelle se sont noyés quelques millions. L'art du grapillage a été excellement illustré par un président de l'ITV qui parvenait à être simultanément président de la section Gard-Ardèche de l'Institut, de la Fédération nationale des vins de table, et de la Chambre d'agriculture du Gard, après avoir été président de l'Association nationale technique pour l'amélioration de la viticulture.

Depuis un quart de siècle, l'ITV prend en charge, pour une raison mystérieuse, la moitié du traitement du directeur général de la Confédération des associations viticoles de France, ce qui lui coûte 180 000 F par an. De même, le comité interprofessionnel des vins de Champagne, à qui la perception d'une taxe parafiscale aura rapporté 19 millions en 1984, finance les dégustations à la place des vignerons et des négociants.

Alcool de bouche et argent de poche

Au pays du Cognac et de l'Armagnac de bien étranges organismes prospèrent à l'ombre des précieuses vignes. Créés pendant la guerre, le Bureau national interprofessionnel du Cognac (BNIC) et son frère jumeau le Bureau national interprofessionnel de l'Armagnac (BNIA) sont « sui generis ». Autrement dit, leur statut juridique est unique. Mais ce qui les sépare, c'est l'importance des taxes parafiscales drainées vers leurs caisses : 35,5 millions pour le BNIC et 1,3 millions pour le BNIA en 1984. Au vu de ces chiffres, l'un nage dans l'opulence, et l'autre tire le diable par la queue.

Perplexes, les parlementaires se sont demandés quelles actions pouvaient bien entreprendre les producteurs gascons avec des fonds aussi limités et un bureau d'une dizaine de salariés. Et puis, dans le doute, ils ont reconduit la taxe. Savaient-ils que simultanément cet organisme percevait des cotisations de ses adhérents et que sans lésiner il avait quadruplé en quelques années son budget publicitaire ? En 1981, ses dépenses de promotion ont atteint 400 millions de centimes. Ils ignoraient très vraisemblablement que les subventions publiques généraient pour le plus grand bien du bureau de l'Armagnac de « profitables placements à court terme ».

D'une manière générale, note un rapport de synthèse de la Cour des Comptes, cette « fréquente aisance de trésorerie n'est guère prise en compte par les pouvoirs publics pour ajuster leurs concours ». Et contrairement aux dispositions législatives et réglementaires qui prévoient que ces fonds doivent être déposés au Trésor, les sommes disponibles des organismes agricoles sont placées en banque. Comme le bon alcool dans les chais. Ainsi le portefeuille du comité des vins de Champagne lui rapportait, en 1980, plus de trois millions soit le dixième de l'ensemble de ses recettes.

Le privilège de l'agiotage est évidemment partagé par le Bureau du Cognac dont les dirigeants disposent d'un solide pactole. Ce qui leur assure de confortables émoluments et quelques privilèges annexes. Fonctionnaire détaché, le directeur de cet organisme devait recevoir un traitement fixé par le ministre du Budget. Mais les représentants de la profession ont décidé de lui faire quelques menus cadeaux : logement gratuit, indemnités spéciales, frais de représentation. Pressé par la Cour des comptes d'y renoncer, ce fonctionnaire s'était dans un premier temps incliné. Las ! l'injustice était trop grande, il demanda et obtint, il y a un an, sa mise à la retraite de la fonction publique.

Impressionnant, ce Bureau du Cognac. Pensez, il a compté jusqu'à cinquante membres. Louable effort, ils ne sont désormais que trente-neuf et le nombre des commissions a été réduit à six. Cette confrérie n'hésita pas à tripler, en trois ans, les dépenses de publicité. La défense et l'illustration du Cognac aura ainsi coûté, pour la seule année 1981, huit cent millions de centimes. Là encore, rappelons que l'Institut national des appelations d'origine ou la SOPEXA se consacrent également à la promotion des eaux-de-vie. Mais on n'est jamais aussi bien servi que par soi-même. C'est sans doute pourquoi le Bureau du Cognac a apporté à un magasin général et à une société privée, dont les dirigeants siègent dans ses organismes, des concours financiers d'un montant de 22 millions. Sans intérêts, sans conventions et, dans des conditions jugées « risquées » par la Cour des Comptes.

« De tels transferts de charges », poursuit la Cour, « constituent de véritables détournements que les dirigeants ne devraient en aucun cas admettre, et mettent en lumière le peu d'efficacité des administrations de tutelle ».

Qu'importe le droit pourvu qu'il y ait l'ivresse. L'absence de base juridique n'a pas empêché l'INAO de percevoir deux redevances pour dégustations et plantations nouvelles. Le Comité des fruits à cidre a continué de bénéficier pendant près de deux ans d'une taxe dans une brume juridique totale. Devenu caduc en 1981, le texte qui devait la recréer aura attendu l'avant dernier jour de 1982 pour paraître au *Journal Officiel.*

Je gaspille un peu, beaucoup, à la folie

Effeuiller les comptes du Comité national interprofessionnel de l'orticulture CNIH n'a rien d'une activité champêtre. Placé sous serre, la trentaine de millions que rapporte, chaque année, la perception de trois taxes parafiscales, traverse les saisons chaudement. D'autant que les graines cultivées au grand air font éclore de plantureuses cotisations. En quatre ans, de 1977 à 1981, le rendement des taxes s'est accru de 85 %, en raison de l'augmentation de leur taux. Depuis le début des années soixante-dix tombent en sus des subventions publiques de diverses administrations.

Succombant au vertige de la profusion, les dirigeants du Comité horticole se sont mis à dépenser sans compter, réglant leurs frais par cartes de crédit sans justifications. Saisis également du démon de l'édition, ils ont crée la Société anonyme d'édition et de diffusion SAED pour lancer une revue au titre d'une poésie étincelante : l'*Or vert.* Une mine, cette publication : les dépenses étaient mises à la charge du centre et comptabilisées à la SAED.

La corporation qui détenait ce filon a eu aussi la prétention, en 1980, de définir elle-même les redevables de la taxe. Pour se justifier, elle considérait, non sans raison, que la notion de « professionnel intéressé » inscrite dans les textes officiels était imprécise. Aussi, le centre décida d'inscrire ou de radier de son fichier — constitué à grands frais — divers producteurs et commerçants. Plus grave encore : il se proposait d'interdire aux non-cotisants d'effectuer toute opération dans le domaine de l'horticulture et de le faire savoir aux collectivités locales. Qu'on arrache les mauvaises herbes et que personne ne vienne marcher sur nos plates-bandes !

Cette invraisemblable interdiction professionnelle a heureusement tourné court. Mais, jusqu'à l'an dernier, ce club des amis de la fleur et de la plante verte infligeaient aux « taxés » en retard dans leurs paiements une amende de 300 %, au lieu des 10 % autorisés.

Pour conclure, la Cour des Comptes a jeté un rocher dans le jardin du Comité horticole en déclarant que « ses résultats paraissent très limités, son dynamisme faible, ses activités routinières, et la balance commerciale de ce secteur n'a cessé de se dégrader ».

La revue du Centre français du commerce extérieur, confirmait au début de 1984 que **« le déficit, quelque peu paradoxal, de la France dans le secteur de l'horticulture poursuit son ascension et s'établit à 1,4 milliards de francs en 1983, soit 200 millions de plus qu'en 1982 ».**

Mauvais compte et bons amis

Pénétrer dans le maquis des organismes agricoles n'est pas aisé. Les réponses dilatoires ont ponctué nos demandes de renseignements. « Et en quoi cela vous regarde-t-il ? Nous n'avons pas de comptes à rendre ». Ou encore : « On vous rappelera. On vous écrira », ont répliqué, avec une belle constance, la majorité des responsables interrogés. Ces sanctuaires, à l'évidence, se veulent inviolables.

Ces organismes ont des origines variées : certains ont été créés par l'Etat ; d'autres ont pris naissance de la volonté des professionnels et de leurs syndicats. Il y a les offices, que la gauche a tenté de rénover et qui doivent orienter les productions et les marchés, c'est-à-dire les soutenir dans le cadre de la politique agricole commune. On se trouve ici aux antipodes des principes de libéralisme qu'affichent pourtant les organisations syndicales et — fort curieusement — les tenants, chiraquiens ou giscardiens du courant néo-libéral feignent d'ignorer cette contradiction.

Avec son infinie patience et la force de ses prérogatives, la Cour des Comptes s'est risquée de 1980 à 1983 à mener plusieurs enquêtes dans cette nébuleuse richement dotée de taxes parafiscales, de subventions nationales ou européennes. Jamais ces organismes n'avaient été inspectés. Rarement aussi, une telle multiplication d'irrégularités, d'incohérences, de gaspillages et de scandales n'a été aussi crûment décrite.

Les exemples pris, ici et là, peuvent paraître anecdotiques. Ils constituent en réalité les pièces d'un puzzle, les signes d'un système. L'Etat qui aurait dû en exercer le contrôle n'a pas assumé, dans certains cas volontairement, son rôle et la corporation agricole en a profité sans frein. Le jeu du « pas vu, pas pris » dure parfois depuis vingt ans.

Au terme de ce voyage, nécessairement rapide, deux remarques s'imposent. La première répond à la critique qui pourrait nous être opposée d'avoir voulu noircir le tableau en n'y faisant figurer que les faits les plus contestables. A cela nous pouvons avancer un argument, certes d'autorité, qui nous est fourni par la Cour des Comptes. Après avoir étudié le fonctionnement de ces organismes agricoles, elle souligne que « la répétition de certains errements, la similitude de certaines situations, le rapprochement des problèmes posés ont autorisé la Cour à regrouper dans une même analyse (ses) observations ».

D'abord, il ne faut pas le nier, ces organismes ont participé, à des titres et avec des succès divers à la modernisation de l'agriculture au cours des dernières décennies. Mais aujourd'hui, « le moment paraît venu de s'interroger sur le rôle et l'utilité de cette mosaïque d'offices, instituts, centres, bureaux ou sociétés ». La majorité d'entre eux bénéficient d'une trésorerie abondante et parfois d'une grande aisance, ce qui « n'encourage ni l'esprit d'économie en ce qui concerne les frais généraux, ni la rigueur dans le contrôle de l'opportunité et de l'exécution des dépenses ».

« Absence d'ordres de mission, remboursements des déplacements aux frais réels sans limitation ni véritable contrôle, prise en compte de dépenses normalement exclues de l'assiette des remboursements, déplacements fréquents en taxi ou en avion, location répétée de voitures, fréquentation d'hôtels et de restaurants coûteux ». telles sont, note l'enquête de la Cour, les « remarques les plus courantes ».

Seconde réflexion : il est vain de tirer la morale d'histoires qui ne le sont pas et ridicule d'emprunter au vocabulaire moralisateur des mots qui ne disent rien. **Il n'y a pas de perversion d'un système dont il suffirait d'extirper le mal pour qu'il retrouve le bon chemin.** Ce n'est pas l'étonnante alchimie du public et du privé qui est responsable de cette prolifération du gâchis. Le modèle bureaucratique s'y développe également ici et leurs apparatchiks se valent bien. Ensemble, ils œuvrent à une tâche, à leurs yeux essentielle, et qui vise au maintien d'un monde figé où l'imagination n'a pas droit de cité.

PARLEZ-MOI D'ARGENT

Pour commencer, le regard fixe l'horizon : « Sur la route de la vie, :n BNP ». Voici la publicité de la première banque française. La suivante, e Crédit Agricole, lance aux Français cet appel bucolique « Faisons fleurir les projets ». Pour ne pas être en reste, la Société Générale affiche un papa, une maman et leur enfant pelotonnés sous un vaste parapluie : « Le bien-être a sa banque ». Arrêtons là. Les publicités des banques valent bien les réclames des lessives : en voir une, c'est les voir toutes ; elles s'annulent car leur message est proche du zéro.

Dans le désir, partagé avec les fabricants de lessive, de présenter des produits propres, la banque s'en tient toutefois au sous-entendu : l'argent n'est pas dans le texte. Une fois, une fois seulement, la BNP bouscula le pacte de la décence ; c'était il y a plus de dix ans, et on se souvient encore du lapidaire « Pour parler franchement, votre argent m'intéresse » placé dans la bouche d'un banquier au sourire carnassier. Le traumatisme passé, les banques se sont dit « Plus jamais ça ».

Leur budget publicitaire a explosé, mais l'argent est resté au cachot, en pénitence. D'où vient cet argent ? Les dépôts sont-ils rémunérés ? A quelles conditions est-il prêté ? Impudiques questions. Au-delà de ces interrogations auxquelles les banquiers se gardent bien de répondre par voie d'affiche, il ne faut pas croire que leur concurrence porte sur les libéralités qu'ils pourraient consentir.

Le crédit est encadré et les taux d'intérêt sont harmonisés. Ces publicités sont donc une entreprise de captation d'argent. Il s'agit surtout d'une retape exhibitionniste, et d'un gaspillage considérable de 400 millions de francs par an. Attrapé, l'argent est, ici, dilapidé.

Sur le tabou qui recouvre, en France, l'argent, les savantes exégèses ne manquent pas. Il est indéniable que la prohibition, dès le Moyen-Age, du prêt à intérêt par l'Eglise chrétienne — pecunia, pecunium non paret — explique encore la « sainte horreur » de l'argent.

Plus au fond, les psychanalystes, Freud le premier, ont noté que l'argent avait fréquemment été associé dans l'imagination populaire aux excréments, à la saleté. A peine l'argent est-il né qu'il a engendré l'argent de l'argent, l'usure maudite. L'Eglise a bien entendu été contrainte d'avoir recours au prêt à intérêt qu'elle était la première à juger « pas très catholique ». Cette hypocrisie a naturellement renforcé le tabou.

L'ogre bancaire

A supposer qu'ils nourissent aujourd'hui un certain scepticisme à l'égard de ces explications, **les Français restent cependant convaincus que la banque se livre à une activité prédatrice sur leur dos. Et ils n'ont pas entièrement tort...**

Adeptes du mensonge par omission, friandes de jargon, les banques s'ingénient à faire croire au public qu'il n'en est rien et montent en épingle les services qu'elles rendent. Il n'est pourtant pas besoin de fastidieuses opérations pour comprendre qu'une banque ne ferait pas de profits si elle ne prêtait pas l'argent plus chèrement qu'elle a pu se le procurer. Cette « transformation » apparaît d'autant plus fructueuse qu'une part importante mais, il est vrai, en diminution, des crédits, est consentie à partir de **dépôts gratuits.**

Bien sûr, pour acheter une résidence ou investir, il est possible d'accéder aux prêts bancaires, mais ce service est fort cher, voire prohibitif avec les taux actuels de 16 ou 17 %. Et le calcul est malheureusement impossible à faire des bénéfices générés grâce aux sommes qui sont déposées pendant des années par un particulier dans les coffres de sa banque. D'autant qu'avec la généralisation du paiement par chèques puis par cartes de crédit, les retraits en espèces sont de moins en moins importants et qu'ainsi l'argent ne quitte pas la banque ou passe d'une banque à l'autre par un simple jeu d'écritures.

Que l'inflation s'en mêle et les bénéfices vont devenir extraordinaires puisque l'augmentation des taux d'intérêt creuse l'écart avec la rémunération des dépôts, quand ils sont rémunérés. Il est toutefois exact que les entreprises et les ménages qui ont payé des intérêts sur des emprunts à long terme contractés quand les taux étaient moins élevés ont bénéficié également de l'accélération de l'inflation. Mais, leurs profits records jusqu'au début de cette décennie prouvent que les banques, qui empruntent et prêtent à la fois, ont fait leur miel de l'inflation. Ce qui n'accroît pas leur popularité et renforce l'idée que l'argent de la banque, c'est sale. A l'inverse, l'argent des caisses d'épargne ou de la poste, apparaît propre.

Les Français se sont ainsi forgés une religion, à base d'un solide bon sens et de croyances irrationnelles. La banque loin d'en prendre le contrepied, sacrifie au rite et l'entretient à plaisir masochiste. « Quand on a le goût du secret, on le fait savoir », croit judicieux d'affirmer la banque Worms, dont les affaire sont calamiteuses.

La main vertueuse de l'Etat

Comment s'étonner de l'accueil favorable réservé à la nationalisation du secteur bancaire par la gauche : le péché originel était lavé par la main de l'Etat. Une grande majorité de Français, à en croire les sondages publiés à l'époque, ont dit reconnaître comme d'utilité publique une opération inutile et ruineuse.

Déjà en 1945, l'aspiration morale était sous-jacente à la mise sous tutelle publique de la BNP, de la Société Générale et du Crédit Lyonnais : les « trois soeurs » qui pèsent, à elles seules, 60 % des crédits et des dépôts. Mais la gauche, imprégnée de pensée magique, croyait avec la foi du charbonnier qu'en s'assurant le contrôle absolu de la création monétaire et de l'investissement, la nation pourrait imposer sa raison vertueuse à l'économie et à la croissance et terrasser le mal du chômage. Il fallait donc, dans son esprit, prendre la maîtrise des autres banques moyennes et petites, du moins celles dont les dépôts étaient supérieurs ou égaux au milliard de francs.

Trente-neuf banques et deux compagnies financières, Paribas et Suez, sont ainsi passées à 100 % dans le giron de l'Etat moyennant une indemnisation globale de 28,5 milliards de francs. Mais le coût global pour les contribuables, amortissement du capital et intérêts, atteint le montant extravagant de 80 milliards de francs sur quinze ans. Dans l'entourage de Jacques Delors, qui ne fut jamais un chaud partisan de l'opération, on ne se fit pas prier pour affirmer que « huit ou neuf banques à nationaliser à 51 %, c'était déjà assez ».

La « moralisation » de la banque était en marche. Il faut dire que les banques françaises, nationalisées ou non, s'étaient particulièrement distinguées depuis une vingtaine d'années par leur contribution à la spéculation immobilière, à divers crimes contre l'environnement et pis, par leur participartion à la spéculation contre le franc. Ajoutons, pour mémoire, la constitution d'un réseau d'évasion de capitaux à Paribas dont les arcanes furent relevées lors du procès retentissant du printemps 1984. **Leur préférence pour le profit maximum à court terme a également largement contribué au gaspillage des ressources au détriment d'activités d'avenir.** L'encadrement du crédit, nous le verrons, a encouragé les banques dans cette voie.

Deux ans après — la nationalisation est entrée en vigueur en février 1982 — il est devenu évident que le changement s'est fondu, ici comme ailleurs, dans la continuité. Qu'on s'en désole, ou qu'on s'en réjouisse, la corporation n'a pas modifiée ses mœurs : les acteurs ont changé mais le décor est le même.

Le grand chambardement n'a pas eu lieu. Quelques alliances et regroupements se sont dessinés, mais sans plus. Mieux, le lobby discret et sans charme des banquiers, l'Association française des banques (AFB) a conforté sa position tout en continuant à alimenter les caisses du CNPF de plusieurs dizaines de millions de francs par an. Des fonds « nationalisés » et qu'il faut bien nommer publics.

L'opposition a fait mine de s'émouvoir de l'irruption à la tête de certains établissements de quelques socialistes bon teint, étrangers au monde bancaire. Ces exceptions, grotesquement mises en avant, confirment en réalité la règle des glissements, par le fait du prince, des postes de responsabilité entre les banques publiques et privées, le ministère des Finances ou l'Elysée. Les nouveaux PDG appartiennent à la même famille ; un peu plus à droite, un tantinet plus à gauche : ils sont, dans leur grande majorité, nourris dans le sérail.

Au Crédit Lyonnais, Claude Pierre-Brossolette, proche de Valéry Giscard d'Estaing, a été remplacé par Jean Deflassieux, ami de Mauroy. Mais, à la BNP et à la Société Générale, René Thomas et Jacques Mayoux ne passent pas pour nourrir d'excessives sympathies envers la gauche, qui les a nommé PDG. Qu'importe leur curriculum vitae puisque le suzerain n'a pas changé : l'Etat hier, et l'Etat aujourd'hui. Ce qui n'implique d'ailleurs pas qu'il contrôle toujours bien ses féodaux. Les nominations, ou les révocations, qui s'apparentent davantage aujourd'hui à un mouvement préfectoral, ne modifient en rien le constat.

Les jeux du cartel

A qui peut-on faire croire que le monde bancaire, dont les dépôts étaient avant l'arrivée de la gauche contrôlés à 60 % par les pouvoirs publics, a été bouleversé parce que ce pourcentage a été porté depuis à 90 % ? S'imaginer que les banques qui restaient privées ne subissaient pas autant de contrôles attentifs ou de réglementations maniaques, étaient davantage libres de leur gestion et du volume des crédits qu'elles pouvaient accorder, est d'une grande naïveté. De la direction du Trésor à la Commission de contrôle des banques, de la Banque de France au Conseil national du crédit, les chemins de la liberté comportaient déjà plus de chicanes que de passages ouverts.

Et surtout, le crédit est encadré, le principe est simple : chaque établissement n'a pas le droit, sous peine de sanctions financières, de dépasser un certain volume de crédit fixé par le ministère des Finances sur la base d'une norme de progression de la masse monétaire globale.

Une banque a distribué pour 1 000 F de crédit en 1983, elle ne pourra prêter que 1 100 F en 1984, si le contingentement est fixé à 10 %. Présenté à l'origine comme transitoire, un tel système qui repose sur l'idée qu'on peut ainsi contenir l'inflation, s'est révélé comme un remède pire que le mal. Il est une négation de la concurrence. Il fige les positions acquises, les banques ne prêtant qu'en fonction de leurs crédits passés. Il encourage la sclérose et les rentes de situation, bref il cimente un cartel.

De cette situation qui perdure depuis plus de dix ans, la corporation bancaire s'est rapidement accomodée. Comme elle s'était montrée satisfaite d'un quasi numerus clausus qui soumet toute création de banque à une autorisation officielle. La partie se joue à guichets fermés. La distribution de l'argent des autres ne se partage pas : il se gère en famille. Michel Albert, dans son ouvrage *Le Pari français* se réfère au système américain pour chiffrer à 30 milliards de francs — le quart de l'impôt sur le revenu ! — le surcoût imposé à leurs clients par les banques françaises en raison de leurs pratiques d'oligopole et de leurs effectifs pléthoriques. Le coût de fonctionnement bancaire est deux fois plus élevé en France qu'aux Etats-Unis.

La crise a cependant contraint les banques à modifier quelque peu leur gestion de père de famille. Les taux d'intérêts records conjugués avec une vague de faillite d'entreprises en France et la débacle financière des pays en développement a limité leur possibilité de prêts. D'où une dégradation importante de leurs résultats depuis 1981. En bonne logique capitaliste, le coût de l'argent aurait dû baisser pour s'ajuster à la demande. « Franchement, c'est désolant, je me suis heurté à un mur », nous dit René Monory en évoquant les pressions répétées qu'il avait entreprises lors de son passage rue de Rivoli pour inciter les banques à baisser leurs taux de crédit. « Quand j'étais enfin écouté, elles s'entendaient entre elles pour harmoniser le mouvement », poursuit-il. Et, concession rare dans la bouche d'un homme politique, il ajoute : « J'avoue mon échec, je n'ai jamais pu casser le carcan corporatiste des banques, ni leur imposer la concurrence. Mon environnement ne m'a pas soutenu et l'AFB a été plus forte que la volonté politique. »

Quant à la « transparence » des conditions de crédit, une disposition aussi clairement indispensable pour les clients que l'affichage des prix des produits du commerce pour les consommateurs, les banques s'y refusent.

« Il faut reconnaître, confie un haut fonctionnaire des Finances proche du PS, que nous avons trouvé au ministère sur ce problème une excellente étude effectuée à la demande de Monory, mais la corporation bancaire, l'AFB en tête avait fait barrage à son application et continue actuellement de le faire. »

Prenez, par exemple, la BNP qui préfère dépenser 10 milliards de centimes en trois ans dans des publicités qui n'informent jamais sur ses taux de crédit mais prétend sur ses affiches qu'elle conduit les Français sur la « route de la vie ». A ce rythme de gaspillage, c'est la banque-route.

Une bagarre sur les taux d'intérêt, le cartel s'entredéchirant ? C'est impensable, nos banquiers sont des gens raisonnables, et non des bradeurs de marges comme Edouard Leclerc. Mais, à fleurets mouchetés, des tiraillements sont perceptibles, ici ou là. Certaines plates-bandes et territoires reservés sont piétinés du bout de l'orteil.

Costume rayé et col blanc

Un des avantages du monopole, note l'économiste Hicks, est une vie tranquille pour ses dirigeants. Ajoutons que leur rémunération dans la situation d'oligopole de la banque française suit également un cours des plus aimables. François Mitterrand avait — qui s'en souvient ? — demandé en 1982 à la Cour des Comptes, alors présidée par Jean Rosenwald, de procéder à une enquête confidentielle sur les hauts salaires du secteur public.

Un premier rapport est parvenu un an plus tard, à la veille des vacances estivales, à l'Elysée, à Matignon et à Rivoli. Il a été enterré. Un second rapport complémentaire devait être présenté en 1984, mais « on » nous a assuré qu'il ne serait sans doute jamais achevé. « Au sein du gouvernement, certaines voix se sont élevées pour dire qu'il ne fallait pas traumatiser les hauts cadres. Ceci expliquerait cela », nous a confié Rosenwald, manifestement déçu du sort réservé à son travail.

Et pourtant, les chiffres compilés dans cette étude inédite, la première photographie de la privilégiature du secteur public, illustrent mieux que de longs discours **les stupéfiants avantages que se sont octroyés, au fil des ans, les banquiers**. « J'ai moi-même appris que mon traitement de premier président de la Cour des Comptes, soit 25 000 F par mois, équivalait au 33e salaire de la Société Générale, ajouta ce grand serviteur de l'Etat, décédé en juillet 1984, sans avoir jamais cédé aux charmes du « pantouflage ».

Première constatation : les PDG nommés dans des banques nouvellement nationalisées se sont retrouvés moins bien payés que les hauts cadres de leur état-major qui les attendaient sur place. Le gouvernement avait fixé, en 1982, entre 400 000 F et 800 000 F la fourchette de leur rémunération annuelle. Plus d'un sont tombés de haut en lorgnant sur les feuilles de salaires de leurs collaborateurs.

Succédant dans le fauteuil de président de Paribas à Pierre Moussa, qui gagnait quatre millions de francs par an, Jean-Yves Haberer avec un traitement de 850 000 F (71 000 F par mois) ne touche plus que le 17e salaire du groupe. Au sommet des « trois sœurs », les traitements annuels des présidents ont été quelque peu rabotés et tournent autour des 800 000 F par an contre un million avant l'arrivée de la gauche. Maurice Lauré, remplacé par Jacques Mayoux à la tête de la Société Générale, était toutefois parvenu à cumuler les fonctions de PDG et de directeur général, lui assurant de coquets revenus annuels de 1,4 millions de francs, soit plus de 11 millions de centimes par mois. Pour ces établissements qui assurent une garantie de l'emploi comparable à celle de la fonction publique, les salaires des plus hauts cadres de la Société Générale, du Crédit Lyonnais et de la BNP paraissent également vertigineux : une centaine d'entre eux gagnaient, en 1981, plus de 480 000 F par an.

Mais c'est à la Banque française du Commerce extérieur, sous contrôle public de longue date, que fleurissent, dans la plus grande discrétion, **d'incroyables rentes de situation**. Notons d'emblée que la BFCE dispose d'un monopole absolu pour certaines opérations bancaires à l'exportation. Considéré au sein de l'administration comme le fin du fin du pantouflage, le poste de président est particulièrement envié. Rien d'étonnant à cela : son traitement est de 1,2 million par an pour une charge purement honorifique.

Aujourd'hui occupé par Michel Freyches, qui se contente d'une déclaration à la presse par an, ce fauteuil cousu d'or était solidement tenu jusqu'en 1981 par François Giscard d'Estaing, cousin de l'ancien président. Mais les échelons inférieurs ne peuvent être dédaignés. Une soixantaine de cadres, y compris de simples directeurs d'agence, empochent plus de 580 000 F par an. « Et nous avons noté, nous a précisé un haut fonctionnaire du Trésor, que 19 directeurs de cette banque possèdent des fortunes personnelles considérables avec chasses en Sologne ou vignobles en Bourgogne. »

Seconde remarque : les banques privées qui sont passées après le 10 mai sous la tutelle de l'Etat réservaient à leurs collaborateurs de haut vol des traitements rondelets. La gauche n'y a pas touché. Ainsi, la moyenne des cinq salaires les plus élevés atteignait, en 1982, 2,3 millions de francs par an ou 19 millions de centimes mensuellement à la Banque parisienne de crédit, 1,7 millions à l'Union des banques à Paris, un million au C.C.F. ou encore 970 000 F à la banque Hervet.

La démesure est encore plus frappante quand on relève les avantages liés à la fonction de haut dirigeant dans une banque : logement gratuit et somptueux dans certains cas, indemnités de représentation, voiture avec chauffeur, et, ce qui n'est pas mince, accès à des prêts à faible intérêt. Les taux sont en moyenne de 6 à 8,5 % pour l'acquisition d'une résidence principale, soit moins de la moitié de ce qui est demandé à un quidam. Sans oublier que ces généreux avantages, qui grèvent les frais généraux, échappent à la rigueur de l'imposition fiscale.

De tels appointements et les avantages annexes auxquels ils s'ajoutent peuvent être perçus comme une juste récompense de la compétence, une notion ô combien subjective et qui n'est pas le moins du monde liée, ici, à celle du risque.

Là aussi le tabou de l'argent tombe à point nommé pour occulter des privilèges obtenus souvent en fonction de considérations politico-mondaines. Dans un système cartellisé, à l'abri de la libre concurrence, placé sous la haute protection de l'Etat depuis des lustres et aujourd'hui nationalisé pour une immense part, prospère la prospérité.

Mais le monde de la banque ne réserve pas ses faveurs qu'aux discrets dirigeants en costume rayé ; il a fait preuve d'une grande largesse envers les ronds-de-cuir en col blanc.

« C'est un fait, affirme en privé un proche de Jacques Delors, que les primes ont été distribuées comme des dragées à la sortie des baptêmes. » Pour un candidat à la sinécure dorée, la banque n'est peut-être plus ce qu'elle était et certains employés seront frappés de stupeur en lisant les appointements versés au sommet de la pyramide.

Mais la base reste bien lotie : 14 mois et demi, parfois 15, ou 16, de salaire, 37 heures de travail par semaine, 135 jours de congé maternité à plein traitement, ou encore la latitude d'obtenir un prêt d'un an de salaire à 4 % sur 20 ans. C'est appréciable, mais ce n'est que peu de choses face aux « nirvanas » bancaires : la Banque de France, les caisses d'épargne ou le Crédit foncier — les monopoles dans le monopole — qui versent des rémunérations supérieures d'environ un tiers à celles des banques commerciales.

Le gouverneur de la Banque de la France, Renaud de la Génière n'a pas à souffrir de la comparaison avec les dirigeants de ces établissements : son traitement avoisinait les huit millions de centimes par mois en 1981, selon la Cour des Comptes. Un plan de carrière y est assuré, avec progression non au mérite mais à l'ancienneté, le statut de fonctionnaires a été octroyé, des primes protéiformes sont allouées, bref c'est la banque à la puissance carrée. Ou l'anti-banque à la puissance mille.

Une, deux, trois sidérurgies

Les statistiques de l'INSEE montrent qu'entre 1976 et 1980, le pouvoir d'achat des salariés a augmenté de 15,6 % dans les institutions de crédit et de 9,5 % seulement dans l'industrie et les services. Selon le Trésor, on bénéficie en moyenne d'une promotion tous les deux ans et demi dans la banque contre une fois tous les dix ans dans l'industrie. Ce taux de rotation n'a cependant nullement préservé le monde bancaire des tares bureaucratiques. Au contraire, s'y sont multipliés, à l'exemple de l'armée mexicaine, des postes à irresponsabilité illimitée et des grades aux noms ronflants.

L'Etat a largement contribué à la transmission du virus par l'inflation de réglementations et de procédures qu'il a imposée. Un groupe de travail de l'AFB a recensé 80 contraintes publiques aussi diverses que les règles qui régissent le fonctionnement des comptes, le contrôle des changes, les obligations statistiques dans les relations avec l'étranger, ou encore pas moins de 257 procédures de crédit différentes. Ce gaspillage, qui coûte plus d'un milliard de francs par an, gonfle les frais généraux et renchérit encore le coût de l'argent.

Que les employés de banque décident massivement, comme durant l'été 1983, de se croiser les bras en scandant « Pas touche au pouvoir d'achat » peut paraître singulier tous comptes faits de leurs avantages. Ne bénéficient-ils pas de la stabilité de l'emploi alors que les licenciements jettent à la rue des centaines de milliers de travailleurs de l'industrie ? Mais que dire du combat des « demi-veilles des fêtes carillonnées » qui agite le landerneau bancaire ?

Depuis le début du siècle, les salariés de la banque ont obtenu de ne pas œuvrer les demi-journées avant les fêtes légales, tout en étant payés. Noël, Toussaint, Ascension : autant de fêtes religieuses qui étaient carillonées dans les églises. Arrivent la Première, puis la Seconde Guerre mondiale, qui étoffent le capital national de fêtes légales. Mais le détail a son importance : les anniversaires du 11 novembre et du 8 mai sont des commémorations laïques. Le bedeau n'est pas tenu de faire tinter ses cloches. Pour le patronat de la banque, la cause est entendue : les salariés n'ont pas le droit de chômer ces deux demi-veilles. Pas du tout, rétorquent les syndicats, ces fêtes sont légales, carillonées ou non. La guerre des demi-veilles, mi-guerre de religion, mi-guerre de tranchée s'est transportée devant les tribunaux. Après le jugement divin, la sentence des hommes. L'attente risque d'être longue.

Dans un rapport fracassant publié pendant l'été 1983, le président de la Commission des finances du Sénat, Maurice Blin, n'a pas craint d'affirmer que la banque est la « sidérurgie de demain ». Cette métaphore, employée aujourd'hui à toutes les sauces, avait déjà été utilisée pour les assurances, un secteur tout aussi malthusien que le monde bancaire et dont les effectifs sont encore plus pléthoriques.

René Monory nous a assuré que les sureffectifs bancaires sont de 30 à 40 %. Une étude confidentielle du Trésor ramène ce pourcentage à 20 % et, à en croire David Dautresme, président du Crédit du Nord, chargé d'un rapport officiel, il faudrait supprimer de 50 000 à 60 000 postes de travail sur un effectif total de 210 000. Un emploi sur quatre !

Ajoutons qu'aux dépenses de personnel, qui représentent les deux-tiers des frais généraux, la banque, nationalisée, privée ou à statut coopératif n'a jamais lésiné pour développer des réseaux tentaculaires ou implanter des milliers d'agences aux devantures de verre fumé qui dissimulent mal un gaspillage considérable. L'économie est en crise mais les banques, qui ne parviennent plus à générer des fonds propres, sont rebelles aux économies. La faillite bancaire devient un accident qui n'arrive qu'aux autres, note avec justesse Alain Minc dans *L'après-crise est commencé*.

En France, la déconfiture de la société de forages pétroliers AMREP laisse la banque Worms avec des créances irrecouvrables de 120 millions, mais le « trou » sera comblé, d'une manière ou d'une autre, par l'Etat actionnaire, c'est-à-dire les contribuables.

Aux Etats-Unis, de nombreux établissements financiers ne se sont pas relevés d'investissements boiteux ou tout simplement risqués. Une exception, mais de taille : face à la banqueroute de la Continental Illinois, l'administration Reagan a jeté aux orties son crédo libéral en autorisant dans un premier temps le renflouement partiel de cette importante banque privée grâce aux deniers publics puis a fini par autoriser l'Etat à en prendre le contrôle.

La protection publique dont jouissent avec délice les banques françaises leur donne un goût immodéré pour l'immobilisme. C'est, selon le Sénateur Blin, le plus lourd passif du bilan des nationalisations. Elles freinent aujourd'hui des quatre fers l'introduction des techniques nouvelles : les cartes de crédit à mémoire, la monétique ou la télématique, c'est-à-dire la banque à domicile. Mais, comme il est exclu qu'elle puisse se soustraire indéfiniment à cette mutation, la corporation ne peut s'attendre qu'à des lendemains qui déchantent si les reconversions ne sont pas envisagées à temps, et si, à désigner du doigt les cols blancs, elle oublie les costumes rayés.

La banque, la sidérurgie de demain ? Que des grèves éclatent, se diffusent et asphyxient les circuits financiers du pays, la comparaison apparaîtrait dérisoire. Une étincelle, disait Mao, peut mettre le feu à toute la plaine. Ravagée, la plaine serait ici l'Hexagone à côté duquel la Lorraine n'est qu'un champ désolé.

Un prêt en avant, deux crédits en arrière

Les imprécations morales n'y changeront rien : on ne pourra jamais se passer d'une banque, cette machine à capter l'épargne inerte, à en faire du capital et à la diriger vers l'investissement.

Transposée en France, cette définition d'évidence s'est alourdie de l'« éternelle raison du rentier », pour reprendre l'expression d'Alain Minc. Ce ne sont pas les entreprises de taille modeste, les innovateurs peu fortunés qui ont bénéficié en priorité du financement des banques grâce à l'argent des autres — l'épargne inerte — mais les firmes importantes, l'immobilier ou le grand commerce. La sécurité et les profits rapides, non le risque.

La vie d'une entreprise leur est, dans tous les cas, étrangère. Et leur méfiance les porte tout naturellement à miser sur les valeurs stables ou à viser les gains maxima. Nulle part ailleurs, l'argent n'a appelé l'argent de manière aussi frileuse et spéculative. Une étude officielle, le « rapport Mayoux », a révélé que les banques demandent aux petits clients des taux supérieurs au plafond usuraire défini par la Banque de France.

Leur spectaculaire implantation à l'étranger, qui en peu d'années a permis à la banque française de se hisser au second rang mondial, dérive de la pusillanimité dont elles font preuve dans l'Hexagone.

S'affranchissant des pesanteurs nationales, qu'elles contribuent à entretenir, les banques françaises se sont intrépidement envolées pour Tokyo, Dubaï ou New-York. Contraintes aussi à l'exil par une réglementation officielle ossifiée — interdiction de diriger de France des émissions internationales en devises étrangères, fermeture du marché français aux emprunteurs étrangers, contrôle des changes, etc. — elles ont déployé souvent avec talent l'art rapace mais dangereux de la finance internationale.

Faut-il préciser que les nationalisations n'ont nullement terni leur image de marque, en dépit de ce que voulait faire accroitre l'opposition.

Mais pour Michel Jobert, rencontré après son départ du gouvernement, les banques françaises se soucient comme d'une guigne de fournir à l'étranger un appui logistique aux PME exportatrices. Pour lui, le 10 mai n'a rien changé à cela, ou si peu.

De plus, ce vol de gerfauts hors du charnier natal n'est pas sans s'apparenter à la politique de l'autruche. Avec le zèle du néophyte, les banques françaises se sont adonnées à une concurrence échevelée pour placer en Argentine, au Mexique ou ailleurs, des prêts de plusieurs centaines de millions de francs. Les clignotants étaient déjà au rouge dans ces pays malades de la dette, qu'elles poursuivaient encore au début des années 80 de mémorables bagarres pour dispenser leurs largesses.

Avec la bénédiction du Trésor. Sans compter, elles se sont toutes précipitées sur certaines places, comme Singapour. « Il fallait une sérieuse dose de naïveté et aucune notion du gaspillage pour pouvoir s'imaginer qu'elles allaient toutes y gagner de l'argent », souligne aujourd'hui un haut fonctionnaire des Finances.

Las ! les incidents de paiement se sont multipliés et **les pays gavés de prêts se sont révélés insolvables. Les banques n'avaient rien vu, rien prévu.** Leurs services de contentieux ont cru et embelli et les plus engagées d'entre elles — BNP, Société Générale ou Crédit Lyonnais — sont désormais contraintes de se constituer d'impressionnantes provisions sur leurs créances douteuses. Des provisions — 20 milliards de francs en 1984 — qui doivent être prélevées sur leurs marges bénéficiaires.

Qui en supporte le coût ? Les clients, évidemment, puisque pour éviter l'érosion de leurs profits, les banques maintiennent des taux élevés. Daniel Lebègue, directeur adjoint du Trésor le reconnaît sans s'en émouvoir : « C'est un transfert nord-sud dont on parle peu, et qui ne favorise pas la baisse du coût du crédit ». L'impôt-dette dans les pays riches ? Les gazettes en causent, mais ce prélèvement aussi obligatoire que discret est déjà là. Et pour longtemps.

Zone franc

Pendant longtemps, les Français ont réfréné leur penchant pour un nationalisme étriqué parce qu'ils étaient convaincus que les affaires africaines étaient de bonnes affaires. Dans ces anciennes colonies, la France plaçait sans forcer camelote et grands contrats et disposait d'une sécurité d'approvisionnement de matières premières. Mieux, la vanité nationale se trouvait comblée par le rôle de protecteur militaire d'une zone d'influence. Nulle part ailleurs ce rêve français, très gaullien, n'était exaucé : faire son beurre et donner l'illusion d'une puissance économique alliée à la force militaire.

L'expédition sans gloire du Tchad et la déroute financière de l'Afrique ont hâté l'heure d'un réveil, qu'on peut aisément prévoir désenchanté. Parce que ce gouvenement, comme les précédents, fait tout pour le rendre opaque, le dossier africain est difficile à exposer par la clarté des chiffres. Eux seuls ne suffisent évidemment pas à juger d'une politique, mais les relations franco-africaines doivent être aujourd'hui éclairées par des données financières, systématiquement, et depuis toujours dissimulées.

On peut d'abord rappeler, car bien des gens l'ignorent encore, l'existence de la zone franc qui lie, de manière unique au monde, le franc français au franc CFA, la monnaie commune à douze pays africains et aux Comores. Créé dans l'immédiat après-guerre, ce club présente la particularité de mettre dans un pot commun les réserves en devises des Etats-membres. Au centre du dispositif : le Trésor français qui exerce, dans la plus grande discrétion, un certain droit de regard sur la gestion monétaire des pays africains. Mais quand ceux-ci sont en panne de devises, ils peuvent puiser de manière quasi-illimitée dans les caisses du Trésor français.

Pendant des années, ce mécanisme évidemment fort dangereux a été en réalité tout bénéfice pour la France. Les réserves de nos partenaires étaient globalement excédentaires, grâce aux recettes des pays pétroliers (Gabon, Congo et Cameroun), et elles s'ajoutaient à celles de la France. La situation a viré au rouge en 1982. Et depuis lors, le déficit n'a fait que croître, pour atteindre environ deux milliards de francs en 1984. Deux milliards qui pèsent sur la balance des paiements française et dont la charge encore relativement faible augmentera sans doute puisque les difficultés financières des pays africains deviennent de plus en plus graves.

Publiés très irrégulièrement dans le journal officiel et souvent avec un an de retard, les bilans de la zone franc ne sont jamais repris par la presse, qui en ignore souvent jusqu'à l'existence. D'ailleurs, le haut fonctionnaire responsable de la zone franc au Trésor a prétendu devant nous qu'ils étaient confidentiels.

Ce qui en revanche est bien tenu secret est le coût de la garantie de change offerte à nos partenaires qui déposent leurs devises dans les caisses du trésor. Ce mécanisme fort coûteux depuis les dévaluations en cascades qui ont suivi l'arrivée de la gauche au pouvoir permet d'indemniser des pays qui doivent subir, souvent sans être consultés préalablement, des ajustements monétaires qui renchérissent leurs importations.

Que la France joue le rôle du FMI en Afrique n'est pas véritablement choquant. Mais il est scandaleux que ce soutien prenne une forme occulte, sans le moindre contrôle du Parlement ou de la presse. Cette satisfaction d'orgueil n'est-elle pas d'un poids trop lourd alors que nous sommes aujourd'hui obligés d'emprunter sur les marchés étrangers pour combler les déficits, y compris ceux de la zone franc ? La question mérite d'être posée et débattue sans passion.

Quand il était encore rue de Rivoli, Jacques Delors nous avait confié, en privé. « Toutes les semaines, des pays africains demandent à la France de boucler leurs fins de mois. Nous sommes donc obligés d'emprunter à l'extérieur pour leur prêter de leur argent ». La meilleure façon d'éviter toute polémique stérile serait d'abandonner la vaine politique du secret. Mais encore faudrait-il que les comptes ne soient pas biaisés par des considérations plus politiques qu'économiques.

En 1984, on peut estimer l'aide civile française aux pays africains à 15 milliards de francs, pays du Maghreb exclus. Des dons sont consentis mais aussi des prêts à l'exportation sont accordés à des conditions « privilégiées », c'est-à-dire que la collectivité supporte une partie de leur coût. Au total, cela représente environ 1 000 F par foyer ou 10 % de l'impôt sur le revenu.

Le solde n'est pas nécessairement négatif puisqu'une bonne partie de cette aide est liée à des contrats d'équipement pour les entreprises françaises. Le contribuable est mis à contribution mais le travailleur conserve son emploi. Le jeu peut être gagnant, mais il est malsain.

D'abord parce que ces prêts deviennent au fil des ans des créances irrécouvrables. Les industriels se tournent vers la compagnie officielle d'assurance de crédit export, la COFACE pour se faire indemniser. Cela revient cher : les mauvais payeurs, dont plusieurs pays africains comme le Zaïre ou le Nigéria, auront laissé en 1983 une ardoise de 10 milliards de francs. Qui va la régler ? En majeure partie les contribuables par un impôt qui ne dira pas son nom.

Quand le Sénégal, la Côte d'Ivoire, le Zaïre ou encore le Mali se sont avérés incapables de payer leurs échéances ils se sont présentés au « Club de Paris ». Quelques réunions ont suffi pour qu'ils obtiennent le rééchelonnement et le refinancement de leurs dettes par de nouveaux prêts. La France peut s'honorer de présider ce groupe informel des créanciers occidentaux, créé il a trente ans pour examiner la dette de l'Argentine. Le motif de satisfaction n'est pas mince pour les hauts fonctionnaires du Trésor qui trois fois par mois reçoivent leurs homologues étrangers dans les salons luxueux de l'ancien hôtel Majestic, avenue Kleber. Les Français, flattés, ne se posent pas de questions. Ils n'ont pas encore compris que c'est leur argent qui est en jeu. Le saisiraient-ils qu'ils n'en seraient pas davantage éclairés : les travaux du Club de Paris sont entourés d'un total secret, ses réunions ne sont jamais annoncées à l'avance, ses résultats jamais publiés. Haut fonctionnaire du Trésor, Jean-Claude Trichet, l'un de ses présidents nous a dit un jour. « Une de nos plus grandes satisfactions a été d'organiser, l'été 1983, une réunion sur la dette du Mexique sans que personne ne s'en aperçoive ». Ce jour-là des milliards étaient en discussion mais les payeurs, c'est-à-dire les contribuables d'une quinzaine de pays, ne devaient rien en savoir. Une leçon de démocratie.

Jusqu'à l'été 1981, le coût des consolidations de dettes dans le budget de l'Etat pouvait être connu en parcourant attentivement le rapport annuel de la Cour des comptes sur l'exécution de la loi de finances. Depuis cette date, ces opérations ont été « débudgetisées » pour être transférées à la charge de la Banque française du commerce extérieur. Ainsi l'Etat n'apparaît pas comme le payeur même si le résultat est le même du point de vue du coût pour la collectivité. L'autre avantage d'une telle tactique est de diminuer fictivement le déficit public, de dissimuler l'impact sur la balance des paiments et d'échapper au contrôle du Parlement. En 1983, le non remboursement des dettes d'une vingtaine de pays et le refinancement de certains de leurs prêts a coûté à la France 20 milliards de francs en termes de balance de paiements.

Mais en Afrique plus encore qu'ailleurs, l'ardeur mise à exporter à tout prix est doublement dangereuse. D'abord parce que les exportations sont orientées vers des pays à solvabilité de plus en plus douteuse. Mais aussi parce que nous proposons à ces pays des affaires démesurées par rapport aux nécessités de leur développement.

A vos marques-prêts-partez

On nous dit que les banques nationalisées doivent être libres de leur gestion, responsables de leur résultat pourvu qu'elles fassent des bénéfices. On nous affirme qu'elles doivent être le fer de lance de la politique économique et industrielle. Fort bien. Mais comment concilier ces impératifs contradictoires ? Comment faire pénétrer une cheville ronde dans un trou carré ?

C'est pourtant à cet exercice tordu que le gouvernement convie publiquement, instamment et les banquiers de l'après-10 mai. Or, par nature peu enclin à arrondir les angles, l'Etat aujourd'hui, comme hier, n'a jamais hésité à user d'un droit régalien dans l'utilisation des banques à sa convenance.

La droite n'avait pas besoin d'invoquer le mythique trésor caché cher à la gauche pour exercer des pressions de toutes sortes sur les banques en faveur de telle ou telle entreprise, ou d'un groupe de presse bien connu. L'extravagante affaire Boussac est toujours là pour en témoigner, à laquelle on peut ajouter pour mémoire les concours apportés à Manufrance et à d'innombrables sociétés en difficultés dans des régions contrôlées par des parlementaires de la majorité d'alors.

L'opposition de maintenant n'a pas manqué de faire grand scandale des six milliards de francs que les banques furent priées d'accorder, sans barguigner, aux entreprises nationales. Elle s'est élevée contre leur participation forcée à l'émission de prêts participatifs de quelques groupes nationalisé. Et peut-on lui reprocher de s'être emparée de l'affaire de La Chapelle Darblay, papeterie localisée dans le fief électoral du Premier ministre actuel, Laurent Fabius, quand on sait que les banques, après avoir assuré des mois durant les fins de mois, ont dû verser une obole de plusieurs centaines de millions de francs pour un hypothétique plan de redressement ?

On sait aussi que le gouvernement a évincé sans élégance aucune, en juin 1984, Daniel Deguen de la tête du CCF. Ce banquier, à qui on ne pouvait pourtant pas faire grief d'être un opposant au régime, avait vigoureusement renaclé à participer quelques mois plus tôt au renflouement de Creusot-Loire, compte tenu de la part belle faite aux actionnaires. L'incurie des dirigeants de ce groupe a d'ailleurs prouvé que c'est Daniel Deguen qui avait eu raison. Et donc tort, aux yeux des pouvoirs publics.

L'ennui est que si la gauche n'a en rien innové dans l'usage immodéré des prérogatives publiques sur les banques, elle doit convenir aujourd'hui que celles-ci sont plus pauvres que riches. Il leur faudrait huit milliards de francs en fonds propres d'ici à juin 1985, à en croire le sénateur Blin. Le constat est d'autant plus douloureux que les entreprises en déconfiture sont plus nombreuses que jamais.

Faute d'apporter aux banques les fonds propres qui leur font défaut, le gouvernement a accepté d'accéder à une de leur plus ancienne revendication : l'égalité de traitement avec les établissements à statut privilégié comme le Crédit Agricole, le Crédit Mutuel ou les Banques populaires. Par la grâce de la réforme bancaire, une loi qui aurait pu être appliquée sans nationalisation et le miracle des CODEVI, les banques vont pouvoir accéder à ce rêve de longue date : la distribution à haute dose des prêts bonifiés, c'est-à-dire ceux bénéficiant de subventions publiques.

J'ai du bon crédit dans ma créditière

Quelle revanche pour nos banquiers qui grinçaient des dents en entendant le Crédit Agricole ou les établissements mutualistes chanter sous leurs fenêtres : « J'ai du bon crédit dans ma créditière. J'ai du bon crédit tu n'en auras pas. » L'injustice était, c'est vrai, patente. Spécialisé à son origine dans le financement du monde rural, le Crédit Agricole s'était vu concéder le monopole de la distribution de plusieurs dizaines de milliards de crédits bonifiés par an. Ajoutons à ce privilège, l'exonération jusqu'en 1978 de l'impôt sur les sociétés et pendant fort longtemps de la taxe professionnelle. Le Crédit Mutuel, qui bénéficiait également de ces avantages fiscaux, n'est pas encore assujetti aux mêmes normes d'encadrement de crédit que les banques commerciales. Comment dans ces conditions s'étonner que la banque verte soit devenue la seconde banque nationale avec des excédents de trésorie considérables ?

Contrôlées par le couple FNSEA-CNJA, — l'attelage rétrograde qui conduit la corporation paysanne, — ses caisses régionales exercent un pouvoir exorbitant sur le monde rural, séparant à leur convenance le bon grain de l'ivraie. Rituellement épinglé par la Cour des Comptes, le Crédit Agricole a aussi fait main basse sur une partie très importante du financement de l'artisanat ou du logement — le tiers du marché — grâce aux prêts conventionnés. « On se comprend » : ce slogan du Crédit Agricole, qui consacre six milliards de centimes par an à sa publicité, ne manque pas de sel.

Les banquiers, peu portés à l'humour, fut-il au second degré, se sont aussi empressés de traquer leur bête noire : l'Ecureuil. L'annonce de l'opération CODEVI a sonné l'hallali ! Et quelle curée ! Pensez. Le gouvernement leur apportait pratiquement sur un plateau, la pâtée favorite des caisses d'épargne : le bas de laine des Français, drainé par les fameux livrets A.

Certes, les banques avaient déjà la possibilité de proposer des livrets d'épargne à leur clientèle mais, à la différence du livret A ou encore du livret bleu du Crédit Mutuel, leurs intérêts étaient imposables. Les « comptes de développement industriel » allaient effacer cette injustice : les banques et les caisses d'épargne se retrouvaient à égalité pour les proposer à leurs clients.

Le gouvernement fit jouer les grandes orgues de l'épargne au service de l'industrie, les banques se livrèrent à un racolage outrancier. Mais le succès de l'opération dépassa vraiment toutes leurs espérances. Trois mois après son lancement à la hâte, en octobre 1983, 40 milliards avaient déjà été glanés et ce montant devrait passer à 70 milliards à la fin de 1984.

S'imaginer que les Français se sont rués sur les CODEVI mûs par de vertueux sentiments à l'égard de l'entreprise, relève de la naïveté la plus profonde. L'appel d'une épargne à 7,50 % exempte d'impôt est apparu irrésistible, si grande est l'illusion qui s'attache à ce « privilège » fiscal. En effet, n'importe quelle obligation, y compris un emprunt d'Etat ou les fonds de placement bancaire à court terme sont d'un meilleur rapport. De plus, il est évident que la collecte d'épargne nouvelle est sans commune mesure avec les transferts massifs des livrets B des caisses d'épargne et des livrets bancaires, tous deux sans avantages fiscaux, vers les CODEVI.

N'épiloguons pas sur ce point. L'essentiel est de savoir à quoi servira la cagnotte des CODEVI. La moitié sera affectée à des prêts à l'industrie, en particulier par le truchement du Fonds industriel de modernisation.

Créé par Laurent Fabius, le FIM doublonne à l'évidence, avec le Fonds de développement économique et social, (FDES) ou encore le Crédit d'équipement aux PME et le Crédit National. Sa singularité est ailleurs : il échappe au contrôle de la rue de Rivoli, ce qui n'était pas pour déplaire au ministre de l'Industrie.

L'autre moitié sera divisée en deux parts égales. La première sera placée en partie en bons du Trésor, permettant le financement du déficit public. La seconde pourra être utilisée par les banques pour octroyer des prêts à environ 11 % aux entreprises.

Mais on peut au total se demander qui sont les gagnants de cette opération qu'un des plus hauts fonctionnaires de l'Etat, cité par Paul Fabra dans *le Monde*, qualifie de « délire de technocrates ». Si on exclut Laurent Fabius, hors concours, et les épargnants, éternels hors course, il reste les entreprises et les banques. Or, les premières ne bénéficieront pas de prêts supplémentaires, les fonds collectés n'échappant pas à l'encadrement du crédit. Les taux de prêts s'en trouveront abaissés pour ceux qui en bénéficieront mais les autres se verront imposer un loyer de l'argent plus lourd. Et, les secondes n'y gagneront rien puisqu'elles sont contraintes de rémunérer fort cher cette épargne à la différence des dépôts à vue.

Le désir d'attraper, pour la première fois, la pitance des caisses d'épargne était trop fort pour que la corporation bancaire s'abstienne d'y participer ; mais la satisfaction de ses appétits boulimiques lui en coûtera. Pour limiter ses débours, elle se rattrapera en majorant ses autres prêts. Ainsi va l'inflation.

De l'avoine à plus soif

L'âne pose un difficile problème. L'utile animal souffre avec constance les travaux les plus pénibles, les châtiments les plus injustes, les coups les plus retentissants et sans cesse renouvelés. Est-il par trop tourmenté, il lui arrivera de braire vilainement, de se défendre du pied et de la dent. Mais comment le faire boire quand il n'a pas soif ? Tenter de lui faire comprendre que les tâches qui l'attendent lui en créent la nécessité, qu'il doit œuvrer au bien commun, est vain. L'âne est comme ceci, têtu. Les leçons de morale ou la trique n'y changeront rien. A son maître de contourner l'obstacle, de faire diversion. Deux picotins d'avoine peuvent arranger les choses.

L'Etat ne procède pas autrement avec les entreprises.

Rétives à investir, peu sensibles aux grands mots sur l'impératif industriel, dédaignant les discours moralisateurs qui les braquent à l'excès, les entreprises sont ainsi, butées. Et pourquoi avanceraient-elles d'un pas, à l'aveugle, dans un paysage traversé d'éclairs ? Les traiter d'ânes bâtés, de bourriques timorées, les désigner à la vindicte populaire comme la gauche le fit, aux lendemains du 10 mai, se révéla sans utilité. L'âne n'était pas assoiffé.

Le pouvoir en tira la leçon, qui changea brusquement de tactique et entonna, sur le mode complaisant, l'hymne à la gloire de l'entreprise. Jadis, une fête des ânes était célébrée, une fois l'an, à la cathédrale de Rouen. L'antienne chantée hier sur le parvis est reprise aujourd'hui sur le perron de l'Elysée : « Banissons aujourd'hui tout sentiment de haine et de tristesse, la dévotion à la fête de l'âne nous impose la gaieté. »

Mais il en fallait plus pour, comme l'on dit, restaurer la confiance. Ce plus était le picotin public, les prêts bonifiés. Du bon crédit subventionné à grand renfort de milliards puisés dans le budget, autrement dit dans la poche des contribuables.

Des brassées de prêts furent distribuées : les rations auront doublé en deux ans pour atteindre 60 milliards de francs en 1984.

Sans équivalent parmi les grands pays industrialisés, cette somme considérable représente la moitié de l'ensemble des crédits consacrés, en France, à l'investissement des entreprises contre 40 % lors de l'arrivée de la gauche au pouvoir. Car, pour extraordinaire que soit cette progression, c'est la droite qui amorça la pompe à finances publiques : entre 1974 et 1981, le nombre des aides de toutes sortes est passé de 80 à 150.

Brandissant bien haut des principes à prétention libérale, elle développa à foison des pratiques d'un pur style dirigiste. Chaque ministre se fit un point d'honneur, et de pouvoir, à créer d'obscures enveloppes de prêts privilégiés. Le maquis des aides publiques était devenu si épais que le gouvernement de Raymond Barre chargea, en 1979, un inspecteur des finances, Hervé Hanoun, de le débroussailler dans un rapport aussi célèbre que secret.

René Monory nous affirma qu'il fut rendu public. Pour en avoir le cœur net, nous avons interrogé Hervé Hanoun, conseiller de Pierre Mauroy quand ce dernier était à Matignon. « Je vous assure que mon rapport resta dans un tiroir profond. **Parce qu'il démontrait que moins d'une dizaine de grandes entreprises, qui pratiquaient un concubinage de longue date avec l'Etat, bénéficiaient de deux-tiers des aides publiques**, le

CNPF réagit avec violence. » « Ce qui me valut, ajouta-t-il, d'être traité d'âne » par Ambroise Roux, ancien président de la CGE et vice-président du CNPF à l'époque.

Plus âne que moi, tu meurs

Pour avoir du son, les dirigeants des grands groupes n'ont jamais hésité à faire le baudet. **La manne publique s'est déversée, on le sait, en pure perte dans la sidérurgie. Avec un égal fiasco des fonds considérables ont été distribués à CII-Honeywell Bull, et la CGE, Thomson, Dassault faisaient figure d'abonnés aux guichets publics. Des guichets également politiques.**

Le CNPF a donc attendu que ces groupes passent sous la tutelle de l'Etat pour tempêter avec violence contre les aides publiques, leur opposant les allégements fiscaux. Ce qui peut d'ailleurs revenir au même, bureaucratie en moins. Mais il est piquant de constater que le tiers du budget du CNPF et de ses fédérations professionnelles est constitué des cotisations des entreprises nationalisées. Lesquelles sont par ailleurs vouées aux gémonies avenue Pierre-Ier-de-Serbie.

Peu importe l'impudeur de cette démarche, l'essentiel réside dans la mission rédemptrice dont l'Etat se croit investi. Il lui faut assurer, à tout prix, le salut des entreprises et les inonder de deniers publics, au besoin à leur corps défendant. Le commerce des indulgences lui vaut en retour, des firmes enchaînées, droguées de subsides. Car le réflexe de la sébile n'a pas, dans notre pays, odeur de soufre. Au contraire, les banques regimbent à s'engager derrière les entreprises qui ne disposent pas du sacro-saint soutien de l'Etat. Innombrables sont ces patrons, à l'exemple de Pineau-Valenciennes, l'ancien PDG de Creusot-Loire, qui affichent une foi libérale combattante et qui s'en vont — sans gêne — quémander ses largesses à l'administration honnie. Mode d'emploi : le chantage au chômage, mais aussi la faillite des sous-traitants, le « piston » politique ou encore la bataille de l'exportation.

Bénéficiant du picotin bonifié, ils jouiront — sans honte — d'avantages qui faussent la concurrence vis-à-vis d'autres patrons, moins habiles ou plus mal introduits qu'eux-mêmes. Avec cet argent, que vont-ils faire ? Investir, exporter, lancer des campagnes de publicités ? Sans doute. Embaucher ? Probablement pas. Ainsi, l'écart s'accroîtra entre les heureux élus et les parias de la manne céleste. **D'autant qu'il n'est pas besoin de savants calculs pour comprendre que la multiplication des circuits de crédits privilégiés aboutit à une hausse du coût de crédit pour ceux qui n'y accèdent pas.**

Mais au moins peut-on penser que les aides à l'industrie dopent un tantinet les secteurs bénéficiaires. Encore une illusion !

Résumant les travaux préparatoires du 8e plan sur l'impact des aides publiques de 1960 à 1975, Michel Albert a constaté qu'il était bien difficile d'établir une corrélation quelconque entre l'importance des aides versées et les succès comparés des branches industrielles qui les ont absorbées. Il faut le savoir, il n'existe en France aucun organisme indépendant d'évaluation des choix publics en matière d'aides ou d'investissement et les contrôles financiers, quand il sont entrepris, prennent le pas sur une véritable évaluation technique. Une fois la décision prise, en fonction de considérations souvent incohérentes, l'administration dont la ›nnaissance du monde industriel est — au mieux — proche du zéro, mpare des dossiers.

Le cycle du gaspillage est enclenché. Les entreprise ımaginent qu'elles seraient bien bêtes de refuser l'avoine.

Asinus, asinum fricat. L'âne flatte l'âne.

L'INDUSTRIE PREND L'EAU

En dix ans, la France a été dépassée, et se retrouve aujourd'hui minée de toute part. Sans pénétrer dans les usines, il suffit de détailler nos derniers achats, ou ceux qui vont venir : chaîne hi-fi, magnétoscope, calculette, ou micro-ordinateur. Et de constater qu'ils viennent d'ailleurs.

Avec une belle insouciance, on oppose à ces exemples d'autres réalisations qui sont autant de « réussites » : le téléphone, le TGV, le nucléaire, l'aéronautique ou — plus discrètement — les armements militaires. Mais, hier encore, on vantait aussi notre industrie automobile.

Reste que ces « points forts » sont le résultat de la politique d'organismes publics, plus souvent que d'entreprises privées. Et qu'ils ont été financés, par dizaines de milliards, grâce à l'argent des Français, comme l'ont été d'autres réalisations dont on se flatte moins, tels Concorde ou le Plan-calcul.

Saisie par la grâce des nouvelles technologies et séduite, avec un temps de retard, par celle de l'entreprise, la gauche a décrété la modernisation générale. A marche forcée, la France doit être d'ici demain, ou après-demain, l'usine du futur.

Errare humanum est...

« Moderniser la France ». Qui contesterait l'urgence de ce mot d'ordre ? Trop de temps et trop d'argent ont été gaspillés et notre avenir industriel est lourdement hypothéqué. A qui la faute ? **La gauche a mis trois ans pour se rendre compte qu'on ne pouvait plus subventionner à milliards perdus les industries du passé et doper en même temps les secteurs de pointe.** Mais, avant elle, l'ancienne majorité porte également une lourde responsabilité.

Pour expliquer le vieillissement accéléré de nos entreprises, il faut revenir rapidement en arrière. Lorsqu'en 1974, Valery Giscard d'Estaing inaugure son septennat, il considère que la priorité est d'écraser une inflation qui s'élèvera cette année-là à plus de 15 %. Estimant que l'accroissement trop rapide des investissements est une des causes de la hausse des prix, il lance en juin un « plan de refroidissement » qui se traduit par un surcroît d'impôts pour les entreprises.

Pour le gouvernement, il s'agit d'une simple douche froide et, avec un bel optimisme, le premier ministre Jacques Chirac affirme qu'« il n'y aura pas de crise économique en France, n'en déplaise à la CGT ». En fait **les entreprises ne se sont toujours pas remises de cette purge infligée dans la foulée du premier « choc pétrolier ».** Leurs bénéfices ont fondu, leurs charges se sont alourdies, leurs fonds propres se sont érodés et surtout, leurs investissements ont chuté. Depuis dix ans, les dépenses d'équipement des sociétés françaises n'ont pas retrouvé, en francs constants, leur niveau de 1973. Or la clef de la modernisation réside dans l'effort d'investissement.

A moins de s'endetter davantage, les entreprises qui accumulent les déficits ne peuvent investir. Quelques chiffres donnent la mesure de la dégradation du tissu industriel français : en 1982, les pertes cumulées des cinq cents premières sociétés tricolores ont atteint, 26,4 milliards de francs, six fois plus que l'année précédente. A eux seuls, les déficits d'EDF et de la SNCF représentent la moitié de cette somme. Mais les symboles du capitalisme privé ne font guère mieux : Michelin annonce six milliards de pertes en deux ans, Peugeot a perdu 2,5 milliards en 1983, à peine moins que Renault, Citroën est au plus mal et Creusot-Loire s'effondre à grand fracas. A contrario, parmi les rares entreprises encore bénéficiaires, on trouve des entreprises publiques, comme Elf-Aquitaine ou la CGE, autant que privées, par exemple BSN (agro-alimentaire) ou l'Oréal (cosmétiques).

Autre clignotant préoccupant : l'endettement des entreprises a explosé. Les firmes françaises sont entrées depuis plusieurs années dans un cercle vicieux, caractérisé par la montée spectaculaire des frais financiers et aggravé aujourd'hui par le ralentissement du rythme de l'inflation. La dégradation de la rentabilité des sociétés suscite un recours croissant à l'emprunt, qui provoque un alourdissement des charges financières qui, à leur tour, sapent un peu plus la compétitivité et la capacité d'investissement de l'industrie française.

Responsabilité encore de ces patrons, petits et grands, qui attendent un changement politique en faisant le gros dos. Pour regagner leur confiance, la gauche a multiplié les « cadeaux ». En pure perte auprès d'un certain nombre d'entre eux, qui préfèrent jouer la politique du pire et la grève de l'investissement, quitte à creuser le retard du pays.

L'Etat, de droite, puis de gauche, les entreprises publiques et privées, le patronat et les syndicats : tout le monde s'est trompé. Sur l'énergie ou la sidérurgie, mais surtout sur la véritable nature de la crise. Il aura fallu dix ans d'hésitations, d'erreurs et de gaspillages avant qu'on explique enfin aux Français qu'ils ne vivaient pas un simple aléa conjoncturel, mais bien un bouleversement structurel. Dix ans pour comprendre que la guerre économique internationale exige des entreprises compétitives.

Mais le patronat français ne brille guère sur les marchés étrangers. Dans un dossier publié en juin 1984, l'hebdomadaire américain *Business Week* constatait que les entreprises françaises étaient celles qui avaient le moins profité de la cherté du dollar pour accroître leurs exportations aux Etats-Unis. Avec une hausse de 25 % de nos ventes entre les premiers trimestres de 1983 et 1984, nous arrivions après les Britanniques et loin derrière les Italiens ou les Allemands. Si l'on excepte Renault, qui a conforté son implantation nord-américaine, le mini-boom de nos exportations a surtout profité aux négociants en champagne et aux fromagers.

Autre exemple de ce manque d'agressivité : les industriels français se contentent de 1 à 3 % des marchés du sud-est asiatique. Ces pays — Indonésie, Thaïlande, Malaisie, Singapour, Philippines, etc. connaissent pourtant depuis dix ans un fort taux de croissance, deux fois plus élevé que celui des nations industrielles. Surtout ils ont le grand mérite d'être solvables, une situation de plus en plus rare dans le Tiers monde. Là encore, il faut que l'Etat, incarné par Michel Jobert, Edith Cresson ou Louis Le

Pensec, prennent nos capitaines d'industrie par la main pour leur faire découvrir ces grouillants marchés.

Au lieu de partir à la conquête de l'Amérique ou de l'Asie, les entreprises françaises se sont assoupies sur le pré carré africain et les « grands contrats » avec les pays exportateurs de pétrole. Des ventes le plus souvent subventionnées : **les « aides à l'exportation » représentent une quinzaine de milliards de francs,** à la charge des contribuables.

Le réveil est brutal, et se lit dans les chiffres du commerce extérieur. L'Afrique ne peut plus payer, et Peugeot est partout délogé par Datsun ou Toyota. Quant aux princes de l'or noir, leurs recettes fondent avec le prix du baril, et les émirats sont suréquipés.

Pire : les usines que nous leur avons livrées clés en mains se mettent à produire. Après la sidérurgie, la pétrochimie et le raffinage européens sont menacés par les gigantesques complexes qui vont entrer en service sur les bords du Golfe arabo-persique. Le danger commence tout juste à être pris au sérieux à Paris. Mais Elf-Aquitaine, pressée par les pouvoirs publics, est en train d'engloutir le plus beau cash-flow de France — 14 milliards de francs en 1983 — dans la remise à flot de la chimie lourde. Plutôt que d'affronter la dure réalité, on préfère évoquer des mesures protectionnistes. Tandis que les Japonais (qui s'en étonnerait ?) ont immédiatement réagi : ils vont réduire leur capacité de production d'éthylène et de polyéthylène de près de moitié d'ici à 1985 et achèteront, moins cher, leurs produits chimiques de base et leurs matières plastiques en Arabie Saoudite.

L'Etat-pompier

Le patron qui hurle un jour à l'étatisme et rameute la presse le lendemain pour vilipender l'Etat qui se refuse à remplir sa sébile donne du capitalisme français une image grotesque. On pense à Didier Pineau Valencienne, le dernier maître des forges du Creusot. Et à BFG. Mais vous avez sans doute déjà oublié que sous ce sigle devait s'imposer à travers le monde « notre » moto, une brave moto bleu-blanc-rouge prête à en découdre avec Honda, la japonaise et BMW, l'allemande.

1982 : l'année semble de tous les bonheurs pour le « gros-cube » national : François Mitterrand offre une BFG en cadeau présidentiel à Juan Carlos, roi d'Espagne, et se rend au sommet de Versailles flanqué d'une escorte de motards vissés sur nos fringantes motos. Du plus bel effet. Arrive 1983, et le président, toujours admiratif, remet la médaille de meilleur ouvrier de France au directeur de BFG, qui derechef, lui renvoie, outré. Voilà, se dit-on, le réflexe d'un patron qui n'attend pas les fleurs de l'Etat pour imposer les fruits de son entreprise. Et bien non : Thierry Grange, le patron de BFG n'est pas content, mais pas content du tout.

Il fulmine devant la presse en donnant les raisons de son geste : « On nous a dit de monter au feu. Cela fait maintenant un an qu'on attend les renforts, politiques et financiers, et on nous parachute les médailles. » Maîtrisant admirablement la rhétorique guerrière, il éructe : « Il y a un marché intérieur à reconquérir, nous ne pouvons plus attendre. »

La stratégie préconisée par ce capitaine d'industrie est enseignée dans les écoles de guerre industrielle à la française. Elle est chaudement recommandée dans les programmes politiques, des gaullistes aux communistes. Bref, elle est l'évidence et la raison même : l'Etat peut et doit commander les motos tricolores pour équiper l'administration.

Au fond, le plus important pour limiter la casse est de savoir ce que l'on veut faire. Et ce que l'on peut faire. L'Etat, répète-t-on depuis quelque temps, ne peut tout à la fois subventionner les canards boiteux, renflouer les secteurs en déclin, et préparer l'avenir. Mais trop souvent le « coût social » et le calcul politique se conjuguent au détriment de l'économie. Au nom de l'emploi, ou parce qu'un personnage influent est maire ou député de la circonscription, des entreprises condamnées sont maintenues sous perfusion. A grand renfort de deniers publics. Il faut bien un jour finir par faire les comptes. Prenez Manufrance : depuis 1977, près de 500 millions de francs ont été insufflés dans la célèbre firme stéphanoise pour « maintenir l'emploi ». Malgré cet arrosage, les effectifs ont fondu, de 3 600 à moins de 800 personnes. Mal gérée depuis trop longtemps, la société n'a pu être redressée. Il est tout-à-fait légitime que les syndicats se battent pour l'emploi. **Mais est-il moral que l'argent public vienne à la rescousse de chefs d'entreprise notoirement incompétents ?**

Au concours de l'emploi le plus cher, la médaille d'or revient, et de très loin, à La Chapelle-Darblay, une entreprise papetière installée en Seine-Maritime, département dont Laurent Fabius est député. Se substituant à « l'iniatiative privée » défaillante, l'Etat et ses banques fourniront au total 3,2 milliards de francs pour sauver un peu plus de mille emplois. On peut débattre de l'importance stratégique de la pâte à papier pour le commerce extérieur français et s'étonner de notre déficit dans ce secteur alors que nous disposons du plus beau massif forestier européen. Mais force est de constater que 300 millions de centimes l'emploi sauvegardé est cher payé. Surtout lorsqu'on sait que l'investissement moyen pour créer un poste de travail varie de 50 000 F à 150 000 F.

A côté du papier, le charbon ou l'acier font figure de parents pauvres. Le coût des sureffectifs a été discrètement calculé par les experts gouvernementaux : il n'atteint « que » 200 000 F par emploi et par an dans la sidérurgie, 225 000 F aux Charbonnages de France et 450 000 F dans la construction navale.

Le poids du passé

« Le gouvernement ne veut pas reproduire les erreurs du passé. » Après des années d'atermoiements, François Mitterrand se décide enfin, dans les derniers jours du mois de mars 1984 : la sidérurgie, les Charbonnages et la construction navale, trois secteurs en déclin devenus depuis de longues années de véritables éponges à deniers publics, seront soumis à un traitement de choc. Au moins 55 000 emplois seront supprimés en quatre ans dans ces branches d'activité.

Mais la médecine, trop longtemps différée, coûte cher : la facture totale de ces restructurations — investissements et mesures d'accompagnement social — atteindra 60 milliards de francs en trois ans. Imprudemment, le candidat François Mitterrand avait promis la relance du « charbon national » et 10 000 jeunes mineurs avaient été embauchés dans la foulée du 10 mai. Las ! les Houillères, qui continueront de recevoir 6,5 milliards de francs de subventions par an pendant toute la durée du IXe plan, doivent aujourd'hui débaucher. En cinq ans, leurs effectifs — 56 000 salariés en 1984 — doivent fondre de moitié.

Mêmes aberrations dans la sidérurgie : alors qu'on réduisait à grands frais les effectifs par 64 000 départs, 19 000 nouveaux salariés étaient recrutés entre le 1er mai 1979 et le 31 décembre 1982. « On peut difficilement se défendre contre le raisonnement simpliste consistant à dire que l'on est en présence d'un gaspillage de neuf milliards », notait Jean Rosenwald dans le rapport que le gouvernement lui avait demandé sur la situation de ce secteur. 18 000 sidérurgistes sont en effet partis à 50 ans, avec maintien de 75 % de leur salaire, soit un coût unitaire évalué à 500 000 F.

Poids du passé encore : **Alors que la « filière électronique » draine une douzaine de milliards, l'ensemble des concours de l'Etat à la SNCF dépasse 30 milliards, près de trois fois plus !** Cet apport considérable est justifié par la charge des retraités — plus de 400 000 que l'Etat subventionne à hauteur de 10 milliards — ou la participation aux frais d'infrastructure (neuf milliards). Après tout, l'Etat finance bien les routes. Mais ces concours n'empêchent pas les chemins de fer d'accumuler déficit sur déficit.

Au total, les aides de l'Etat aux huit grandes entreprises nationales « monopolistiques » (EDF, SNCF, CDF, etc.) s'élevaient en 1983 à 50 milliards de francs, dont 19 milliards pour rétribuer les retraités de ces sociétés. Les dotations en capital des entreprises publiques « concurrentielles » (Renault, Thomson, Bull, etc.) ne représentent qu'un peu plus du tiers de cette somme : 6,8 milliards de francs en 1983. Il ne s'agit pas là d'aides à fonds perdus, mais de l'intervention de l'Etat-actionnaire, qui a dû compenser, après les nationalisations, la défaillance des anciens porteurs de titres. Entre 1975 et 1981, les anciens actionnaires des sociétés nationalisées en 1981 avaient reçu plus de dividendes qu'ils n'avaient apporté d'argent frais.

Quelle que soit la justification politique, idéologique ou meme economique des nationalisations, on ne peut que constater qu'elles ont eu pour effet d'enrichir les riches. L'indemnisation des détenteurs d'actions des groupes nationalisés a été généreuse, alors que la situation de ces entreprises était beaucoup moins brillante que ne l'escomptait la gauche. Depuis plusieurs années, ces conglomérats avaient enflé au nom d'une logique financière, en négligeant trop souvent la cohérence industrielle de leurs activités.

Tout s'est passé comme si l'Etat avait racheté des biens sans se préoccuper de connaître leur valeur réelle. N'importe quel capitaliste exige, avant d'acquérir une entreprise, qu'un « audit » en estime la valeur. Mais la gauche s'est passée d'audit et a payé le prix fort pour des entreprises comme Rhône-Poulenc, PUK ou Thomson, qui étaient en difficultés. Une excellente opération pour les porteurs de titres, mais sûrement pas pour le budget de l'Etat.

Même si on ne répète pas les erreurs du passé, la modernisation coûtera cher, en investissements, en formation et en dépenses sociales pour amortir le choc des restructurations. Où trouver l'argent ? Il est désormais exclu d'emprunter massivement à l'étranger, et le président de la République a annoncé que les impôts et les charges sociales baisseraient. La hausse des tarifs publics compensera en partie cet allégement des « contributions obligatoires », mais elle risque aussi de relancer l'inflation. **Il existe pourtant un trésor caché, actuellement gaspillé : le stock d'or**

des Français. Evalué à plus de 400 milliards de francs, il ne rapporte rien, ni à ses détenteurs ni à la collectivité. Pourquoi ne pas mobiliser, par des mesures fiscales incitatives, une partie de cette fortune stérilisée ?

L'Etat-robot

Insidieusement, les robots ont quitté les magazines de science-fiction et sont entrés dans les usines. En masse au Japon, où ils sont aujourd'hui 16 500, et sur la pointe des pieds, en France, qui n'en possède que 2 000. L'écart est évidemment considérable et, pour nos industries, il rime avec retard. Retard, ou fossé, également en informatique et en électronique, pour ne citer que ces technologies de pointe.

En raison de la défaillance des fabricants français, les fournisseurs étrangers emportent 65 % du marché national de la « productique » (automatismes et robots). Le gouvernement a bien prévu de consacrer l'essentiel des crédits du Fonds industriel de modernisation (FIM), 5 milliards de francs en 1984, aux investissements productiques. Mais cette manne profitera pour l'essentiel aux constructeurs américains, japonais ou allemands, et creusera un peu plus notre déficit commercial. Malgré une succession de « plans machine outil », la position de la France en ce domaine n'est guère brillante : nous arrivons au neuvième rang mondial, talonnés par la Roumanie, et loin derrière la Suisse ou l'Italie.

Récemment, la Fédération des industries mécaniques et transformatrices des métaux, affiliée au CNPF, a lancé un cri d'alarme : « la mécanique est maltraitée alors que le sort de l'économie du pays dépend en grande partie d'elle ». **Premier secteur industriel français, après celui du bâtiment et des travaux publics, la mécanique est malade : Creusot-Loire sombre et un tiers des dix mille entreprises du secteur se retrouvent aujourd'hui dans le « rouge ».**

On peut certainement, et l'organisation patronale ne s'en est pas privée, évoquer la crise mondiale et les charges qui pèsent sur les sociétés. Mais on peut aussi se demander pourquoi elles ont raté la nouvelle révolution technologique, alors qu'elles disposaient de plusieurs organismes pour les y aider.

Alimentée par des taxes parafiscales — 250 millions de francs en 1984 — la profession a, en accord avec l'Etat, mis sur pied depuis de nombreuses années cinq centres et un institut de recherche chargés de l'assistance technique aux industriels. En tout, près de 1 500 employés et chercheurs.

Le plus important d'entre eux, le Centre technique des industries mécaniques — CETIM — a été vivement critiqué par les petits patrons du secteur qui lui reprochent d'être un fardeau et un nid de bureaucrates. Estimant que les minces résultats obtenus ne parvenaient jamais jusqu'à eux, certains ont même suspendu le règlement de leur taxe. Les pouvoirs publics ont pour leur part remarqué que tous ces centres étaient incapables de mettre en commun leurs recherches, entraînant un gaspillage important. Aussi ont-ils demandé qu'un comité de coordination soit créé.

A cet exemple pourraient s'ajouter ceux d'autres centres qui du textile à la fonderie, en passant par le cuir et l'horlogerie, se sont révélés, au fil des ans, incapables de tenir leurs promesses. Incapables d'épauler les secteurs en mal de progrès, ils servent en revanche à conforter des rentes de situation pour les fédérations patronales qui les dirigent. Au total, soulignant en 1983 un rapport parlementaire, « l'action de ces organismes semble marquée par une certaine inertie ». Aussi faut-il convenir que le secteur privé ne parvient pas à prendre en mains, seul, une tâche pourtant essentielle à sa survie : la modernisation.

Constat sans doute dérangeant pour ceux qui ne croient qu'aux forces du marché, l'Etat se trouve contraint d'intervenir. Pour tempérer les ardeurs de l'étatisme virulent, il convient aussi de nuancer les illusions lyriques des nouveaux étaticides.

A la recherche des faiseurs de brevets

Les Français déposent deux fois moins de brevets scientifiques et techniques que les Anglais, trois fois moins que les Allemands et dix fois moins que les Japonais. **Rapportée au produit intérieur brut, la part de la recherche est presque deux fois plus faible en France qu'au Japon : 0,8 % contre 1,4 %.**

L'ennui, c'est qu'en matière de recherche, et depuis Colbert, la logique est du côté de l'Etat et qu'elle s'arrête là où le développement devrait être l'affaire des entreprises. Cette division du travail n'est pas absolue et certaines entreprises — les plus importantes — savent parfaitement concevoir une bonne idée et la valoriser. Mais ce sont des exceptions qui, en France, confirment la règle.

Deux tribus cohabitent dans notre pays dans l'ignorance, voire le mépris. A l'ombre apaisante de l'Etat, la première est peuplée de chercheurs qui cultivent, parfois avec bonheur, théories et concepts. A l'Université ou au Centre national de la recherche scientifique (CNRS), leur nombre croît au rythme des coups d'accordéon des budgets de la nation. A côté du sérieux de certains travaux, il faut aussi souligner que le confort du statut a fait naître d'incroyables gaspillages. Ainsi le CNRS, avec ses 25 000 serviteurs, dont 10 000 chercheurs, n'a d'équivalent dans le monde que l'Académique des Sciences de l'Union soviétique.

Ses « faiseurs » de brevets n'ont réussi à en déposer, indique la Cour des Comptes, que 72 en 1978, 75 en 1979, 52 en 1980 et 57 en 1981. Certains chercheurs disparaissaient pendant des mois, voire des années, sans laisser d'adresse. En 1981, le CNRS ignorait où étaient passés deux maîtres de recherche, l'un en pathologie expérimentale comparée, l'autre en biologie cellulaire. Pour retrouver la trace d'un autre directeur de recherche, en mécanique énergétique, il a fallu cesser de lui verser son salaire. On s'aperçut aussi qu'un chercheur n'avait toujours pas rédigé sa thèse, à cinq ans de la retraite ou qu'un autre n'avait rien publié depuis vingt ans. C'est peu dire que le statut de fonctionnaire, aujourd'hui octroyé, n'incite guère à l'agressivité scientifique.

La tribu des chefs d'entreprises s'est, quant à elle, assoupie pendant les années de prospérité et, souvent, a été incapable d'un sursaut quand les années de crise leur ont succédé.

De gauche ou de droite, les gouvernements ont cru pouvoir réconcilier recherche publique et développement industriel par des aides aux entreprises (500 millions en 1984) et aux centres techniques de leur secteur (40 millions). Cette logique, qui se traduit par du gaspillage et de la bureaucratie, est celle de la technocratie. Les procédures mises en place sont généralement inaccessibles aux PME et les contrôles financiers, assez rares, prennent le pas sur une véritable évaluation technique ou industrielle.

Dans tous les pays développés, l'Etat doit largement épauler la recherche industrielle et fondamentale. Mais il n'y a qu'en France que l'incurie du secteur privé nécessite une telle transfusion d'argent public.

Normalisons-nous

Dans ce pays, épris d'ordre et de discipline, il était une fois quelques industriels qui eurent l'idée de soumettre leurs productions à des normes. En ce temps là la guerre faisait rage avec un pays voisin, brouillon et folâtre. Mais peu importait le fracas des armes, les affaires continuaient, au dessus de tout. C'est ainsi que naquit à Berlin, en 1917, le Deutsches Institut für Normung. De l'Allemagne impériale à la République fédérale, l'institut a tout vu, tout entendu, et tout normalisé. Pas moins de vingt mille produits, de la prise électrique à la tétine pour bébé, sont estampillés de son sigle « DIN ». Solidité, simplicité, sérieux.

Un mark, une marque, l'Allemagne va conquérir les marchés extérieurs. Et protéger le sien, car les Allemands ont le respect de leurs normes. Protectionnisme ? Pas du tout, répliquent vertement les fonctionnaires de Bonn, ce sont les industriels qui déterminent, avec les consommateurs, les normes, et l'Etat ne s'en mêle pas : les subventions publiques ne représentent qu'un cinquième des ressources de l'institut privé. Dans les premières semaines de 1983, les éboueurs allemands ont fait grève en refusant de ramasser des poubelles d'origine française. Elles n'avaient pas obtenu les normes DIN.

Ce qui paraît normal au delà du Rhin, ne peut être qu'anormal en deçà. Mépris et complexes, à la fois. Normalisés, les produits français ? Mais, c'est impossible. Consulter les consommateurs quand on est industriel ? Et pourquoi pas faire entrer les loups dans les bergeries ?

En retard d'une guerre, la France s'est penchée sur le problème. Loin d'être une initiative des industriels, c'est l'Etat qui, sous Vichy, a créé des bureaux de normalisation rattachés à des groupements professionnels ou à des instituts techniques. Une tutelle administrative est aussi exercée sur l'Association française de normalisation, l'AFNOR, qui élabore et centralise des normes, homologuées et dans certains cas obligatoires pour les acheteurs publics. L'impulsion était donnée mais l'intendance n'a pas suivi faute d'unanimité au sein du monde patronal. Une aide de l'Etat a été, bien entendu, exigée. Et bien sûr, obtenue. A cet égard, c'est vrai, la France, c'est l'anti-Allemagne.

Résultat : les normes AFNOR. Trois fois moins nombreuses qu'en RFA. Une visite dans les locaux de cette association suffit pour comprendre que c'est l'anti-DIN. De la sclérose, du gaspillage ici, de l'efficacité et du mouvement, là-bas. Généreusement subventionnée par les pouvoirs publics (60 millions de francs environ par an, soit dix fois plus que les cotisations volontaires des entreprises), l'AFNOR s'est révélée incapable de jouer son rôle. Elle n'a pu imposer des normes reconnues internationalement et s'est refusée à consulter les organisations de consommateurs.

En 1976, le gouvernement Barre a tenté de réduire la subvention de l'Etat pour placer les professionnels face à leurs responsabilités. L'organisme enregistra un déficit de 600 millions de centimes cette année là, les entreprises n'ayant pas compensé par des cotisations volontaires le tarissement de deniers publics, qu'il a fallu réinjecter d'urgence.

Pour être efficace, la négociation des normes volontaires devrait associer un grand nombre de partenaires. Mais les verrous mis en place par les firmes les plus importantes qui contrôlent les fédérations professionnelles ont empêché toute concertation. Pire, la normalisation est ressentie comme une contrainte règlementaire et un moyen pour les entreprises les plus importantes d'exercer leur domination sur les PME. La première étape pour définir une norme est la recherche d'un bureaucrate, public ou privé, pour rédiger un projet. En Allemagne au contraire, les projets des normes DIN remontent des entreprises et des professions par confrontations et arbitrages successifs.

La comparaison est si catastrophique que les industriels français sont aujourd'hui obligés de respecter les normes DIN, plutôt que celles de l'AFNOR s'ils veulent exporter leurs produits.

Il existe pourtant un grand nombre de centres techniques ou d'instituts, contrôlés par les fédérations professionnelles affiliées au CNPF, qui s'occupent, en marge d'autres activités, de mettre au point des normes pour les déposer à l'AFNOR. Ces organismes, qui perçoivent plusieurs dizaines de millions par an au titre d'une taxe parafiscale, paraissent être quelque peu sortis de leur léthargie au début des années quatre-vingts. Certains d'entre eux se sont mis à sortir des normes à une cadence accélérée.

Mais en 1982, un bulletin interministériel estimait que les organisations professionnelles « qui ne sont pas toutes des modèles de dynamisme » élaborent des conventions techniques parfois contradictoires entre elles. L'administration est alors contrainte de fixer des normes techniques de façon autoritaire, ce qui entraîne « un gaspillage de moyens considérables ».

Manifestement atterré par la carence des industriels en matière de normes, le gouvernement a décidé en 1983 de créer un « Conseil supérieur de la normalisation » et des « Certificats de qualité ». L'Etat, encore l'Etat, toujours l'Etat. Mais à qui la faute ?

A la recherche du triangle magique

260 milliards de francs en 1983 : le coût du chômage prend des proportions hallucinantes et sa folle course se poursuit. Sa charge financière directe — allocations de chômage, garanties de ressources aux pré-retraités et dépenses des organismes qui « gèrent » les sans-emplois — a triplé depuis 1980, atteignant 100 milliards de francs en 1983. Il faut y ajouter les « manques à gagner » qui échappent aux caisses de l'Etat : 120 milliards de francs de cotisations sociales et d'impôts que les travailleurs privés d'emploi n'ont pu lui verser. Sans oublier les « coûts dérivés », plus de 40 milliards de crédits budgétaires affectés à la politique de l'emploi.

Le gaspillage du chômage ne s'arrête pas à ces chiffres considérables. Plus encore que les masses budgétaires, il affecte les hommes. Comment évaluer le gâchis d'une vie professionnelle qui débute dans les bureaux de l'ANPE ? Aucune statistique ne peut l'exprimer : mais **le chômage est sans nul doute l'une des causes majeures du mal-être qui s'est abattu sur le monde industrialisé**. Exclusion brutale, souvent imprévisible, il est vécu comme l'arbitraire des temps modernes, nourissant les craintes de ceux qui le subissent autant que de ceux qui le redoutent. Un sondage, publié en novembre 1983 par le *Matin* le confirme : dans tous les grands pays occidentaux à l'exception du Japon, le chômage préoccupe davantage la population que les menaces de guerre ou l'inflation.

Le « travailleur privé d'emploi » porte un autre fardeau, plus lourd encore que la quête sans fin du nouvel employeur : l'isolement, l'exclusion de la société des gens « normaux », l'incompréhension des proches. De nouveaux ghettos se constituent en catimini dans les banlieues blafardes et les petites villes endormies. Des ghettos incolores, difficiles à cerner, où se retrouvent les laissés pour compte des mutations industrielles. Nos sociétés valorisent trop le travail, et l'argent qu'il rapporte, pour que sa privation ne suscite pas le sentiment d'être diminué. Gaspillage de talents et de bonnes volontés, mais aussi de compétences. Une nouvelle catégorie sociale est apparue il y a quelques années : celle des préretraités, dont le nombre — plus de 800 000 en 1984 — ne cesse d'enfler.

Les causes du mal sont connues. Dans tous les pays développés, la part de l'industrie dans l'emploi a régressé depuis 1973. En huit ans, de 1975 à 1983, les usines et les entreprises du bâtiment ont perdu un million de salariés. Près d'un septième de leurs effectifs. 200 000 emplois industriels vont encore disparaître en 1984. Boussac, Talbot, Usinor, Citroën, Michelin, Creusot-Loire : ces grands noms étalés à la une des journaux cachent la forêt des PME qui s'éclaircit sans faire-part de décès. L'hécatombe s'accélère : triste record, 22 708 entreprises ont été rayées de la carte en 1983.

Ce processus n'a aucune raison de s'inverser. Au contraire. La modernisation des équipements vise d'abord à améliorer la productivité : l'automatisation et la robotisation suppriment des postes de travail. Jusqu'à une époque récente, quelques secteurs épargnés par la crise —électronique, agro-alimentaire, cosmétiques, pharmacie — et les services — commerce, conseils en tous genres, tourisme — créaient suffisamment d'emplois pour contenir la marée noire du chômage. Mais ces digues n'ont pas résisté à la cure d'austérité.

Rude constat pour la gauche, qui a longtemps présenté le chômage comme son ennemi numéro un. Submergée par la vague, elle a dû admettre qu'il était aussi le prix à payer sur l'autel des restructurations industrielles. Le gouvernement s'était désespérément accroché à la « crête » des deux millions de chômeurs jusqu'à la fin de 1983. Une stabilisation qui relevait du miracle. Ou de l'illusionnisme, selon l'opposition. Par l'alchimie du « traitement social », la durée de la vie active a été réduite de vingt ans : on n'est plus chômeur qu'entre vingt-cinq et cinquante ans. Avant, les stages de formation, et après, les préretraites dégonflent l'armée des sans-emplois.

Hélas, dès janvier 1984, plus de 100 000 chômeurs s'agglutinaient audelà de la « crête des deux millions ». Au rythme de 30 000 à 40 000 demandeurs d'emplois supplémentaires par mois, les chiffres du chômage laissent les ministres sans voix. Coûteux et insuffisant, le « traitement social » a cédé la place au « traitement économique ».

Angoissé par la « crête des trois millions » à l'horizon 1986, le gouvernement compte désormais sur le « triangle magique » que formeraient la croissance économique, la formation et la réduction du temps de travail. Mais pour stabiliser le chômage, la première devrait atteindre 3 %, un rythme qui mettrait en péril les « grands équilibres » et notamment le commerce extérieur, fragilement redressés par les plans Delors. Et encore, à condition que les gains de productivité ne dépassent pas 5 % l'an.

Nécessaire, la formation reste trop souvent inadaptée aux technologies d'avenir. Elle est onéreuse, et ses effets ne sont pas immédiats. Quant à la réduction de la durée de travail, elle suscite les réserves du patronat qui se souvient que les 39 heures et la cinquième semaine de congé du début du septennat avaient alourdi les charges des entreprises. Loin d'être magique, le triangle a toutes les apparences de la quadrature du cercle.

Quelle qu'en soit la géométrie, la panoplie anti-chômage pèse de plus en plus sur les finances publiques. Même si la gauche a par deux fois, en novembre 1982, puis en février 1984, manié le sabre pour réduire tant le montant des allocations que le nombre des chômeurs indemnisés. L'époque où les licenciés « économiques » touchaient 90 % de leurs salaires est révolue. Et nombre de jeunes, exclus de l'assurance chômage, n'ont d'autre choix que la clochardisation.

Les poches trouées de l'assurance-chômage

L'Etat, toujours lui, apparaît comme l'ultime recours. Il s'efforce, à coup de calmants et de perfusions sans fin, de sauver le système agonisant de l'assurance chômage. Malgré la douloureuse intervention de février 1984, le malade est en piteux état. Ses tuteurs, le patronat d'un côté et les syndicats de l'autre, n'en finissent pas de se chamailler sur le remède nécessaire. Seul point d'accord : l'enfant qu'ils avaient conçu ensemble, il y a un quart de siècle, est atteint de sénilité précoce et l'Etat est appelé à la rescousse.

Jusqu'à la convention nationale interprofessionnelle du 31 décembre 1958, les chômeurs ne pouvaient compter que sur l'assistance de l'Etat, des communes ou sur la charité privée. Ni la Troisième ni la Quatrième République ne s'étaient préoccupées de doter la France d'un régime d'assurance-chômage obligatoire, à l'instar de ceux qui existaient chez nos voisins européens. Circonstance atténuante : le plein emploi n'était pas un vœu pieux au cours des années cinquante. On dénombrait moins de 100 000 chômeurs en 1958.

La convention de 1958 créa un système d'allocations aux salariés privés d'emploi, sous l'œil bienveillant, mais lointain, de l'Etat. Les ASSEDIC (Associations pour l'emploi dans l'industrie et le commerce), aujourd'hui au nombre de 48, fédérées au niveau national au sein de l'UNEDIC (Union nationale interprofessionnelle pour l'emploi dans l'industrie et le commerce) étaient chargées de gérer le système. Il commença par manger son pain blanc.

Au cours des premières années, les excédents succédaient aux excédents. Heureuse époque : malgré l'allongement, à plusieurs reprises, de la durée d'indemnisation, les taux de cotisation furent réduits de 1 à 0,25 % des salaires. Au milieu des années soixante, la période des vaches grasses toucha à sa fin. Il fallait renverser la vapeur : l'apparition, en 1967, du premier déficit, entraîna un relèvement des cotisations. Ce n'était qu'un début. En quinze ans, le taux des cotisations devait être multiplié par 23 pour atteindre près de 6 % des salaires.

L'indemnisation du chômage allait battre tous les records de croissance : plus de 33 % par an en francs constants. Le « compte de l'emploi » — qui n'inclut ni les pertes de recettes pour l'Etat ou la Sécurité Sociale, ni les « coûts dérivés » — est passé de 13 milliards de francs, 1 % du produit intérieur brut (PIB) en 1973 à plus de 100 milliards en 1983, environ 3 % du PIB. Alors que la couverture ne cessait de s'étendre et de s'améliorer, le nombre des chômeurs a plus que quintuplé depuis dix ans.

Conséquence : en dépit d'une subvention de l'Etat (30 milliards en 1982), l'UNEDIC accumule les déficits. Sa dette, estimée à 18 milliards de francs au premier trimestre 1984, a été consolidée par l'Etat à l'occasion de la réforme de l'assurance-chômage de février 1984. **Mais combien de temps tiendra le nouvel édifice ?** Il a été bâti sur la perspective de 218 000 chômeurs indemnisés supplémentaires en 1984 et 150 000 en 1985, des chiffres qui apparaissent déjà largement sous-estimés.

Dès 1975, la Cour des Comptes mettait en garde les pouvoir publics et les partenaires sociaux : « L'importance des sommes consacrées par l'Etat, les employeurs et les salariés eux-mêmes à l'indemnisation des travailleurs qui supportent, par le licenciement, les conséquences sociales des mouvements économiques, justifie que le système de protection institué en leur faveur fonctionne de la manière la plus efficace ».

Déjà les rapporteurs de la rue Cambon diagnostiquaient les failles du système : des dépenses de gestion trop lourdes, entre 6 et 9 % des prestations selon les départements, une mauvaise coordination entre les différents services, des retards bureaucratiques et une réglementation trop complexe et donc génératrice de fraudes et d'abus mal contrôlés.

Huit ans plus tard, les failles sont devenues des crevasses. Et, **comme si ses ravages humains et sociaux ne suffisaient pas, le chômage nourrit une multitude de petits gaspillages** : il a suscité la création d'une bureaucratie qui en quinze ans a rattrapé ses ancêtres au grand concours de l'inefficacité administrative. Et a donné naissance à une nouvelle race de profiteurs : escrocs à la petite semaine ou fraudeurs perpétuant une tradition bien française, le petit monde des « faux chômeurs » prospère à l'ombre du malheur d'autrui. Sans vergogne, et sans grand risque de se faire épingler. « Le contrôle des demandeurs d'emploi présente de graves lacunes tant dans son organisation que dans son fonctionnement », constatait la Cour des Comptes en 1983.

La « gestion » des chômeurs est assurée par trois organismes : L'Agence nationale pour l'emploi (ANPE) accueille et propose des emplois, L'ASSEDIC indemnise, et la direction départementale du travail et de l'emploi (DDTE) contrôle et sanctionne les abus. Première condition pour être indemnisé : l'inscription à l'ANPE. Mais cet organisme ne contrôle pas les déclarations des demandeurs d'emploi. Aucune pièce d'identité n'est exigée, pas plus que des justifications de compétence ou d'expérience professionnelle.

Deuxième pièce du dossier : l'attestation fournie par le dernier employeur, indiquant le niveau de salaire du travailleur privé d'emploi. C'est elle qui permettra d'établir le montant de l'indemnisation. Là encore, les vérifications sont souvent inexistantes. Et les fraudes parfois conséquentes : l'ASSEDIC des Bouches-du-Rhône s'est ainsi fait escroquer de 5,5 millions de francs, versés en indemnités à plus de 400 faux chômeurs, sur la base de certificats bidons délivrés par des entreprises qui avaient cessé toute activité.

Souvent, le salaire de référence est délibèrèment gonflé. Une pratique courante, même si elle est devenue plus coûteuse pour l'employeur depuis la fin 1982. Les hausses de salaire qui précèdent la mise à pied sont parfois étonnantes : en Basse Normandie, l'époux de la présidente du conseil d'administration d'une société anonyme en liquidation a vu sa rémunération bondir brusquement de 3 392 à 20 000 F par mois. Une majoration de 500 %, pour le moins inhabituelle dans une société sur le point de fermer ses portes.

Les contrats de complaisance fournis par des employeurs peu scrupuleux et les arrangements familiaux sont rarement détectés. Ils sont pourtant légion. Il suffit au chef d'entreprise d'embaucher son conjoint ou l'un de ses enfants pour une période ouvrant droit à l'indemnisation. Puis de le licencier, après avoir confortablement augmenté ses émoluments des derniers mois.

Le montage est parfois plus complexe. Mais le principe est éprouvé et généralement imparable. Deux frères gersois sont devenus orfèvres en la matière. Le premier crée une petite entreprise de peinture et embauche son cadet. Dépôt de bilan : le plus jeune, licencié, reçoit les indemnités du Fonds national de garantie des salaires (FNGS) et les allocations de chômage. Et fonde une entreprise, de peinture évidemment. Où il engage, devinez qui ? Son frère et ancien patron, pardi ! La nouvelle société ne tarde pas à faire faillite. Et c'est au tour de l'ainé d'émarger à l'ASSEDIC.

Injuste, la fraude l'est à l'égard des salariés qui cotisent, des contribuables qui comblent le trou de l'assurance-chômage. Et bien sûr à l'égard des vrais chômeurs, qui ont besoin de leurs indemnités pour survivre. La suspicion que suscitent les abus rejaillit sur tous les demandeurs d'emploi. **Mais l'injustice, et donc le gaspillage, naît aussi de la complexité des textes.**

Dans le spectacle par exemple. Entre deux tournages ou deux pièces, les vedettes bénéficient d'indemnités anormalement élevées, tandis que les artistes moins connus courent après les heures pour avoir droit aux allocations minima. L'injustice est aggravée par le mode d'évaluation des salaires de référence, et par voie de conséquence des montants d'indemnisation. Seuls sont pris en compte les jours de représentation ou de tournage, à l'exclusion des répétitions. Divisés par un nombre de jours ainsi restreint, les cachets, parfois astronomiques des stars leur ménagent de très confortables allocations. Au détriment des comédiens à qui la gloire n'a pas encore souri.

Les cumuls sont fréquents et difficiles à contrôler. Nombre d'artistes se livrent, pendant les périodes indemnisées, à des activité diverses d'enregistrement, d'animation ou de présentation de spectacles. Alors que la préretraite interdit en principe l'exercice d'une activité rémunérée, certains acteurs cumulent garantie de ressources et cachets. Un artiste a ainsi reçu plus de 90 000 F au titre de la garantie de ressources pendant les sept premiers mois de 1981, alors qu'il a déclaré 370 000 F de cachets entre septembre 1979 et juillet 1981. Cette autre comédienne connue a annoncé au fisc des gains de 1 158 000 F en un an et demi, de septembre 1979 à avril 1981. Ce qui ne l'a pas empêchée d'arrondir ses fins de mois grâce aux 54 000 F qu'elle a touchés... au titre de la pré-retraite.

Les ratés de la formation

Indemniser les chômeurs est une mesure de justice sociale désormais considérée comme élémentaire. Faciliter leur réinsertion dans le monde du travail, c'est allier le bon sens à la solidarité. Mais encore une fois, le gaspillage est pavé de bonnes intentions. Qu'il s'agisse des aides à la formation ou à la création d'entreprises.

Versées par l'Etat, par le biais du Fonds national de l'Emploi, et par l'ASSEDIC, les aides à la formation permettent au stagiaire de conserver l'intégralité de son salaire. Elles devraient logiquement faciliter le reclassement professionnel. Hélas, il n'en est rien. En 1983, 130 000 personnes se sont inscrites au chômage dans le mois qui a suivi leur stage de formation. **L'appareil français de formation est en retard d'une révolution industrielle.** En 1982, alors que le bâtiment s'enfonçait dans la crise, plus d'un tiers des stages de l'Association pour la formation professionnelle des adultes (AFPA) étaient consacrés à ce secteur. Quant aux technologies nouvelles, ellles sont réduites à la portion congrue.

Les stages ne sont souvent organisés que dans le but de procurer à ceux qui les suivent la rémunération la plus élevée possible. A Marseille, par exemple, la Chambre de commerce et d'industrie propose des stages qui permettent aux chômeurs de conserver l'intégralité de leurs appointements antérieurs en n'assistant qu'à quatre heures de cours par semaine. Grâce à la formation, l'indemnisation, plus généreuse, peut être prolongée au-delà de la période normale. L'exemple de ces trois cadres supérieurs des Bouches-du-Rhône, licenciés économiques aux alentours de la soixantaine, n'a rien d'exceptionnel : douze mois durant, ils ont perçu des indemnités mensuelles de formation s'élevant respectivement à 22 967 F, 18 391 F et 22 082 F, pour étudier la « gérontologie sociale », alors qu'ils avaient déjà bénéficié des allocations spéciales pendant un an.

Ces abus ne sont pas nouveaux. Déjà en 1980, la Cour des Comptes notait que souvent les actions de formation apparaissaient « davantage comme un ballon d'oxygène, au demeurant modeste, accordé à toutes fins à une entreprise, que comme un véritable instrument de sauvegarde de l'emploi et de réinsertion professionnelle ».

Autre exemple d'une bonne idée fréquemment gaspillée : l'aide à la création d'entreprises par les chômeurs, qui a représenté 1,1 milliards de francs en 1983. Depuis 1979, les demandeurs d'emploi souhaitant créer ou reprendre une entreprise ont droit au versement immédiat de six mois d'allocations chômage ainsi qu'à divers avantages en matière de protection sociale. Le nombre de bénéficiaires a plus que quadruplé en trois ans, passant de 9 200 en 1979 à 39 000 en 1982.

Mais l'attribution de l'aide est quasiment automatique. La DDTE, chargée d'instruire les dossiers et de contrôler la réalisation des opérations, n'analyse ni les chances de viabilité des projets, ni l'aptitude des demandeurs à diriger une entreprise. Aucun contrôle n'est excercé ensuite sur le fonctionnement de l'entreprise. Résultat : le bilan d'ensemble est pour le moins « incertain » selon les magistrats de la rue Cambon. 3 400 des 8 300 chômeurs ayant bénéficié d'une aide au second trimestre 1981 ont cessé leur activité au bout d'un an. Les échecs sont parfois doublement coûteux pour la collectivité.

Car pour certains « créateurs » d'entreprise, la faillite permet d'ouvrir une nouvelle période d'indemnisation. C'est le cas de ces six chômeurs, qui avaient obtenu une aide de 134 000 F pour créer une société de « détection électronique ». Au bout de quatre mois, ils déposent le bilan. Le passif atteint 171 000 F, sans compter les sommes dues aux fournisseurs. Et les six associés retrouvent leurs chèques aux ASSEDIC.

Autres formes d'aides complémentaires, les « fonds sociaux » servent en principe à dépanner les allocataires en situation critique. Mais, là encore, l'absence de rigueur conduit à des abus. En guise de « secours d'urgence », l'ASSEDIC de la Corse a par exemple octroyé une aide individuelle de 250 000 F remboursable en 84 mois, à un chômeur qui souhaitait « acheter un commerce ».

La faiblesse des contrôles favorise la multiplication de ces comportements anormaux ou parfois carrément frauduleux. Et **le gaspillage est encore aggravé par la mauvaise coordination entre les services chargés du chômage et la gestion bureaucratique de l'ANPE**. Créée en 1967 pour aider les travailleurs à s'adapter aux transformations économiques, cet établissement public a vite été débordé par le déferlement du chômage.

Alors que le placement constitue, avec l'accueil des chômeurs, la mission essentielle de l'agence, elle n'a satisfait en 1981 que 19,5 % des demandes d'emploi. Contre plus de 29 % en 1976. Certes la législation n'est pas toujours respectée par les entreprises, qui déposent moins de 15 % de leurs offres d'emplois à l'agence. Le reste passe par les petites annonces (16 %), les candidatures spontanées (29 %) ou les relations personnelles (27 %).

Pourtant les moyens de l'ANPE n'ont cessé de croître. Son budget, financé à 95 % par l'Etat, a pratiquement triplé en trois ans pour atteindre 1,5 milliard de francs en 1982. Et le nombre de ses agents — 11 000 — a bondi de 50 % en cinq ans. Mais la fréquence des mutations, qui exigent au moins quatre mois de procédure, ne facilitent pas la gestion du personnel : en 1982, plus du tiers des postes de l'agence ont changé de titulaires.

L'exiguïté et la vétusté de nombreuses agences ainsi que la persistance de conditions de travail souvent déplorables ne sont pas sans influence sur le taux d'absentéisme, largement supérieur à la moyenne nationale (entre 20 et 25 % selon les régions). Les conseillers professionnels et autres prospecteurs-placiers ne disposent en outre que d'un outil informatique très imparfait pour traiter les fiches, plus d'un million cinq cent mille, qu'ils stockent à longueur d'année. Ils continuent de classer à la main les fiches, vertes pour les hommes, jaunes pour les femmes, des demandeurs d'emploi.

Comment s'étonner dans ces conditions que 56 % d'entre eux, sondés en 1982, jugent l'action de l'agence insuffisante. Découragés, 7 % affirment même ne rien attendre d'elle. Sans doute en raison des « situations cornéliennes confinant à l'absurde et de la paperasserie dans laquelle l'agence s'enfonce inexorablement ». Ce n'est pas un chômeur écœuré qui déverse sa bile, mais l'inspecteur général des Finances, M. Farge, auteur d'un rapport sur l'ANPE qui a mené l'enquête.

Troisième directeur général en deux ans, Gérard Vanderpotte parviendra-t-il à renverser la vapeur ? Alors que le coût du chômage explose, l'ANPE ne peut plus se permettre de gaspiller ses moyens. Sans abandonner les laissés-pour-compte de la modernisation. elle doit enfin devenir le bureau de placment efficace dont a besoin le marché du travail chamboulé par les mutations industrielles.

Les briseurs de marge au pilori

L'inflation est, avec le déficit extérieur et le chômage, le troisième sommet du triangle maudit de la crise. On peut l'affronter de diverses manières. Il existe pourtant une arme efficace, que nous négligeons depuis trop longtemps : par l'étonnante alchimie d'une économie de marché et d'un Etat tentaculaire, la France est devenue un pays particulièrement rétif à la concurrence. L'idée est fermement ancrée qu'elle ne peut être que déloyale et, au fond, plus désastreuse que bénéfique.

Avec une belle régularité éclatent des affaires qui défrayent la chronique : des livres vendus par la FNAC ou Edouard Leclerc, sans respect du prix imposé, quelques voitures mises sur le marché par son frère, Michel, des médicaments « génériques » sans marque et à marge réduite, des charters pour la Guadeloupe ou la baguette à un franc d'un boulanger de La Ciotat. Faut-il que notre pays soit à ce point perclus d'esprit rentier pour que ces affaires revêtent immédiatement la forme de scandales et pour que leurs auteurs soient soupçonnés d'emblée de démagogie publicitaire. Un jeu périlleux qui se solde régulièrement par la déconfiture des coupables. Les organisations de consommateurs peuvent plaider en leur faveur. Le front sacré des professions « responsables », plus souvent encouragées que désavouées par l'Etat, se forme.

Malheur aux tricheurs, aux empêcheurs de s'entendre en rond. Au nom de l'intérêt national, l'Etat favorise ou suscite des monopoles et, en conséquence d'inébranlables ententes dont le nucléaire et les télécommunications donnent des exemples. Au nom du prestige de la France, les fabricants de produits de beauté éliminent du circuit les briseurs de marge.

Il serait faux de prétendre que les Français n'aiment pas la compétition : ils s'y adonnent sans retenue, mais en groupes. Soudés par des intérêts qui sont la somme de leurs privilèges, et par le désir d'en ajouter de nouveaux, les corporations patronales, ouvrières ou encore paysannes engagent dans la lutte une énergie totale.

Le contrat social est un leurre et l'inflation, extrême gaspillage, s'explique, en partie au moins, par l'affrontement des groupes sociaux pour accroître leur part du gâteau. Pierre Massé, ancien commissaire au Plan, a fort bien expliqué l'intérêt miraculeux de l'inflation, « cette goutte d'huile qui lubrifie le partage social , et permet l'accord momentané dans le désaccord reporté ».

Quand l'Etat veut calmer le jeu, ou s'en donner l'illusion, que fait-il ? Il contrôle les prix, construit de savantes indexations et cède des gages monétaires aux corporations les plus remuantes et les plus influentes. Et quand le dérapage paraît trop important et que les indices s'affolent, il décrète un « gel » des prix, comme si on pouvait les mettre au frigidaire. C'est la méthode du corset serré et desserré au gré des événements, appliquée avec constance par la droite hier et la gauche aujourd'hui. Le plus singulier est que la réglementation actuelle des prix repose sur des ordonnances de 1945, prises en période de pénurie pour lutter contre le marché noir, et qui s'inscrivent dans le droit fil de la loi du Maximum adoptée par le Comité de Salut Public, en 1793.

Pour la majorité des économistes, l'inflation est un avatar du système qu'il convient de corriger par une utilisation rationnelle des « outils » budgétaires et monétaires. De là s'enchaînent des discussions byzantines sur leur dosage respectif. Mais depuis l'avènement de la Vème République, l'inflation ne fut contenue qu'à trois reprises. Trois fois en quarante ans !

En 1963, après la fin de la guerre d'Algérie, au coût très inflationniste, Valéry Giscard d'Estaing mit en place, à la demande du général de Gaulle, un rigoureux plan de stabilisation. La méthode : un blocage total des prix. Le résultat : une hausse des prix inférieure à 2 % en rythme annuel. Le charme du dirigisme à la mode libérale. Ou l'inverse. La rupture de 1968 n'a pas débouché sur un changement politique, personne au fond ne le désirant. Mais l'image de la « goutte d'huile » paraît dérisoire pour décrire l'usage immodéré de l'inflation que cette période inaugura.

Les gouvernements d'alors, celui de Jacques Chirac tout particulièrement, cédèrent tout et tout de suite aux innombrables corporatismes qui peuplent l'Hexagone. Avec le premier choc pétrolier, la belle excuse qui n'explique rien, les prix s'envolèrent mais le pli était déjà pris. Quand Raymond Barre arrive à Matignon en 1976, le discours change.

Ne sachant sur quel pied danser, le « meilleur économiste de France » lance la « guerre des croissants », puis décide, en 1978, de libérer les prix. Un bouleversement. Mais la croisade, lancée spectaculairement, avait un parfum de souffre. Elle échoua sur le sable des indices. Et devant quelques solides forteresses corporatistes que son gouvernement n'osa pas attaquer.

La suite est connue. Après avoir tâté du blocage des prix et des salaires, puis s'être cramponnée à sa politique d'austérité, la gauche hésite alors que l'échéance législative se rapproche. Elle délègue à l'administration le soin de négocier avec les professionnels les relèvements de tarifs et les augmentations de marge

De liberté des prix, il est question : c'est aujourd'hui pour demain, et le lendemain pour le surlendemain. Jacques Delors eut l'idée de la planche à voiles aux armes des 5 %. La nouveauté réside dans le matraquage publicitaire — un milliard de centimes ont été consacrés à cette campagne —, car le jeu ne date pas d'hier. Et toujours il fut brouillé, en fin de course, par les indices.

Il ne faut pas faire grief à nos gouvernants de nous mener en bateau. Ces pieux mensonges visent à nous rendre plus vertueux. En affichant cinq, Delors espérait obtenir sept. Mais l'exercice n'est pas sans péril. Les Français qui ne détestent pas les promenades en mer ont aussi montré qu'ils aiment changer de capitaines. Valéry Giscard d'Estaing a éprouvé cette infortune, qui a dû lâcher la barre.

On ne peut que s'en féliciter, à relire « Oceano nox » de Victor Hugo, qui commence par ces vers :

« Oh combien de marins, combien de capitaines
Qui sont partis joyeux pour des courses lointaines
Dans ce morne horizon se sont évanouis ! »

Convaicu que le naufrage de son plan se jouait sur la dérive des prix, Delors pratiquait sans relâche une politique de l'indice. Aussi devrait-il laisser à son successeur, Pierre Bérégovoy, le plaisir d'annoncer la divine surprise d'une hausse des prix à la consommation réduite à 6,5 ou 7 % en 1984, la plus faible depuis le choc pétrolier. Un pourcentage trois fois plus élevé qu'en RFA, obtenu au prix d'une érosion du pouvoir d'achat, d'une règlementation des prix, unique dans les pays industrialisés.

La commission délaissée

Mais l'arme de la concurrence, déjà guère vaillante du temps de l'ancienne majorité, a été délaissée par Jacques Delors. En 1978, Raymond Barre déclarait : « La concurrence permet de jeter quelques brochets parmi les carpes et d'empêcher les carpes de prendre le goût de la vase ». Combien de fois avons-nous entendu Jacques Delors lui faire écho, répétant que la concurrence aiguise le dynamisme des acteurs économiques, les incite à la responsabilité et, au total, limite la hausse des prix. Mais les carpes ont toujours un goût de vase.

Pourtant l'instrument existe : la Commission de la concurrence, composée de onze experts indépendants, est chargée de redresser les torts faits au marché. Elle a pour mission de veiller à ce que les industriels, les commerçants ou encore les professions libérales ne s'entendent pas en sous-main pour se partager les marchés, imposer leurs prix ou harmoniser leurs barèmes. Mais le pouvoir de la commission, qui n'est pas une juridiction, est limité. Le ministre de l'Economie n'est pas tenu de suivre ses avis. Comme rien ne l'oblige à la saisir d'un dossier.

Or, la commission n'a rendu, en 1983, que quatorze avis contre une moyenne annuelle de vingt-trois depuis sa création en novembre 1977. Ce n'est pas par lymphatisme. Ses rapporteurs se plaignent du manque de travail : la commission a enregistré une diminution de moitié du nombre des saisines. Et elle a constaté sans plaisir que Jacques Delors tardait de plus en plus à rendre ses sentences et qu'il réduisait, en moyenne de 50 % , les amendes qu'elle proposait.

Le bureau anti-trust est frappé d'impuissance. Sur le papier, il devrait aussi contrôler les fusions et les regroupements pouvant aboutir à la création de groupes dominant le marché. Mais la gauche ira-t-elle aujourd'hui, davantage que la droite hier, chercher chicane à des groupes qu'elle a nationalisés. La volonté politique est claire, sur ce point au moins : la mécanique de lutte contre les ententes et les situations dominantes est grippée. A la raison d'Etat s'en ajoutent d'autres, plus occultes mais également impérieuses, pour laisser la France des corporatismes en paix. Contrarier cette quiétude expose au plus grave péril pour qui détient le pouvoir, qui est de le perdre.

Pendant des années, les fabricants de câbles électriques se sont entendus sur le dos des P.T.T. Ils se sont concertés sur le niveau des prix lors de la passation des marchés publics, écartant les petits industriels, au mépris des règles de la concurrence. Cette entente qui regroupait les grands noms des câbliers français, des Câbles de Lyon à la SAT, les filiales de la CGE ou de Thomson entretenait les meilleures relations avec le cartel international de ce secteur. Fort discret mais très puissant, celui-ci a élu domicile au Liechtenstein, le paradis fiscal de l'Europe centrale.

Jacques Delors connaissait tous les détails de cette affaire, portée à son attention par la Commission de la concurrence. Comme il n'ignorait rien des lourdes sanctions qu'on lui demandait de prendre contre ces sociétés. Au terme d'une instruction malaisée, la commission avait rendu deux avis sévères, le 13 octobre 1983. Mais pendant neuf mois, le ministre de l'Economie n'a pas bougé, laissant à son successeur, Pierre Bérégovoy le soin de faire connaître la sentence.

C'est que cette affaire est gênante, très gênante. Son principal acteur n'est autre que Guy Brana, le vice président du CNPF qui, à l'époque des faits, dirigeait le syndicat des câbliers français. On conçoit l'embarras du très œcuménique Jacques Delors, qui ne tenait, à l'évidence, pas à écorner le sacro-saint dialogue gouvernemental avec le patronat.

Le plus piquant est que Louis Mexandeau n'a pas hésité à décorer de la légion d'honneur le dirigeant patronal au début 1984. Ignorait-il les faits reprochés aux câbliers ? Pas le moins du monde puisque le ministère des PTT en était la principale victime.

Il est également remarquable que le CNPF n'ait en rien fait la fine bouche pour coopter ce patron au sommet de sa hiérarchie. En janvier 1983, présentant la politique économique de l'organisation patronale, Guy Brana déclarait : « Nous vivons en économie administrée, sans possibilité pour les entreprises de s'adapter rapidement aux conditions de la concurrence. La prise de conscience semble unanime, mais le sens de l'urgence et la confiance dans l'entreprise font défaut ». Concluant son vibrant plaidoyer en faveur de la liberté d'entreprendre, il ajoutait : « Le CNPF n'aura de cesse de faire combler cet écart entre la parole et l'acte! »

Le milliard du CNPF

On ne saurait réduire le cas de M. Brana et des câbliers à une aberration du système patronal : **le CNPF dans son ensemble patauge dans de formidables contradictions.** Une plongée dans les méandres de ce groupe de pression équivaut à un voyage aux antipodes. Mais il est plus aisé de se rendre au bout du monde que de passer toutes les portes du lourd immeuble de l'avenue Pierre Ier de Serbie, au cœur de Paris. L'une d'entre elles, reste en tout cas hermétiquement close : celle qui ouvre la voie au fameux Service d'études législatives, l'antre du lobbyisme politique.

Pénétrer dans le bunker n'est d'ailleurs pas indispensable pour éprouver le malaise qui en suinte. Liberté et responsabilité : la devise n'a pas changé depuis le 10 Mai. Le credo manichéen qui oppose le Bien au Mal, l'entreprise et l'Etat, s'anonne à l'identique. Mais le verbe s'est musclé. Petites phrases et grosses colères ponctuent plus fréquemment le discours lénifiant d'un patronat présenté par certains comme « le plus bête du monde ».

Mais l'arrivée de la gauche a permis un ravalement inespéré à une façade de plus en plus lézardée. « On peut parler de divine surprise, car sans elle nous étions près du naufrage », nous a dit un haut responsable patronal qui a exigé l'anonymat. « Bien entendu, sur le plan politique et économique, nous ne pouvions nous en réjouir mais le changement, loin de nous être fatal apparaît largement profitable ». Un bref retour en arrière est nécessaire pour comprendre l'intérêt et les limites de ce constat.

Fondé en 1946, le Conseil national du patronat français a d'abord été une organisation proche des petites et moyennes entreprises. Avec la grande vague d'industrialisation et de concentration industrielle des années soixante, les grands patrons l'emportent. Paul Huvelin, PDG de Kléber Colombes, devient en 1966 le « patron des patrons » et Ambroise Roux, PDG de la CGE, accède à la vice-présidence. Les relations sont mauvaises avec le général de Gaulle, qui éprouve un vif dédain pour les groupes de pression

Avec l'élection de Georges Pompidou, les milieux d'affaires reprennent le chemin de l'Elysée et commencent à toucher les dividendes d'un dialogue plus concubin que conflictuel avec l'Etat. **Sur le modèle d'Ambroise Roux, les « capitaines d'industrie » français sont devenus des « technocrates d'entreprise ». La sébile dans une main, les commandes publiques dans l'autre**. Le CNPF ne pouvait évidemment résister à cette évolution, qui sera dirigée dès 1972 par un fonctionnaire patronal, François Ceyrac et Jacques Ferry, également apparatchik, lié au légendaire Comité des forges.

Il est instructif de relire ce que disait, il y a dix ans, Yvon Gattaz : « Nous ne connaissons pas le CNPF. Nous ne savons pas comment il est constitué. Les chambres syndicales patronales sont souvent sclérosées et peuplées de retraités tranquilles. Comment ces organisations peuvent-elles prétendre nous représenter efficacement ? Nous souhaitons un véritable chef de file élu directement par nous », (Bernard Brizay, *Le Patronat*, Le Seuil, 1975). Qu'est devenu ce vœu pieux quand ce patron — dont l'entreprise, Radiall, vit largement de commandes d'entreprises nationalisées — est devenu calife à son tour.

Avant d'arriver là, F. Gattaz a fait ses armes dans la discrète Fédération des industries électriques et électroniques, où il conserve toujours un bureau. Cette fédération professionnelle a pour objectif naturel de défendre l'intérêt bien compris des entreprises qui y adhèrent. Comment ? En cultivant d'étroites relations avec l'administration et surtout en réfrénant la concurrence. Telle est la mission première des unions patronales françaises.

A l'origine, le contrôle des prix les a incitées à se protéger contre les casseurs de prix, à orchestrer les parts de marché, à définir des barèmes complexes de tarifs et même à limiter les progrès techniques. Un exemple : les producteurs d'explosifs industriels s'étaient concertés pour empêcher le développement du nitrate fuel, plus efficace et moins cher que les autres explosifs.

C'est l'Etat qui leur a permis de jouer un rôle dominant en matière de prix. Elles ne se sont pas dérobées et elles ont prospéré dans le cadre d'un dirigisme qui confortait leurs intérêts. Au nom du libéralisme, le CNPF tempêtait rituellement contre le contrôle des prix avec d'autant plus de vigueur qu'il était certain de ne pas obtenir son abolition. Mais quand ce jour ariva, en 1978, personne ne sabla le champagne dans les unions patronales.

La libération des prix a été vécue comme un véritable traumatisme par le CNPF. Cette mesure lui retirait le pain de la bouche. Les entreprises retrouvant la possibilité de fixer leurs prix à leur convenance, a quoi servait la formidable bureaucratie patronale qui s'était nourrie de trente années de réglementations ?

Pratiquement obligées d'adhérer aux fédérations professionnelles pour bénéficier de leurs « services », les entreprises ont vu leurs cotisations augmenter régulièrement. A quoi allait désormais servir leur argent ? Heureusement pour le CNPF, **les patrons foncent tête baissée dès qu'on agite le chiffon rouge des charges sociales mais subissent docilement l'augmentation de leurs cotisations syndicales et ne s'émeuvent pas de la gabegie des administrations patronales.**

Certaines fédératons n'ont d'ailleurs pas attendu la libération des prix pour étudier les moyens de s'entendre en catimini sur les barèmes et déjouer la vigilance de l'administration. Ainsi les producteurs d'engrais ont cherché à éviter la dissolution d'un compte de vente commun créé en 1968 sous l'égide du ministère de l'Industrie. De même, le groupement des fabricants de bitume routier n'a pas modifié son règlement intérieur excluant la concurrence dans la branche.

La gauche, en rétablissant le contrôle des prix, allait permettre au patronat de reprendre des habitudes un moment délaissées. Mai 1981 fut d'ailleurs bénéfique à plus d'un titre. « En flattant l'entreprise, la gauche nous a renforcés comme la seule organisation patronale », confie un responsable du CNPF. Surtout, des liens d'argent peu connus du grand public se sont tissés entre le syndicat des patrons et l'Etat socialiste. Lors d'une réunion à Matignon, peu après les nationalisations, il fut décidé que les groupes qui venaient de rentrer dans le giron de l'Etat ne quitteraient pas pour autant le CNPF.

Aujourd'hui, ces entreprises nationalisées apportent environ un milliard de francs par an aux organisations patronales, soit le tiers de leurs ressources totales. Comme le disait Yvon Gattaz, « les nationalisations sont inutiles, coûteuses et dangereuses ». Sûrement pas en tout cas pour le CNPF.

Autre contradiction que l'on se garde bien de souligner : le CNPF qui ne cesse de vitupérer contre la taxe profesionnelle en profite assez largement. La moitié des unions patronales ont leur siège dans les chambres de commerce et d'industrie et jouissent de leurs locaux et de leurs services. Or, c'est la taxe maudite qui fait la fortune des organismes consulaires.

L'argent des centrales

L'argent est le chapitre le moins transparent de l'histoire des centrales syndicales, comme d'ailleurs des partis politiques, et pourtant c'est l'un des plus importants. Leur budget échappe à tout contrôle, en particulier de leurs adhérents. Les chiffres des cotisations sont notoirement trafiqués. Seule la CFDT, qui annonce environ un million d'adhérents, publie un bilan annuel : 22 millions en 1983. Et encore, bien malin est celui qui pourrait le recouper. Pour la CGT les chiffres les plus récents sont ceux de 1980 et font état d'un budget, hors subventions de 25 millions de francs. Avec un montant aussi dérisoire, on est fondé à se demander comment la centrale d'Henri Krasucki a pu financer la réalisation de son nouveau siège, rue de Paris, à Montreuil dont le coût est estimé à 300 millions.

On sait seulement que la CGT obtint sous le gouvernement de Raymond Barre plus de cinq millions de francs du ministère du Travail et une cinquantaine de millions de prêts à 8,5 %. **La presse n'a en revanche jamais relevé le cadeau fait par le gouvernement Mauroy à la CGT et à la CFDT en les exonérant du paiement de la redevance sur la construction de locaux à usage de bureaux en région parisienne.**

La CGT avait bien versé en avril 1981, 5,4 millions de francs au titre de cette taxe, créée pour favoriser la décentralisation. Pour sa part, la CFDT avait dû verser, en 1975, 680 000 F pour la construction de son siège de la rue Cadet, à Paris. La gauche allait réparer cette « injustice ». C'est ainsi que fut créé un fort curieux chapitre au budget du travail-santé qui devait anticiper sur la présentation au Parlement d'un projet de loi visant à dispenser à l'avenir les syndicats du paiement de cette redevance. Puisée en partie sur la cagnotte des « services généraux du Premier ministre », cette nouvelle ligne budgétaire a permis de reverser à la CGT et la CFDT le montant exact des redevances qu'elles avaient payées. Mais l'Assemblée n'a jamais été saisie du projet de loi exonérant les organisations syndicales de la fameuse redevance.

Les subventions ont fortement augmenté depuis l'arrivée de la gauche au pouvoir. Celles du ministère du Travail ont ainsi progressé de 50 % en 1982. Celles de la formation professionnelle de 30 %. En 1983, les cinq centrales qui disposent du monopole de la représentativité (CGT, CFDT. CFTC, FO et CGC) ainsi que la FEN ont reçu de l'Etat environ 170 millions de francs. Plus que le total estimé de leurs budgets cumulés.

Pour recevoir cette manne publique, elles ont toutes fondé de longue date des instituts de formation professionnelle ou économique, ou encore des « associations de consommateurs ». Quelques exemples : « FO-consommateurs » a benéficié d'une subvention de 600 000 F en 1982, l'« Association études et consommation CFDT » et « Information et défense du consommateur salarié CGT » ont reçu chacune 400 000 F. Fort utiles également ces associations de formation de conseillers prud'hommes : celles de la CGT et de la CFDT ont drainé chacune plus de deux millions de francs.

La « bande des six » s'est également vue octroyer, en 1982, un présent collectif : l'Institut de recherche économique et sociale. Installé dans un luxueux hôtel particulier de la rue de la Faisanderie, dans le bourgeois XVIe arrondissement de Paris, l'IRES dispose d'une dotation budgétaire de 13,7 millions de francs en 1984. Peu empressé à détailler l'usage de cette somme rondelette, un de ses responsables nous a indiqué que les chercheurs qui y étaient employés allaient s'attacher à faire des études et des rapports... pour l'administration.

Numerus clausus

Ne parlez pas du fisc à un commerçant, il vous répondra inquisition. Poujade enflamme encore l'imagination boutiquière. N'évoquez pas devant lui le contrôle des prix, le blocage des marges, il vous entonnera l'air de la liberté étouffée. L'Etat est peuplé d'incapables et de fainéants ; l'administration est un monstre réglomaniaque : le discours est sans nuance et ne supporte pas la contradiction.

Et pourtant, ceux qui profèrent ces bouillantes envolées se sont ralliés en masse à la loi Royer il y a dix ans. D'inspiration pétainiste, cette loi est sans doute la plus malthusienne de l'après-guerre. Son auteur, personnage vertueux, ne visait pas moins qu'à sauver le petit commerce des démoniaques visées de la grande distribution. La solution ? Bloquer son développement en soumettant localement l'implantation des hypermarchés à autorisation, sous l'œil vigilant du petit commerce. Faisons lui grâce des calculs électoraux, que d'autres faisaient pour lui au sein du gouvernement.

Pour justifier la mise en place des digues, on affirmait que la disparition du commerce traditionnel ferait de la France un désert. Mais le maire de Tours n'avait pas prévu ce qu'il advint. Les commerçants n'y avaient pas davantage songé. Le nombre des hypermarchés étant limité, c'est une floraison de supermarchés, échappant à l'autorisation d'implantation, qui a été favorisée. La France compte dix fois plus de supermarchés que d'hypermarchés. Il s'en crée quatre cents par an. Et la survie des petits commerces, objectif de la loi, est davantage menacée par les moyennes surfaces que par les hypermarchés relégués aux portes des villes.

La même loi Royer a aussi offert sur un plateau des rentes de situation à plusieurs grands groupes : leurs concurrents ne pouvaient plus s'installer à leurs côtés. Le coût de l'investissement commercial s'est également renchéri de 30 %, du fait de la course d'obstacles imposée pour obtenir l'autorisation d'ouverture.

Cette stratégie de la défense des positions acquises, qui n'exclut pas les coups bas, n'est pas seulement appliquée dans le monde de l'industrie, de l'agriculture et du commerce. Cité et recité, le rapport Armand-Rueff sur les « entraves au progrès économique » dénonçait, il y a déjà un quart de siècle, une trentaine de professions fermées. Il n'a pas pris une ride. Rien n'a troublé la sérénité des pharmaciens, des notaires, des ingénieurs des mines ou des taxis. Solidement retranchées derrière leurs privilèges, ces corporations ne craignent rien de l'érosion du temps, ni des attaques purement verbales qu'elles subissent rituellement.

Prenez les taxis. On ne compte plus les articles de presse soulignant que le verrouillage de ce métier dépasse les bornes. Il y a 33 000 taxis en France, dont 14 500 dans la capitale. A Paris leur nombre ne s'est étoffé que d'un millier en quarante ans, sans égard pour l'élévation du niveau de vie ou l'augmentation de la population. Souvent introuvables, prompts à refuser une course qui ne leur sied pas, les taxis ne sont nullement prêts à accueillir dans leurs rangs quelques milliers de chômeurs.

La solidarité est à usage interne et c'est au cœur des villes qu'elle va, à l'occasion, s'exprimer. C'est la stratégie de l'escargot, payante à tous les coups. A l'automne 1981, la gauche en fit l'expérience et céda sur la détaxe du carburant : un cadeau de 180 millions de francs. Lorsqu'il était ministre de l'Economie, René Monory se plaisait à indiquer en privé qu'il avait cette corporation dans le collimateur. Pourquoi n'a-t-il rien fait ?

Aujourd'hui sénateur, Monory nous raconta qu'un jour, il a vu surgir dans son bureau de la rue de Rivoli une colérique délégation de chauffeurs de taxis accompagnée de Frédéric-Dupont, député parisien connu comme le défenseur attitré des concierges. L'objet de leur visite au débotté était d'obtenir un relèvement des tarifs. « Je leur ai proposé la liberté des prix en contrepartie d'une ouverture de la profession : cette éventualité les a fait fuir », nous a-t-il dit. Mais la résolution du ministre s'était également envolée.

Opération coup de poing sur la patate

« Nouvelle flambée des cours de la pomme de terre à Rungis », titrent, en décembre 1978, les journaux qui savent que les Français, depuis Parmentier, ont l'irritation facile sur l'évolution des prix de leur tubercule favori. Le ministre de l'Economie René Monory, qui vient de lancer sa politique de libération des prix, intervient sans baguigner, et charge la jeune commission de la concurrence d'enquêter dans les officines des courtiers.

Que trouvent les enquêteurs ? Peu de choses en réalité. Certes la profession a mis au point un barème unique des taux de commissions, une pratique illégale qui témoigne de leur peu d'appétence pour la concurrence.

Mais qui ne représente qu'une épluchure — moins de 1 % — des cours et n'explique en rien leur flambée. Qu'importe. Au terme d'une instruction rondement menée, René Monory décide en un temps record d'infliger quatre millions de centimes d'amende aux deux syndicats professionnels. La presse applaudit le célérité et la rigueur.

L'opération coup de poing qur la patate aurait dû s'arrêter là. Mais dans la plus grande discrétion, elle donna naissance à une histoire à tiroirs. Victimes expiatoires de la liberté des prix, les négociants en pommes de terre n'entendaient pas être sacrifiés, seuls, sur l'autel ministériel. Et ils croyaient pouvoir échapper au supplice en tirant de leurs manches une carte inattendue : le barème d'honoraires des avocats et conseillers juridiques qui les assistaient.

On peut contester l'élégance du jeu du chien de pique qui consiste à repasser une carte maudite à son voisin. Après tout, les courtiers avaient de bonnes raisons de s'interroger. Pourquoi nous et pas eux ? La question plongea en tout cas le ministre, aussitôt averti de l'insolent comportement de cette petite corporation, dans un abîme de perplexité. Mais la commission de la concurrence, c'est tout à son honneur, décida de se saisir d'elle-même du dossier. Nous sommes en mars 1979.

Commence alors l'enquête sous les lambris dorés de l'Ordre des avocas et dans les opulents bureaux des associations de conseillers juridiques. De Rungis au Palais de Justice, le rapporteur du dossier ne tarde pas à s'apercevoir que le changement n'est pas seulement de locaux. Il ne faut pas mélanger les torchons et les serviettes, les tabliers et les robes. Pour avoir négligé cette évidence, la naïve et juvénile Commission de la concurrence va s'exposer à la foudre.

Son péché ? Avoir considéré que les recommandations en matière d'honoraires diffusées par le Conseil de l'ordre des avocats de Paris visaient à limiter la concurrence. Un tel crime de lèse-majesté ne pouvait être toléré par le bâtonnier. Il intervint en haut lieu, ce qui valut à la commission un coup de téléphone chagrin d'un conseiller de l'Elysée.

Pourtant, loin d'aider les avocats à évaluer les coûts supportés par leurs cabinets, les barèmes recommandés par l'ordre prenaient pour référence les tarifs d'autres professions, notamment des notaires. Ah ! les notaires, un bon et bel exemple dont on comprend qu'il puisse susciter l'envie des avocats et la jalousie des conseillers juridiques, dont les associations avaient également diffusé des barèmes d'honoraires.

Payés selon des barèmes fixés par l'administration, les six mille notaires français forment une corporation verrouillée et hautement privilégiée. Impossible pour un quidam d'en faire partie, le numerus clusus la protège et c'est l'Etat qui fixe le nombre des offices. Autre particularité, héritée de l'Ancien régime : ceux qui achètent ces offices demeurent propriétaires de leur charge. Par une ironie sémantique, le terme de vénalité qui caractérise ce système prend aujourd'hui un sens péjoratif qu'il n'avait nullement à l'origine.

Les notaires n'en ont cure. L'essentiel n'est pas dans les mots mais dans les chiffres. Et le revenu d'un notaire se situe entre cinq et dix millions de centimes par mois pour des services qui n'ont rien d'écrasant. Solidement campés au passage obligé des transactions immobilières, ils encaissent leur pourcentage, augmentant le prix de celles-ci. Et donc alimentant l'inflation. Les critiques sont récurrentes. Les notaires s'en moquent et poursuivent , sous tous les régimes, leur notariale existence.

A côté de celle-ci, la vie du barreau apparaît moins dorée. Bien sûr, des cabinets prestigieux et quelques ténors coulent des jours fortunés. Mais dans l'ombre de ces maîtres du verbe, nombre de pousse-plaidoirie présentent une robe plus élimée. Ici, pas de numerus clausus. Seul un examen professionnel est exigé, qui ne filtre guère l'accès à la corporation.

Déjà détenteurs du monopole des plaidoiries, les avocats ont cependant réussi à obtenir au début des années soixante-dix celui de la représentation devant les tribunaux de grande instance. Exit les avoués. Mais le marché de la défense reste assez encombré : 15 000 avocats, dont un tiers à Paris pour des affaires le plus souvent d'un faible rapport. Défendre un braqueur ou plaider un divorce ne tissent pas d'importants bas de laine. Il y a bien les procès d'affaires qu'on s'imagine de nature à arrondir davantage les bourses. Erreur, affirma le bâtonnier : « Les avocats sont parfois soumis à des pressions de grands groupes industriels ou financiers qui imposent des honoraires faibles, en raison du nombre d'affaires qu'ils confient à leurs conseils et de la sécurité qu'ils leur apportent ».

Ainsi, le mur de l'argent serait responsable d'une impitoyable concurrence entre avocats. Ici, l'imagerie des grands monopoles chère au Parti communiste est appelée en renfort de la défense corporatiste d'une profession libérale. Là, le statut protecteur du notaire est invoqué. Admirable plaidoirie. Qui n'emporta pas la conviction de la Commission de la concurrence dont l'avis souligna qu'« un strict respect des règles de droit doit d'autant plus s'imposer aux avocats qu'ils ont vocation à conseiller les entreprises pour s'y conformer ».

Au terme de l'instruction, le verdict paraît sans appel. Mais les avocats avaient eux aussi une carte dans leur manche. Un atout maître à la double effigie d'Olivier Guichard et d'Alain Peyreffitte. Ces barons gaullistes, qui se sont succédés place Vendôme à l'époque des faits, avaient encouragé le Conseil de l'ordre a établir des recommandations d'honoraires. Mieux encore : ils avaient contribué à leur diffusion.

Dans son ouvrage Le *Mal français*, écrit d'une plume acérée et brillante, Alain Peyreffitte avait consigné, un an auparavant, ces lignes : « L'Etat laisse se dégrader les mécanismes libéraux ; il laisse se constituer des monopoles et des ententes, parce qu'il pense mieux se reconnaître dans un univers économique simplifié. Pourtant, quelques mesures de simple police corrigeraient ces vices, qu'on a fini par assimiler au capitalisme, alors qu'ils sont la perversion de l'économie de marché ».

En l'occurence, la machine de simple police ne pouvait être arrêtée. L'instruction achevée, l'avis de la commission rendu, il restait au ministre à trancher. René Monory parvint à échapper à cette pénible tâche par la grâce du changement du 10 mai 1981. C'est Jacques Delors qui trouva le dossier dans un recoin de l'héritage. Et ce n'est que le 30 juillet 1982, trois ans et demi après le début de l'affaire et au beau milieu des vacances, période appréciée de tous les régimes pour régler les affaires délicates, qu'il choisit de faire connaître le châtiment, dans le *Journal Officiel*. A tout péché, miséricorde : pas la moindre amende ni pour les avocats, ni pour les conseillers juridiques.

Malades de la peste, tous l'étaient. Mais, dit La Fontaine, « Selon que vous serez puissant ou misérable, les jugements de cour vous rendront blanc ou noir ».

LE GASPILLAGE AU QUOTIDIEN

Comment évaluer la dilapidation du temps et des intelligences ? Peut-on quantifier les nuisances qui parsèment les trottoirs sous forme d'étrons canins, le coût des agressions sonores ou de la déprime ? Nous abordons à présent l'univers souvent **insaisissable des gaspillages au quotidien.**

Les instruments de mesure sont encore balbutiants, lorsqu'ils existent. Le secrétariat d'Etat à l'Environnement s'est risqué à publier, en 1983, un « essai d'estimation » : selon cette première évaluation, partielle et officielle, le coût des dommages dûs à la pollution a atteint 110 milliards de francs en 1978.

La crise n'a pas éliminé les dégâts du progrès, même si elle en a assourdi les échos. Après le gauchisme dont elle prit le relais, la contestation écologiste est à son tour retombée, les grands débats sur l'avenir de la planète, le gaspillage des ressources naturelles et la société de consommation se sont tus. La croissance zéro s'est imposée d'elle-même et le vert est passé de mode. Supplanté par le noir.

Chantre de la « qualité de la vie » quand il fallait, dans l'opposition, ratisser large, le Parti socialiste a délégué aux débris du PSU le soin de gérer l'environnement. Les restructurations industrielles et l'inflation l'inquiétent beaucoup plus aujourd'hui que la lutte anti-pollution. « Dans le long terme, disait déjà John Maynard Keynes, nous serons tous morts ».

L'auto-gaspi

La voiture est notre vache sacrée. Plus encore que l'électricité ou la pénicilline, le cheval vapeur a marqué le siècle, mais comme la liberté dont elle est devenue le symbole, la voiture peut s'étouffer de ses propres excès. Et entraîner nos sociétés dans d'absurdes gaspillages. Alfred Sauvy, l'un des observateurs les plus sensés du grand rallye qui traverse l'époque, l'a maintes fois remarqué : la voiture est fondamentalement un bien de luxe. L'intérêt bien compris de l'industrie était de la « démocratiser », au point de menacer la ville de thrombose et d'asphyxie.

Dès son invention, nous rappelle Sauvy, l'automobile a fait figure d'enfant chérie. « Sans le savoir, la société lui a prodigué des faveurs dont, aujourd'hui encore, elle ignore l'étendue, sinon l'existence ». Qu'on en juge : l'auto a d'emblée bénéficié de la gratuité de l'intoxication, et de la gratuité de la vie humaine. Même le fisc s'est laissé embobiner par le lobby routier. Constitué dans les années vingt, ce groupe de pression a mené avant guerre la plus considérable campagne d'opinion — et d'intoxication — que la France ait connue.

La bataille menée par EDF pour « vendre » le programme nucléaire pendant les années soixante-dix fait figure d'opérette à côté de la stratégie et des moyens employés pour faire triompher la voiture. Mascotte de l'opération, le sympathique Bibemdum n'a pas tardé à s'imposer dans les coins les plus reculés de l'Hexagone. Et le fameux guide Michelin à se substituer aux poussiéreux manuels de géographie.

Le lobby a cultivé les « leaders d'opinion » bien avant que ce terme n'existe. Il s'est attaché les partis, de la droite à la gauche. Et s'est solidement enraciné dans la presse. Les journaux vantant les nouveaux modèles se sont vite distingués par leurs impressionnants tirages. Quelques jolies fortunes se sont bâties en peu d'années à l'ombre des quatre roues. Hersant a construit son empire sur l'*Auto-journal*.

Quant aux « rubricards-auto » de la presse, quotidienne ou périodique, ils sont sans conteste les journalistes les plus choyés. Il n'est pas rare que les firmes leur « prêtent » leur dernière-née pendant quelques semaines, voire plusieurs mois. Tourisme automobile ? Les essais sont le prétexte de lointaine expéditions, tous frais payés.

Le résultat est à la hauteur des moyens déployés. La route triomphe au-delà de toute espérance. Elle assure aujourd'hui plus de 80 % des déplacements des Français dans l'Hexagone. Le rail, enchaîné par les contraintes, les règlements et la tutelle étatique, s'est laisser dépouillé des trafics les plus fructueux. Malgré le TGV, la SNCF sombre dans un abîme de déficits que la gestion bureaucratique ou le poids des avantages ne suffisent à s'expliquer.

Mais la toute-puissance de la confrérie routière n'est pas sans danger. On a pu le constater en février 1984, à l'occasion du blocus corporatiste imposé par les camionneurs en colère.

L'auto est toujours présentée comme la victime d'un complot prêt à se renouer. N'est-ce pas la meilleure manière de protéger le solide réseau de privilèges et de gratuités à l'abri duquel elle est garée ?

Malgré la timide apparition de parcmètres au centre des villes, la gratuité de l'espace arrive en tête des faveurs réservées à la voiture. Un trois pièces dans un immeuble parisien moyen occupe huit à neuf mètres carrés de surface au sol et se loue couramment plus de 3 000 F par mois. L'aire de stationnement d'une voiture couvre la même superficie, mais son usage est généralement gratuit. Quant au système de stationnement payant — 54 000 places surveillées par 1 200 contractuelles — il est, de l'avis même du maire, Jacques Chirac, « en voie d'effondrement ». La moitié des voitures sont en infraction, mais 15 % seulement sont verbalisées par « les pervenches ». Outre le faible montant des amendes — 50 F — qui n'a rien de dissuassif, un bon nombre des quatre millions de contraventions dressées chaque année pour stationnement illicite à Paris ne sont pas payées.

Inutile de faire ronronner les ordinateurs : le problème du stationnement parisien est mathématiquement insoluble. Compte tenu du parc automobile, il manque 60 000 places de stationnement dans la capitale. 60 000 conducteurs excédés de tourner en rond aux heures de pointe, qui finissent par se garer en double ou en triple file, lorsqu'ils n'envahissent pas les trottoirs. Pourtant, avec son métro et son RER, la ville lumière est une des agglomérations les mieux desservies du monde en transports en commun.

Tous les remèdes n'ont fait qu'aggraver le mal. Comme la nature, les embouteillages ont horreur du vide. On peut multiplier les périphériques, les radiales, les dessertes rapides, tripler les voies d'autoroute, l'encombrement n'en prendra que plus d'ampleur. Il suffit de reprendre les lois élémentaires de la dynamique des fluides pour comprendre qu'aucun tire-bouchon n'empêchera la marée automobile de s'engorger dans les goulots des portes parisiennes au départ du week-end.

En dépit du périphérique et des voies express qui ont défiguré les berges de la Seine, la vitesse moyenne décroit inéxorablement. Inversement proportionnel est le coût des encombrements. Perte de temps, pollution, barils de pétrole et dollars évaporés, il est évalué à plus de 50 milliards de francs par an. Faudra-t-il attendre, pour limiter l'envahissement automobile, que l'incendie d'un grand magasin provoque une catastrophe, un jour où la ville est bloquée ?

Dépassements vertigineux

Symbole de l'aventure, la route nous réserve bien des surprises. Aucun code ne sanctionne les dépassements les plus vertigineux. Un exemple entre cent : la déviation nord de Saint-Brieux, sur la nationale 121, a vu son devis quintupler en huit ans. Les treize kilomètres de voie rapide à travers l'agglomération briochine ont coûté la bagatelle de 200 millions de francs. Un milliard et cinq cents millions de centimes le kilomètre.

La France des années soixante restait sous-développée. Il nous manquait le téléphone et l'autoroute pour accéder au club des pays riches. L'entrelacs de nationales et de départementales ne suffisait plus. Il fallait réagir. La loi de finances de décembre 1969 et un décret de mai 1970 tracèrent les grandes lignes de la politique autoroutière : grâce aux capitaux privés, l'Etat se désengagerait financièrement et le coût des rubans bitumés baisserait de 25 %. Rien de tel ne s'est évidemment produit. **Rarement le principe de la privatisation des profits et de la socialisation des pertes n'aura été aussi rigoureusement appliqué.**

La fièvre autoroutière aura permis à quelques entreprises de travaux publics, actionnaires des sociétés concessionnaires privées, d'engranger de confortables magots. Tandis que l'Etat, garant des opérations, voyait ses engagements progresser régulièrement. Ainsi les sept entreprises actionnaires de la Société des Autoroutes Rhône-Alpes (AREA) — parmi lesquelles le Comptoir français des entrepreneurs, Spie-Batignolles et Campenon Bernard Europe — se sont généreusement adjugé une commission de 14 % sur le montant total des travaux. « Sans que leur intervention puisse justifier une rémunération de cette importance », notent les magistrats de la Cour des Comptes.

Pour arrondir la commission, les entreprises actionnaires se sont calculé un « intéressement » de 8 %. Fin 1976, elles avaient déjà récolté 328 millions de francs. Alors qu'elles n'avaient semé, en apports de capital, que 141 millions depuis la création de la société en 1971. Une belle opération... largement financée par les contribuables et les usagers. Déficitaire pour cause de commission et d'intéressement, AREA s'est en effet fort logiquement vengée sur le prix des péages. Et comme ça ne suffisait pas, elle a fait appel à la garantie de l'Etat. Piétons, cyclistes et automobilistes confondus, les contribuables ont versé leur écot pour éponger les dettes, plus de deux milliards de francs à la fin de 1982. Chère en campagne, l'autoroute devient exorbitante quand elle pénètre la ville. Il ne suffit pas d'exproprier, de terrasser et d'asphalter. Il faut aussi tenter de protéger les malheureux riverains en multipliant les tunnels et les murs anti-bruit.

Le Moloch des temps modernes

Dévoreuse d'espace, la voiture n'est pas moins avide de temps. La démonstration d'Ivan Illich (dans *Energie et Equité*) a plus de dix ans. Elle n'a rien perdu de sa pertinence : « L'Américain type consacre plus de mille cinq cents heures par an (soit quatre heures par jour) à sa voiture : les heures passées au volant, en marche ou à l'arrêt ; et les heures de travail pour l'acheter et payer l'essence, les pneus, les péages, l'assurance, les contraventions et les impôts... Il lui faut donc 1 500 heures pour faire, en moyenne, 10 000 kilomètres. 6 kilomètres lui prennent donc une heure ». On est loin du 180 chrono.

Pour la voiture, la vie n'a pas de prix. Les morts et les blessés ne sont jamais inclus dans les calculs d'amortissement. Le bilan de l'insécurité routière est pourtant accablant : de 1960 à 1983, la voiture a tué 311 486 personnes et en a blessé 7 498 864. Les jeunes payent le plus lourd tribut au Moloch des temps modernes, plus cruel que les dieux des Aztèques. 40 % des victimes n'ont pas vingt-cinq ans.

Il fallut attendre le premier « choc pétrolier », en 1973, pour imposer un premier recul au lobby routier. Il n'accepta la limitation de la vitesse qu'au regard de la nécessité d'épargner les dollars de la facture pétrolière. Il s'y était toujours fermement opposé tant qu'il ne s'agissait que de freiner l'hécatombe routière. Jointe à l'obligation du port de la ceinture de sécurité, la limitation de vitesse a permis d'éviter, de 1973 à 1981, 142 500 accidents et d'« économiser » 34 920 vies humaines, selon les statistiques de l'Organisme national de sécurité routière (ONSER). Autant de miraculés qui doivent leur survie à l'OPEP tant décriée.

Sans le brutal relèvement des prix de l'or noir, le lobby routier n'avait aucune raison de céder. La courbe du massacre aurait suivi sa folle course. N'a-t-elle pas atteint son sommet en 1972, avec 16 617 tués et 274 476 blessés ? Malgré une augmentation du trafic de plus d'un tiers depuis lors, il n'y a eu en 1983 « que » 11 945 décès et 216 129 estropiés sur les routes françaises.

La lutte contre l'autre cause majeure d'accident exige de s'attaquer à un lobby non moins puissant que celui de la voiture. L'alcool, sur lequel nous reviendrons, est avec la vitesse le grand ennemi de la sécurité routière. A l'origine de 15 % des accidents, ils est responsable de 40 % des morts.

Elémentaires, ces évidences n'empêchent pas l'envahissement automobile de se poursuivre et le gaspillage de perdurer. Les rappeler revient à s'exposer à l'accusation de sabotage, à l'heure où les armées allemandes ou japonaises s'emparent de nos marchés. Le chantage à l'emploi reste une solide ligne de défense, même si les robots remplacent les immigrés sur les chaînes de montage.

On ne critique pas impunément la citadelle de l'industrie française, au double visage du capitalisme d'Etat avancé et du patronat ouvertement rétrograde. La France est en émoi quand Citroën annonce 1 909 licenciements, alors que le textile ou le bâtiment perdent en silence 100 000 salariés. **Lorsqu'il s'agit de voiture, les plus sensés deviennent aisément bornés, à l'abri d'une logique implacable : la bagnole a rendu la grande ville invivable ? Il faut donc une voiture pour échapper à l'enfer urbain.**

La raison pure est impuissante quand il faudrait remettre en cause tout un modèle de société. Et s'attaquer à l'une des idéologies les mieux partagées, à base d'égoïsme agressif, ostentatoire ou frimeur. Un formidable malentendu fonde ce consensus : géniale invention, la voiture reste perçue comme l'instrument d'évasion des macadams cowboys. Alors que sa prolifération l'a transformée en véhicule de l'aliénation.

Composé pour l'essentiel d'enfants et de vieillards, le parti des non-motorisés est inorganisé et impuissant. Et pour l'automobiliste englué, le coupable ne peut être que l'autre, qui n'avait évidemment aucune raison valable de sortir son engin. On le sait pourtant depuis le siècle des Lumières. La liberté de chacun s'arrête là où elle empiète sur celle d'autrui.

Face à l'absurdité quotidienne, nous ne pouvons que rêver. Imaginer la ville libérée de l'excès automobile. Des taxis bon marché, car ils rouleraient, traverseraient Paris en quelques minutes et créeraient des emplois. Grâce aux autobus, nous serions à l'heure sans nous presser. Des navettes fluviales conviendraient aux âmes plus rêveuses. Les artères redeviendraient d'agréables pistes cyclables sans qu'il soit nécessaire de remplacer ces coûteuses bandes vertes installées à la hâte par Jacques Chirac pour capter quelques votes écologistes. On s'entendrait enfin à la terrasse des cafés et nos poumons s'éclairciraient.

Des enfants plombés

Les dangers du plomb sont connus depuis l'antiquité. Le saturnisme, affirment plusieurs historiens, ne serait pas étranger à la chute de l'empire romain. Or, toujours à cause de la mauvaise haleine des pots d'échappement, une invisible mais non moins nocive chappe de plomb nous enserre. Ce métal est mélangé au carburant pour éviter que le mélange air-vapeur d'essence, fortement comprimé, n'explose avant que l'étincelle jaillisse de la bougie. Une fois cette mission accomplie, il est rejeté à l'air libre en fines particules. Chaque année, le parc automobile français exhale ainsi 7.000 tonnes de plomb.

Il n'y a pas en France, pour des raisons sur lesquelles nous reviendrons, d'étude sérieuse et exhaustive sur les méfaits de ces rejets. Mais le rapport d'une commission royale britannique ad hoc, publié le 18 avril 1983 est on ne peut plus explicite : « La concentration moyenne en plomb dans le sang de la population anglaise est d'environ un quart de celle à partir de laquelle des symptômes nets d'empoisonnement peuvent occasionnellement apparaître... Il n'y a pas, à notre connaissance, d'autres substances toxiques aussi largement répandues chez les humains et les animaux », concluent les experts de la Reine « (cité dans une brochure éditée par le collectif maladies et risques professionnels de Jussieu et les amis de la terre, et intitulée : *Le plomb dans l'essence, nos enfants payent).* Il y a fort à parier que la situation dans l'Hexagone, en tous cas dans les grandes agglomérations, n'est guère différente.

Les femmes enceintes et les enfants sont particulièrement vulnérables au saturnisme. A forte dose, le plomb réduit la fertilité. Il peut provoquer des dommages au fœtus pendant la grossesse, des fausses couches et entraver la croissance des nouveau-nés. « Plombés », les jeunes citadins souffrent de troubles du comportement tels que l'inattention, la distraction ou le manque de ténacité. Nos chers petits ont certes bien d'autres raisons d'être dissipés. Il serait trop facile de transformer les pots d'échappement en bouc émissaires à l'usage des cancres et de leur faire porter le chapeau des moindres contrariétés scolaires. Mais il est prouvé que les têtes plombées s'alourdissent et accumulent les mauvais points.

Les travaux de plusieurs équipes scientifiques, notamment ceux du professeurs américain H. L. Needleman, sont sans équivoque. Suffisamment convaincante en tout cas pour avoir décidé les Etats-Unis, le Canada, le Japon et l'U.R.S.S. à adopter l'essence sans plomb depuis plusieurs années.

Serions-nous moins soucieux de la santé de nos enfants ? Nous sommes surtout mal informés. Car en France, les puissants lobbies de l'automobile et du pétrole ont réussi, avec les industriels du plomb (Penarroya et Octel-France), à ériger un mur de silence autour de cette question. Avec la complicité plus ou moins active des pouvoirs publics, qui ont longtemps temporisé « pour supplément d'information ». La tactique employée par le groupe de pression, discrètement relayée par quelques hauts fonctionnaires du ministère de l'Industrie, a été aussi simple qu'efficace.

Experts et « éminents professeurs », choisis et pour certains « récompensés » par les industriels, ont, par leur présence assidue, verrouillé les quelques commissions réunies sur ce sujet. Il fallait, répétait-on sans se lasser, étudier plus avant « l'impact médical » du métal bleuâtre sur les populations. Reprenant le trop classique argument « c'est pas nous, c'est les autres », l'autre ligne de défense consistait à minimiser les rejets automobiles. Pourquoi ne s'attaquer qu'à la voiture, alors que les capsules portant le « congé » des bouteilles de vin, les vaisselles mal émaillées, les vieilles canalisations d'eau et certaines industries chargent aussi le corps humain de plomb ?

Il fallut que Bonn, pressé par ses « Verts », menaçât de faire cavalier seul, pour que l'Europe — et donc la France — s'engage enfin sur un calendrier précis pour la suppression du plomb dans l'essence. Mais les combats d'arrière-garde se poursuivent : nous avons encore plusieurs années de saturnisme devant nous. **Les stations-services de la Communauté européenne ne seront obligées à distribuer de l'essence sans plomb qu'en 1989. Et les normes anti-pollution comparables à celles qui prévalent aux Etats-Unis ou au Japon — depuis, rappelons-le les années soixante-dix — ne seront pas imposées avant 1995.**

A force d'avoir ratiociné au lieu de chercher des solutions techniques, l'industrie française a beau jeu d'expliquer que cette mesure va l'handicaper. Pour supprimer le plomb, il faudra réduire le taux d'octane des carburants, ce qui accroît la consommation d'essence. Actuellement, plus de 85 % de nos voitures roulent au super, contre 50 % seulement en Allemagne. Il faudra en outre doter les voitures de pots catalytiques. Ces appareils, construits sous licence américaine, sont chers, entre 3.500 et 4.800 francs l'unité. Le surcoût, non proportionnel à la taille du véhicule, pénalisera évidemment davantage les petites cylindrés françaises ou italiennes.

Face aux évidences scientifiques, les constructeurs automobiles ne contestent plus le « risque médical ». Mais, curieuse conception de la santé publique, ils osent soutenir que les 10 milliards de dollars d'investissement nécessaires, selon eux, pour convertir l'Europe à l'essence sans plomb, seraient plus utile pour soutenir la recherche médicale. En clair, laissez-nous polluer en paix et donnez aux médecins les moyens de réparer les dégâts. Tout en promettant que « d'ici quelques années », ils auront découvert « des solutions plus efficaces et moins onéreuses » pour réduire la pollution automobile.

Urbanimalisation

Dans un article publié en 1984 par le quotidien italien *Corriere della Sera*, l'écrivain colombien Gabriel García Marquez avoue sa stupéfaction : la France est un pays où il y a plus de chiens que d'enfants. Et bientôt plus que de Français. Nous détenons le record mondial du nombre d'animaux domestiques par habitant.

Six familles sur dix hébergent une ou plusieurs bêtes à domicile : un recensement officiel dénombrait récemment neuf millions de chiens, en majorité urbains, et sept millions et demi de chats. A Paris, on compte 700 000 chiens ; à Marseille, ils sont 120 000 et 50 000 à Nice. On ne peut plus parler de luxe, ou de mode, mais d'un trait, révélateur, d'une mentalité nationale.

Les 35 milliards qui, chaque année, sont dépensés pour l'achat ou l'entretien des animaux domestiques représentent cinq à six fois l'aide que la France distribue aux pays les plus pauvres du monde, où sévissent la famine et la malnutrition. Pour ceux qui jugent que cette comparaison est un triste argument tiers-mondiste, ajoutons que cette somme correspond au tiers des allocations versées à plus de deux millions de chômeurs, et au quadruple de ce que nous coûte notre diplomatie.

Il est possible de trouver dans les histoires de crottes canines matière à plaisanterie ou, à l'inverse, à indignation hygiéniste. Depuis quelques années, la presse sacrifie à ce rituel citadin avec zèle, multipliant les anecdotes sur l'enfer des trottoirs, les concerts d'aboiements et la peur des morsures. Le problème, puisque « problème » il y a, est posé et reposé dans les mêmes termes. Sans grand changement. Et la raison en est définitive : le chien n'est pas propre, il aboie et il mord.

Les solutions existent, mais elles sont radicales : campagnes contraceptives dans les pays nordiques, bannissement des chiens dans les grandes villes, en Islande, et, ce qui revient pratiquement au même, forte amende à New York — 800F — pour les maîtres qui n'ont pas respecté l'obligation de recueillir les étrons canins. Autre recette, fort répandue en Asie : la dégustation, à la maison ou au restaurant, de chiens mitonnés en sauce. Mais cette pratique gastronomique, assimilée au cannibalisme, est aussi révoltante aux yeux des Français que notre goût pour les cuisses de grenouilles ou les escargots aux consciences britanniques.

Pour ne pas prendre à rebrousse poils, le « parti chien dont les immombrables adhérents se recrutent dans toutes les couches sociales, les édiles adoptent une conduite pusillanime. Les amendes pour déjection sur les trottoirs et dans les lieux publics se sont pas dressées, par laxisme. Le syndicat des contractuelles a fait savoir qu'il s'opposerait au détournement de leur mission. Il s'agit peut-être d'une juste évaluation du danger, quand on sait que trois mille postiers se font mordre chaque année. En augmentation de 60 % en dix ans, ces « accidents de crocs », pour reprendre l'expression imagée de l'administration, se soldent chaque année par dix mille jours d'arrêt de travail. Il convient d'ajouter à ces accidents du travail, les visites à l'hôpital, ponctuées de piqûres, qui résultent des cinq cent mille morsures administrés annuellement à l'homme par son meilleur ami.

Comme il n'est pas question de donner l'impression de baisser les bras, les pouvoirs publics ont appliqué au problème-chien le traitement bureaucratique dont les effets navrants et ruineux constatés partout ailleurs se doublent, ici, du ridicule. Bien évidemment, de multiples réunions municipales ont été, sont et seront consacrés à l'examen de ce sujet digne de Clochemerle : son caractère prioritaire ne souffrant aucune décision prise à la légère.

C'est ainsi que la ville de Nice a distribué des milliers de petits sacs pour ramasser les étrons : les « canipoches ». Echec total. D'autres municipalités ont édifié des édicules, les « vespachiens », essuyant un égal insuccès. Les campagnes publicitaires pour obliger les chiens à prendre le chemin des caniveaux se heurtent au refus des automobilistes de respecter un écart entre le trottoir et leur véhicule en stationnement.

Fort logiquement, la Mairie de Paris en est arrivé aux « caninettes ». Prodigieuse invention, ces motos munies de brosses anti-crottes. Les touristes étrangers s'ébaudissent de cette marque du génie français. Pensez à l'avantage considérable de faire sillonner les trottoirs par des engins à moteur, remplaçant le risque de glisser sur une crotte par celui de se faire renverser, et une pollution somme toute naturelle par une autre, beaucoup plus moderne, à base de plomb et d'essence. Le progrès n'est plus en marche : il roule plein gaz. Il n'a pas de prix, dit-on, mais son coût nous a été révélé pour les « caninettes » : trois milliards de centimes sur huit ans. Une affaire confiée à Jean-Claude Decaux, connu pour les conditions exorbitantes qui émaillent nombre de ses contrats avec les municipalités.

L'idée a également germé d'une taxe sur les chiens, qui présenterait le double intérêt de jeter en pâture de nouvelles tâches à la bureaucratie et de libérer de leurs scrupules les maîtres citoyens : je paie, qu'on ne m'embête pas.

La France a un mal de chien

Ces exemples de solutions nous amènent au cœur du problème : le dossier chien est devenu une affaire d'Etat. Le premier, Valéry Giscard d'Estaing l'a bien compris, qui avait nommé un *Monsieur Animaux* en la personne de Pierre Micaux. Fils et frère de boucher, le député de l'Aube a parcouru l'Hexagone pendant près d'un an pour annoncer, à sa sortie de l'Elysée, que les trois cents propositions de son rapport pouvaient « faire, après discussion au Parlement, l'objet d'un plan quinquennal de la condition animale ». Projet avorté de fin de septennat dont on ne sait si l'ancien président, fraîchement converti à l'anti-étatisme, l'inscrira en bonne place dans ses futures promesses électorales.

La gauche n'a pas manqué de faire plancher ses experts les plus compétents sur une question dont la problèmatique a été ainsi précisée en mars 1983 : viser une « harmonieuse intégration de l'animal dans la cité ».

Premier jalon : la mission « bruit » du secrétariat d'Etat à l'Environnement envisage la commercialisation d'un collier anti-bruit pour combler notre retard dans ce domaine. De tels colliers existent aux Etats-Unis. Dans leur version la plus sophistiquée, c'est-à-dire la plus barbare, ils font taire l'aboyeur en émettant des décharges électriques, dosées par des « micro-puces ». Contre les puces, les vraies, les naturelles, nous n'avons rien à envier aux Américains : il se vend en France trois millions de colliers insecticides par an.

En haut lieu on partage, pour le meilleur et pour le pire, les préoccupations et les goûts des citoyens. Nos présidents n'aimeraient pas les chiens que les Français se détourneraient d'eux. Gare aux sondages. Il ne leur viendrait pas à l'idée d'exhiber leur canari. Mais la famille élyséenne ne serait pas complète sans un ou plusieurs chiens, qu'il convient de faire poser devant les photographes de presse.

C'est certain, un bâtard ne sierait pas à la dignité d'une fonction qui s'accommode fort bien d'un braque ou d'un labrador. D'autant que l'imagination et pas seulement celle-ci pour Valéry Giscard d'Estaing, les associe à la chasse, activité de haute valeur et de noble tradition, manifestation de puissance et expression du désir prédateur. Les compagnons présidentiels ne sauraient répondre aux noms de Mirza, Loulou ou Azor, d'une parfaite vulgarité. Ils doivent être affublés de substantifs exotiques ou savants : Jugurtha, Nil ou encore Epsilon, le plus petit en grec, pour le bouvier bernois de Danielle Mitterrand.

Au fond, de quel besoin impérieux procède la possession d'un chien ? A en juger par la multiplication des molosses, dressés à mordre, abrutis à la schlague, on peut invoquer le délire sécuritaire. Le spectacle pitoyable, s'il n'était inquiétant, des forcenés du berger allemand est l'expression d'une paranoïa en manifeste expansion. L'ennui est que la transformation d'un chien en fauve aboutit au résultat inverse de celui affiché : l'effet dissuasif est incertain sur les éventuels agresseurs, alors que d'innombrables faits divers attestent du danger réel encouru par les honnêtes gens. Les compagnies d'assurance ne s'y trompent pas, qui refusent des contrats ordinaires pour les cerbères.

Le parallèle entre le sort réservé aux animaux domestiques et le regard que les adultes portent sur leurs enfants est devenu un tel truisme qu'on répugne à en faire état. Il est pourtant difficile de nier que « prendre » ou « adopter » un chien s'avoisine fort au désir d'« avoir » un enfant. Quand il ne s'y substitue pas.

La prolifération canine est inversement proportionnelle à la baisse du taux de natalité. Les chiens finiront-ils par payer la retraite de leurs maîtres ? Enfant de rêve, le chien reste prostré à attendre le moment où ses parents d'adoption daigneront éteindre la télévision pour préparer la pâtée. Le chien d'un obèse présentera lui aussi de flasques surfaces excédentaires. Nos compagnons, primitivement omnivores, sont devenus principalement carnivores, adoptant les régimes alimentaires de nos sociétés gaspilleuses.

Il y a des propriétaires attentionnés et des maîtres infects, des chiens délicieux et d'insupportables clébards : cela ne change rien au fond de leur relation, qui témoigne du goût de domination des uns sur les autres. Enlaissé ou délaissé, ce domestique animal est un valet obséquieux ce qui flatte son maître et le soulage des courbettes de sa vie d'homme.

Autre avantage pour une société traversée d'inégalités : le chien compense son inutilité par son rôle de faire-valoir. Il est l'artisan de la réputation au Bois ou sur un trottoir au même titre qu'une voiture sur la chaussée : un solide doberman vaut bien une BMW. Que l'un et l'autre représentent de vaniteux gaspillages paraît évident. Ni l'un, ni l'autre n'ont d'autres fonctions sociales qu'ostentatoires : ils s'offrent au regard pour la comparaison, voire l'envie. Ils ne se prêtent pas, ni ne se laissent caresser.

Assujettie à la mode, la race canine vit au rythme des manipulations génétiques et des importations des quatre coins du monde. L'évolution du goût va rendre un jour beau et le lendemain hideux, le pékinois, le caniche, le boxer ou le chien de traîneau, qui parcourt au profit de quelques snobs les steppes bitumées des villes françaises.

Ce qui fonde l'utilité du chien, c'est aussi son inutilité. Il ne prétend plus, pour son maître, à une activité lucrative, à l'exemple du porc ou de la vache, deux animaux domestiques occupant une bonne place dans nos estomacs et à qui on ne saurait en conséquence prêter une valeur esthétique comparable à celle du chien.

L'attente écologique et la crise imposent des décisions de bon sens, inspirées des principes d'une saine économie domestique. Aussi paraît-il opportun de favoriser sans plus tarder l'élevage des cochons et des vaches au cœur des villes. Pour les porcs, moins sales qu'on ne le pense, il s'agirait d'une contribution au redressement de la balance commerciale car grand est notre déficit en viande porcine. Et pour les vaches, moins stupides qu'il n'y paraît, et fort décriées ces temps-ci au regard de la surproduction laitière, elles devraient être affectées à l'entretien des parcs urbains, leur donnant l'incomparable effet du brouté.

Quant aux chiens dont le nombre serait sérieusement limité, ils pourraient garder les vaches.

Alerte aux décibels

« Drame de l'exaspération : M. X, retraité d'apparence tranquille, a mortellement blessé d'un tir de carabine le jeune M. qui participait à une course de mobylettes dimanche soir autour de la cité des Glycines. » Ce fait divers est en passe de devenir l'un des plus banal de notre société. La chaleur, le racisme, l'idéologie sécuritaire, les grands ensembles et leur petite délinquance sont souvent en cause. Mais le grand responsable de ces morts d'adolescents est ailleurs. C'est le bruit. **Le bruit qui empêche de dormir, qui rend fou et double d'intensité tous les dix ans. Une majorité de Français, 56 % l'accusent d'être la principale nuisance qu'ils subissent.**

Le silence est d'or, dit la sagesse populaire. Le bruit n'est guère moins coûteux. Selon le secrétariat d'Etat à l'environnement, « son coût social devrait dépasser 100 milliards de francs dont le quart environ en coût médical. » Vous avez bien lu, dix mille milliards de centimes, sans compter le « coût » des jeunes vies fauchées à coup de chevrotines à la Courneuve ou dans la banlieue de Marseille. La seule pétarade automobile entraîne, selon les experts, une dévalorisation du patrimoine immobilier supérieure à 70 milliards.

Le bruit fait partie de ces ennemis diffus et implacables avec lesquels on ne peut pactiser. L'accoutumance au bruit est une illusion. Au-delà du seuil de 65 décibels, ses effets sur la santé sont directs et irréversibles. Les systèmes auditif et nerveux sont atteints. Et « la qualité du tissu social » se détériore, comme disent les technocrates. Le bruit le déchire plus sûrement que les querelles politiques ou les drames familiaux.

Le bruit c'est d'abord le voisin du dessus qui suit, à plein volume, le match sur la première chaîne au moment où vous sombrez dans une petite sieste bien méritée. Le concierge qui sort les poubelles à l'aube alors que vous travaillez tard le soir. Du rasoir électrique à la tondeuse à gazon, le progrès a multiplié les engins assourdissants.

Ces « troubles du voisinage », qui se transforment après 22 heures en « tapage nocturne », sont somme toute inhérents à la vie en société. Ils sont, il est vrai, aggravés par la mauvaise qualité de trop nombreux logements. L'insonorisation n'était pas la préoccupation majeure des architectes qui ont commis les HLM. Et l'époque, qui a tendance à confondre musique et bruit, n'est guère propice au silence. Comme l'air et comme l'eau, c'est un bien dont on commence seulement à apprécier le prix. Reste que la discrétion et le respect d'autrui ne peuvent être imposés par la loi.

D'autres nuisances sonores peuvent en revanche être combattues. A condition d'y mettre le prix. Les usines et les ateliers sont responsables de la moitié des plaintes pour bruit. Sauf rarissime exception, il est techniquement possible de mettre une sourdine aux machines assourdissantes. Exemple ? Le crépitement des engins de chantier a été divisé par dix, à la suite de dispositions réglementaires prises en avril 1969. Le trépidant vacarme des marteaux-piqueurs s'est calmé, pour le plus grand bien des citadins... et des ouvriers des travaux publics.

De même la construction de murs antibruit le long des autoroutes urbaines ou l'isolation phonique des appartements, surtout lorsqu'ils sont proches d'un aéroport, facilitent le sommeil des citadins. Le seul inconvénient de ces mesures est de coûter cher.

Pour calmer les insomnies des 90 000 riverains du périphérique parisien, il faudra dépenser plus de 300 millions de francs d'ici 1990 en couvercles de béton, en murs insonorisants, en talus, ou en plantations. Mais le remède peut s'avérer pire que le mal. On risque en effet de perdre en pollution atmosphérique ce qu'on gagne en décibels. La mise en tunnel du périphérique, l'artère la plus fréquentée de France, concentre les gaz d'échappement. Au détriment de la santé des usagers de la voie rapide et des personnes qui ont la malchance de résider près des débouchés des souterrains.

Le comble de l'ineptie est atteint avec la ZAC Champerret, au nord-est de Paris. Les urbanistes de la ville ont la lumineuse idée, avec la bénédiction du maire de Paris, Jacques Chirac, d'éfifier une petite ville sur un terrain libre en bordure du périphérique. Pour protéger les logements, légèrement en retrait, les aménageurs n'ont rien trouvé de mieux que d'égrener un chapelet d'écoles, de crèches, de garderies et de terrains de sport à proximité immédiate des tronçons découverts de la voie rapide. Un écran de 2 000 enfants contre le vacarme et les gaz d'échappement !

Autre exemple d'absurdité : depuis le mois de mars 1984, un hélicoptère fait la navette toutes les vingt minutes entre les aéroports d'Orly, au sud de la capitale et de Roissy au nord. Le bourdon survole les voies de circulation répertoriées comme les plus bruyantes de la banlieue parisienne.

Et notamment les rutilants murs antibruit récemment construits à grands frais !

La lutte pour le silence est « une œuvre de salubrité publique et de justice sociale », clame Véronique Neiertz, députée socialiste de Seine-Saint-Denis et présidente du Conseil national du bruit. De fait, les Français ne sont pas égaux face au bruit. Dans les ateliers et les usines, il est à l'origine de 11 % des accidents de travail. Et ce ne sont généralement pas les habitants des zones résidentielles qui sont abrutis dans la journée par le fracas des machines.

Les agressions, nerveuses ou respiratoires, font tellement partie de notre univers que nous n'y prêtons plus attention. Elles finissent un jour par se payer. Affections cardio-vasculaires ou troubles mentaux, « une ville comme Paris est devenue une usine à faire des malades », n'hésite pas à affirmer le professeur P. Zivy, auteur d'un traité de « psychopathologie des grandes villes ».

Le boom de la déprime

Est-ce étendre abusivement la notion de gaspillage que de l'appliquer à notre équilibre nerveux et mental ? C'est un autre lieu commun de constater que le mode de vie contemporain accroît le stress. La fatigue et la nervosité ne sont pas comptabilisées. Pourtant elles pèsent lourd au passif du progrès. Les sonnettes d'alarme sont nombreuses : la dépression, l'alcoolisme, la drogue et le suicide étendent leurs ravages. On s'efforce, à coup de rustines, règlementaires ou médicamenteuses, de limiter la casse. En oubliant trop souvent que ce sont nos mœurs qui sont en cause.

La France, avec cinq millions de déprimés, détient un triste record. Chaque année, nous consacrons deux milliards de francs à l'achat de pilules anti-déprime. De 1974 à 1982, la consommation de tranquillisants à doublé. Celle des antidépresseurs a triplé. Au hit-parade des médicaments, le Témesta, un anxiolitique performant, talonne désormais l'aspirine. Les officines le délivrent au rythme hallucinant d'un million et demi de boîtes par mois. Dans les hôpitaux, les maladies mentales mobilisent un lit sur deux. Qu'importe le motif de votre hospitalisation, on vous supposera agité. Vous aurez droit d'office au petit calmant. Piètre consolation, la France n'est pas isolée : selon l'organisation mondiale de la santé (OMS), la dépression touche 4 % de la population de la planète.

On peut être fataliste et considérer qu'il s'agit là d'un inévitable tribut payé aux temps modernes. Rappeler qu'avant la dépression, « inventée » au milieu du XIXᵉ siècle, existait la mélancolie. L'extension de l'état dépressif n'en reste pas moins impressionnante. Dans les bureaux et le métro, nous sommes environnés de gens sans appétit, sans désir d'aimer ni d'agir, abandonnés parfois par l'envie de vivre. L'anxiété et l'irritabilité montent, par bouffées. Les regards et les voix se ternissent. Prostrés et immobiles, les déprimés nous renvoient l'angoissante image de nos vies gaspillées.

La déprime inquiète d'autant plus qu'elle semble devenue contagieuse. Du fait de leur isolement, lorsqu'elles restent au foyer, ou par surmenage pour celles qui cumulent emploi et taches ménagères, les femmes sont plus vulnérables. Les enfants eux-mêmes ne sont pas épargnés. Mal du siècle, le « bleu à l'âme » frappe autant le cadre dynamique que l'ouvrier spécialisé. Et il n'épargne pas les campagnes. Il n'est pas rare que la déprime surprenne sans crier gare. **Certains médecins généralistes confessent que plus de 50 %** de leurs patients souffrent d'états dépressifs. Le tunnel de la crise et son corollaire le chômage ont encore grossi le cortège des déprimés.

Souvent mal soignée, la dépression peut être dramatique pour l'individu et source de multiples déperditions pour la société. Les omnipraticiens, qui traitent plus de 90 % des déprimés, sont en général mal formés en psychiatrie et en pharmacologie. Faute de temps pour se recycler, ils sont contraints de faire confiance aux publicités des laboratoires pharmaceutiques, pour qui la déprime est un marché « porteur ». « Ce qui coûte cher », constate le professeur Daniel Widlocher, auteur d'un ouvrage sur *Les logiques de la dépression* », c'est la masse des déprimes légères, non reconnues et mal traitées, qui entraîne une cascade d'arrêts de travail. »

Selon la Caisse nationale d'assurance-maladie, les maladies mentales sont la première cause d'entrée en invalidité. Elles sont à l'origine de près de 20 % des arrêts longue maladie et de 15 000 cessations définitives d'activité chaque année. Des centaines de milliers de journées de travail sont en outre perdues en raison de « troubles psychosomatiques divers ». Car la déprime avance souvent masquée : migraines, maux de dos, dérèglements gynécologiques brouillent les pistes. Le docteur Claude Blanc, médecin-chef d'EDF-GDF, le confirme : dans cette entreprise, qui suit depuis dix ans l'évolution de la santé de ses employés, le mal-être joue un rôle déterminant dans l'absentéisme.

Heureusement, tous les déprimés ne perdent pas le goût de vivre au point de se supprimer. Mais la dépression facilite le passage à l'acte suicidaire. « Suicide-chantage », pour attirer l'attention de l'entourage. Mais aussi, de plus en plus suicide « réussi ». En 1983, il a tué 12 000 personnes, presque autant que la route, et un nombre croissant de jeunes de moins de 24 ans.

« Un verre ça va. Trois verres... bonjour les dégâts »

Autre clignotant préoccupant : l'alcoolisme frappe de plus en plus jeune. Le docteur Patrick Braun, auteur d'un livre intitulé *Quand les enfants boivent...* rapporte le cas d'une fillette de Dunkerque, atteinte de cirrhose alcoolique du foie à sept ans. Avenir bouché, ennui, désœuvrement, « vie dure », les adolescents « carburent » à la cannette et s'éclatent au rhum. Ou au scotch, dans les milieux aisés. L'exemple vient d'en haut. Malgré une baisse récente, et légère, de l'imprégnation, nous restons de loin champions du monde toutes catégories, avec plus de dix-huit litres litres d'alcool pur par citoyen et par an.

L'éthylisme reste un fléau bien français. Et l'une des causes majeures du gaspillage national. Il est difficile de l'attaquer de front quand on sait que du viticulteur au bistroquet, le lobby alcoolique compte cinq millions d'adhérents. Exactement le nombre de Français imbibés au-delà du raisonnable. Il affirme contribuer au Produit intérieur brut (PIB) à hauteur de 100 milliards. A eux seuls, les 320 000 vignerons dégagent un chiffre d'affaires de plus de 30 milliards et ils font merveille à l'exportation, notamment aux Etats-Unis. Mais la corporation se garde bien de clamer ce qu'il coûte.

Si l'on additionne les 40 000 décès annuels liés à l'intoxication alcoolique et le coût des accidents, crimes et suicides dûs à la dive bouteille, la facture frôle les 90 milliards de francs. 100 milliards de chiffre d'affaires d'un côté, 90 milliards de francs pour les morts, meurtres et accidents de l'autre : les raisons économiques, si souvent invoquées pour épargner l'alcool, ne sont pas recevables. Pourtant, à l'exception de quelques individus courageux, tel Pierre Mendès-France, aucun responsable n'a osé affronter le lobby du coude levé.

En 1978, Simone Veil, alors ministre de la Santé, avait candidement établi les limites de son action : « En m'attaquant au tabac, j'ai choisi la facilité. Cependant l'alcoolisme est plus grave que le tabagisme. Mais il est inutile de mener campagne contre lui si auparavant toute l'orientation de notre agriculture n'est pas modifiée ».

Comme en écho, Edmond Hervé, secrétaire d'Etat à la santé, déclarait en 1983 aux congressistes du Comité national de défense contre l'alcoolisme réunis à Paris : « Il y a des intérêts considérables en jeu et les impératifs de la santé sont trop souvent en contradiction avec ceux de l'économie nationale. » Avant de conclure son intervention en proposant le lancement d'« une campagne d'information et de réflexion ». Une de plus...

Au Parlement et dans les allées du pouvoir, la même tragi-comédie se poursuit depuis le début de la troisième république. On se lamente, on déplore, mais rien ou pas grand chose n'est fait pour attaquer le mal à la racine. Dès 1924, le docteur Galtier-Boissière écrivait dans le Larousse médical que « toute disposition légale qui aura pour but de restreindre la proportion et la consommation d'alcool se heurtera à une opposition formidable, dont l'expression retentira au Parlement ».

Peu avant de quitter l'Elysée, Valéry Giscard d'Estaing avait confié au professeur Jean Bernard le soin de rédiger un nouveau rapport — le trente-et-unième du genre — sur les ravages de l'alcool.

Submergée par le déficit de la Sécurité sociale, la gauche a créé une nouvelle taxe. Mais ce renchérissement n'a rien de dissuasif. Pour réduire le massacre du samedi soir, elle s'est aussi attaquée à la conduite en état d'ivresse. En alignant la France sur ses voisins en matière d'imprégnation autorisée. Boire ou conduire, il faut choisir.

Le délit de « conduite sous l'empire d'un état alcoolique » est désormais établi au-delà du seuil de 0,80 gramme par litre de sang. Mais socialistes et communistes, bien implantés dans les régions viticoles, manifestent une grande prudence à l'égard du lobby. La grande campagne annoncée par Edmond Hervé a bien été lancée, en 1984. De l'avis même de ses promoteurs c'est une campagne « douce », incitant les Français à modérer leur consommation. Le talent de Cabu et huit films, 11 millions de francs au total, pour convaincre qu'« un verre ça va, trois verres... bonjour les dégâts. »

Quant à la loi qui doit régenter la publicité pour les boissons alcooliques, elle est « en préparation » depuis plus de cinq ans. Toujours bloquée par les manœuvres dilatoires du lobby. Pendant ce temps, les affiches continuent d'expliquer que la bière favorise l'effort physique. Les fabricants de pastis patronnent les manifestations sportives. Et les dispositions légales interdisant la publicité pour les alcools « du cinquième groupe » — anis, gin, whisky, vodka, genièvre, pastis — sont ouvertement violées, avec le blanc-seing des tribunaux.

Comparés à ceux de l'alcool, les ravages de la drogue peuvent sembler minimes. Les surdoses mortelles ont tué 190 personnes en 1983. Même en multipliant ce chiffre par trois, pour inclure les décès indirectement provoqués par les stupéfiants et ceux qui ne sont pas signalés à la police, on reste loin de l'hécatombe alcoolique.

Pourtant, sans atteindre le niveau de l'Allemagne, qui a enregistré 472 morts par overdose en 1983, la toxicomanie se développe rapidement en France. En témoigne la rapide progression des prises des douanes et de la police. En 1983, elles ont saisi 168 kilos d'héroïne, 229 kilos de cocaïne, 12,5 tonnes de marijuana et 11 tonnes de haschich, soit une valeur de sept milliards de francs. Ces captures ne représenteraient que le dixième du chiffre d'affaires de la drogue en France.

Les recettes, en France, du négoce illicite, depuis le gros bonnet membre de la plus vaste multinationale du monde jusqu'au petit dealer de Belleville, atteindraient la somme colossale de 70 milliards de francs. A peine moins que le chiffre d'affaires du groupe Peugeot.

Des poubelles de médicaments

Nos armoires à pharmacie débordent de comprimés et de remèdes périmés. L'ampleur du gaspillage est controversé. Selon le rapport Bardeau, établi par le Haut comité médical de la Sécurité sociale, plus de 30 % des médicaments achetés sont inutilisés et jetés.

Faux, rétorque le Syndicat national de l'industrie pharmaceutique (SNIP). Sur la base d'une enquête réalisée en avril 1983 à Gien, une ville paraît-il « très proche des moyennes nationales concernant la consommation de médicaments », ce syndicat professionnel affirme que le gaspillage est inférieur à 3 %.

Même si l'on s'en tient à l'évaluation du SNIP, sans doute très en deçà de la réalité, le gâchis dépasse un milliard de francs par an. Les dépenses de pharmacie des Français ont en effet explosé en vingt ans : de trois milliards en 1960, elles sont passées à 45 milliards en 1981.

La politique de conditionnement adoptée par l'industrie pharmaceutique pousse à la consommation... et au gaspillage. Dans les pays anglo-saxons, au contraire, les pharmaciens ne vendent pas de boîtes. Ils délivrent beaucoup plus volontiers, à l'unité, la quantité exacte de médicaments prescrite par le médecin.

Les gaspillages des « trusts du médicament », pour reprendre l'expression de Charles Levinson, ne s'arrêtent pas là. Cette industrie, fortement internationalisée, jouit de marchés solvables et en constante expansion, grâce à la socialisation des dépenses de santé.

Comme le reconnaît ingénument le SNIP, « le risque de gaspillage est d'autant plus fort que le consommateur est peu engagé par les montants à payer ».

La manipulation des prix et les fausses différenciations — la spécialité est la même, seul l'emballage... et le prix changent — d'une filiale à une autre permettent d'afficher des profits dans les pays où l'impôt sur les bénéfices est faible, et des pertes là où cet impôt est élevé. On trouve ainsi six fois plus de spécialités en France qu'en Allemagne fédérale. Les laboratoires n'hésitent pas à retirer du marché les produits les moins rentables et à multiplier les « pseudo-inventions ».

Autre symptôme du gaspillage pharmaceutique : le poids considérable des dépenses de publicité, 15 à 20 % du chiffre d'affaires de cette industrie, deux fois plus que son effort de recherche.

La gabegie a été favorisée par la libération des prix des médicaments, à la fin du septennat de Valéry Giscard d'Estaing, dans ce secteur où le « consommateur » ne peut faire jouer la concurrence. Conséquence : les remboursements de pharmacie se sont emballés à partir de 1980, creusant le déficit de la Sécurité sociale. Et la France est devenue le troisième marché pharmaceutique du monde après les Etats-Unis et le Japon, pour le plus grand bénéfice des laboratoires.

Le comportement des médecins — et des patients — pousse à la consommation. Théoriquement, « les médecins sont tenus, dans leurs prescriptions, d'observer la plus stricte économie compatible avec l'efficacité du traitement », affirme-t-on au Conseil de l'Ordre.

Mais pour les praticiens comme pour les malades, une consultation sans ordonnance est incomplète. Le médecin qui ne prescrit pas est considéré comme un mauvais docteur, et on s'empresse d'en consulter un autre.

Une étude réalisée en 1980 par le professeur Dangoumau est très instructive. Sur un échantillon de 491 ordonnances reçues par un centre de Sécurité sociale, il a pu constater que 36 % contenaient des anomalies — le plus souvent du fait de la présence du même principe actif dans plusieurs spécialités prescrites — 27 % étaient illogiques — en raison d'effets contradictoires dans la gamme des médicaments prescrits — 9 % étaient carrément dangereuses.

Ces carences graves de la prescription médicale résultent en partie du système de tarification de la médecine libérale. Le « paiement à l'acte » contraint le praticien à multiplier les consultations et les visites pour garantir son revenu.

La semaine de travail du médecin est longue, 56 heures, et sa formation continue n'est pas rémunérée. Elle est le plus souvent assurée par les laboratoires pharmaceutiques. Les représentants de commerce des firmes, pudiquement appelés « visiteurs médicaux » et les innombrables publicités qui envahissent les revues professionnelles tiennent lieu d'enseignement post-universitaire.

Pressé par le temps, le médecin aura tendance à allonger l'ordonnance. Pour se rassurer lui-même. Pour répondre à l'attente du patient, et compenser par l'accumulation de gélules son manque de disponibilité. Malgré une dépense médicale par habitant moins élevée en France qu'en Suède ou aux Etats-Unis, la consommation de médicaments par Français est deux fois plus élevée que dans ces deux pays. Nous gaspillons davantage, mais sommes-nous mieux soignés pour autant ?

Au fil du temps

« Fais un bilan, te dis-je, et repasse tous les jours de ta vie ; tu en verras fort peu, à peine quelques déchets, qui soient restés à ta disposition ». Deux millénaires avant Jean-Louis Servan-Schreiber, Sénèque nous avait mis en garde contre les « innombrables manières de gaspiller sa vie ». Mais, alors que le philosophe stoïcien croyait aux mots pour nous convaincre, l'artiste du temps, moderne et performant, applique au pied de la lettre l'évidence de notre époque : le temps c'est de l'argent.

Rassurez-vous. Son ambition n'est pas de tuer le temps, ni même d'en suspendre le vol. Mais de le troquer contre des espèces sonnantes et trébuchantes en conviant ses semblables, cadres, dirigeants et professions libérales stressés à le dompter, grâce au « programme Templus », dernier rejeton du groupe *Expansion* qu'il dirige.

N'épilogons pas sur les précieuses journées perdues en congrès, en conférences et autres symposiums. Pour J.L.S.S., la participation au forum annuel de l'*Expansion* ne saurait être considérée comme du temps perdu. Il est vrai que la personnalité invitée n'a en général l'occasion de s'exprimer publiquement que 300 fois par an. Mais, comme l'avoue Jacques Attali, qui s'y connaît, « avoir du pouvoir », c'est contrôler le temps des autres et le sien propre ».

Le succès de l'*Art du temps* est éloquent. Il confirme l'un des grands paradoxes de nos sociétés : nous disposons de plus en plus de temps tout en ayant l'impression d'en avoir de moins en moins.

Par la grâce des 39 heures et des cinq semaines de congé, nous ne travaillons plus que 1883 heures sur les 8730 d'une année. Une sur cinq. Les progrès de la longévité et l'extension des pré-retraites enflent encore le temps libre. Et pourtant, 43 % des Français placent le manque de temps au premier rang de leurs frustrations. Avant le manque d'argent. Nos besoins vitaux — dormir, manger, se laver, s'habiller — nous prennent une dizaine d'heures. Le travail, avec les déplacements et les activités incompressibles — courses, paperasse... — nous occupent à peu près autant. Restent trois ou quatre heures dont nous pourrions jouir à notre guise et selon notre bon plaisir. Une plage fort étendue lorsqu'on se souvient qu'au début du siècle la journée de travail atteignait douze heures.

Mais voilà. Le progrès n'a cessé de nous apporter des engins « économiseurs » de temps, qui au bout du compte nous le font perdre. L'automobile, nous l'avons vu. Mais aussi la télévision et le téléphone. En sera-t-il de même avec l'ordinateur ? Les optimistes et les inconditionnels du langage binaire soutiennent qu'il va libérer l'homme. Nous permettre enfin de gérer notre temps et même la société. Il suffit pourtant d'observer les enfants face aux petits écrans pour constater que l'ultime invention est sans doute la plus chronophage. Toutes ces merveilleuses machines à communiquer, qui ne cessent de s'enrichir de nouveaux gadgets, du répondeur téléphonique au magnétoscope, sont en fait des monstres de gloutonnerie. Elles dévorent les heures sans qu'on y prenne garde.

Le pire des gaspillages au quotidien, qui peut s'exprimer en temps aussi bien qu'en argent, reste la consommation. Faisons le compte des livres jamais ouverts, des disques écoutés une fois, des vêtements trop vite essayés qui dorment au fond des penderies et de ces mille bricoles qui s'entassent autour de nous. Leur valeur d'usage ou de plaisir est réduite à sa plus simple expression. Elles n'auront vécu que le temps d'une transaction.

De même que nous consommons les objets à un rythme effréné, nous consumons notre temps sans songer qu'il est une ressource rare, et non renouvelable. Avec angoisse cependant. La montre, produite à 400 millions d'exemplaires dans le monde chaque année, n'est-elle pas l'objet le plus fréquenté ? La consommation, qu'elle soit matérielle ou non, dissipe notre temps autant que notre argent. Par précipitation, nous avons amputé l'amour du temps de la séduction. Nous voulons faire tout ce qui passe à notre portée et finissons par ne plus rien faire avec satisfaction.

Le problème du temps libre a été jugé suffisamment sérieux pour que l'Etat lui consacre un nouveau maroquin. Il a fallu la rigueur pour que la gauche abandonnât son projet de confier à des bureaucrates le soin de valoriser nos loisirs. Logiquement, il devrait y avoir coïncidence entre la demande de temps et l'offre de travail en forme de peau de chagrin. L'aspiration à plus de temps libre n'est-elle pas la meilleure réponse au chômage ?

A condition toutefois de faire preuve d'imagination et d'accepter le partage. Il faudrait une révolution des esprits autant que de l'organisation sociale. Une véritable révolution copernicienne, qui pourrait être l'occasion de changer le signe du travail. Car quels qu'aient été les efforts des religions et des morales pour valoriser le travail, ce mot reste marqué par ses origines. Etymologiquement, il caractérise l'état de celui qui souffre.

Dans toutes les civilisations traditionnelles, l'appartenance à la classe supérieure s'accompagne d'une exemption des basses corvées réservées à la plèbe. La Belle Epoque fut d'abord marquée par l'oisiveté. Le discours des cadres stressés qui, comme J.L.S.S. « se réalisent » ou même « se font plaisir » à l'ouvrage n'est pas transposable, loin s'en faut, au commun des mortels. Aujourd'hui par ennui plus que par pénibilité, le travail reste la part maudite de la vie. Même si on ne le crie plus en ces temps de chômage, l'usine reste la « taule ». Et rares sont les taulards qui se laissent enfermer de gaité de cœur.

Le gaspillage du temps de travail n'est pas moins grave que celui des loisirs. L'absentéisme en témoigne, qui pour avoir été stabilisé par la crise, n'en reste pas moins l'indicateur des entreprises où l'ambiance est mauvaise, où la démobilisation des compétences est la plus grande. Dans les bureaux, le véritable ennemi est celui que désignait Baudelaire, c'est l'ennui. L'ennui auquel on échappe en « se faisant arrêter » — sur ordonnance et non sur écrou — ou en multipliant les ponts. Pas besoin d'attendre juillet pour voir chuter la productivité. Les week-end rallongent dès qu'arrive le mois de mai. C'est ensuite la saison des tournois de foot et de tennis. Tentez donc de joindre un « responsable » un jour de finale à Roland Garros.

Ce qu'en fin de compte nous gaspillons avec le plus d'insouciance, c'est notre cerveau, notre capacité de réflexion et de création. La grande transformation du capitalisme, au plan méthodologique, fut l'introduction puis le développement du « fordisme », sans lequel il n'y aurait ni production ni consommation de masse.

Dès le début du XXe siècle, le terrain avait été balisé par le précurseur, américain, des ingénieurs d'organisation, Taylor. Les gestes et le savoir-faire de l'ouvrier professionnel étaient disséqués, chronométrés, analysés, normalisés.

Reproduit par des machines dont l'ouvrier spécialisé devenait l'esclave, ce savoir faire désormais quantifié donnait naissance au fordisme et à la productivité. En cessant d'être professionnelle pour devenir spécialisée, la masse des ouvriers perdait toute initiative. Nul besoin de réflexion pour serrer huit heures par jour les mêmes écrous sur une chaîne de montage.

Mais nous abordons une ère nouvelle, qu'annoncent les vagues de licenciements dans l'automobile : les robots de chair sont appelés à être remplacés par les robots de fer.

Le gaspillage des talents n'est pas moins grand dans l'encadrement. La réunionite, la parlotte et la paperasse minent l'entreprise aussi sûrement qu'elle justifie l'administration. Malheur aux têtes qui dépassent, aux esprits originaux ou curieux. Plus un esprit est brillant, plus on se méfie de lui et plus on lui tend de pièges pour qu'il rentre dans le rang.

Les innombrables réunions tournent au dialogue de sourds. Chacun, s'estimant plus malin que le voisin tente de faire triompher son point de vue. On déploie des trésors d'habileté pour se neutraliser, marquer le jeune qui pourrait devenir menaçant, protéger son territoire. Et les parapluies s'ouvrent à l'heure des décisions. L'insuffisante qualité, le différentiel d'inflation, la médiocrité des vendeurs, la faible implantation des services après vente : autant de lourds handicaps dont souffre l'industrie française sur les marchés étrangers. Mais le plus urgent est sans doute de mettre en valeur le formidable gisement humain gaspillé et découragé, dans les entreprises, grandes et petites.

Qu'importe. « Don't look back », nous conseille Bob Dylan dans une de ses chansons. Et la fuite en avant nous tient lieu de philosophie. Malheur à qui fait une pause, il sera distancé. Pire, il prendra conscience, pour peu que sa mémoire n'ait été rongée par l'angoisse, l'alcool ou le tabac, de la vacuité de tant d'instants inutilement gaspillés.

Une société de déchets

Même en récession, la société de consommation produit toujours plus de déchets. **Nous rejetons chaque année entre quatre et cinq fois notre poids d'ordures. 300 kilos en moyenne par citoyen, soit un total de plus de 15 millions de tonnes si l'on compte les objets encombrants abandonnés. Auxquelles s'ajoutent 150 millions de tonnes de déchets industriels et 60 millions de tonnes de rebuts agricoles.** La croissance du monceau est accélérée par la longévité, en progrès constant, des déchets.

Jusqu'à la révolution industrielle, la nature se chargeait de recycler les résidus de l'activité humaine. Puis les progrès de l'industrie ont fait naître des matières de plus en plus allergiques au retour à la terre. Des papiers gras aux déchets nucléaires, nos immondices sont au mieux peu ragoûtantes. Elles peuvent être franchement déplaisantes. Et parfois menaçantes. Il a fallu la catastrophe de Seveso pour que l'opinion prenne conscience des dangers de produits chimiques comme la dioxine.

L'emballement de la croissance s'était accompagné du boom de l'emballage. Cette industrie prospère se joue de la crise. Nous lui consacrons 50 milliards par an, 1,5 % du PNB. Il est pourtant banal de constater qu'emballage rime souvent avec gaspillage.

Encombrant, superflu, voire incongru, l'emballage nous envahit. En papier, en carton, en verre ou en plastique, il encombre nos poubelles. A Paris, les emballages représentent aujourd'hui 60 % du tonnage d'ordures collecté, contre 20 % en 1950. La moindre babiole est perdue au milieu de masses blanches et compactes de polystyrène expansé. Les fragiles appareils qui font le tour du monde à fond de cale méritent certes protection, mais ne pourrait-on, au moins, réutiliser, comme les marchands de crèmes glacées, ces débauches de boîtes qui ne sont ni reprises ni échangées ?

Emballer, nous dit le dictionnaire, c'est mettre en balle, enfermer dans une boîte. Mais c'est aussi entraîner et séduire. Profitant de ce glissement sémantique, le « packaging » est en passe de détrôner le prosaïque emballage. Le « packaging », ou si vous préférez le conditionnement, est à l'emballage ce que la haute couture est à la robe de bure. Priorité aux formes et aux couleurs, le « packaging » transmute l'utilitaire en art de séduction. Venue d'outre-Atlantique, cette technique contemporaine de Mac Luhan nous enseigne que le contenant est aussi important, sinon plus, que le contenu.

Les temps ont bien changé depuis l'invention, en 1817, d'une machine à fabriquer les boîtes en fer blanc soudé par le manufacturier parisien Durand. L'habit fait désormais le moine. Le « look » de la boîte de conserve l'emporte sur la qualité du cassoulet. Un produit est-il boudé par les ménagères ? Le remède est simple : changer de conditionnement.

Les palais avaient fini par se lasser du gateau de riz « Yabon », une valeur pourtant réputée de l'écurie Banania. Sur les conseils des « packagers », la firme renonça à sa trop classique boîte de conserve. Elle sert à présent son dessert dans d'appétissants moules de grands-mères. La recette de « Yabon » n'a évidemment pas changé d'un iota, mais la courbe des ventes s'est inversée.

La lutte inégale entre le petit commerce et les grandes surfaces ne laisse pas l'emballage indifférent. Avec les primeurs et les marchandes des quatre saisons, la vente en vrac disparaît. Chassée par les packs et les barquettes sous cellophane. Tout est désormais calibré et le consommateur n'a plus le choix de ses quantités.

Paris dispute à Manhattan et à Genève un record peu connu : celui du nombre de célibataires. Un « ménage » parisien sur deux est solitaire. De même qu'il ne sied guère aux familles nombreuses, le conditionnement alimentaire n'est pas adapté aux isolés. Le pack est normalement conçu pour la famille moyenne, la cellule papa-maman et leurs deux rejetons. Tant pis pour les frigos des esseulés, remplis de restes qui attentent d'être périmés pour finir à la poubelle.

Dans la course à l'emballage, les matériaux traditionnels sont en perte de vitesse. Jute, bois et métal sont soumis à rude concurrence. Les papiers et les cartons cèdent également du terrain : ils ne fournissent plus que 40 % du poids total des emballages, contre la moitié il y a dix ans. Les grands gagnants sont les plastiques modernes et le verre, qui talonnent, en poids toujours, les papiers-cartons. Or ces deux matériaux sont les plus difficiles à éliminer. En une décennie, les « polyéthylène-téréphtalate » et autres « polychlorure de vinyle » (PVC) sont passés de 5 à 10 % du poids des emballages. Ils remplacent le verre pour les bouteilles d'eau, et s'attaquent même au marché du vin. Au grand dam des gourmets.

Dans l'emballage comme dans la sidérurgie, l'avenir est aux composites. On mêle le plastique, le carton, le verre et l'aluminium pour alléger le récipient et attirer l'œil du chaland. Sans se soucier que ces matériaux sont d'autant plus rebelles au recyclage qu'ils sont plus sophistiqués et aguicheurs. Et ils ne sont pas gratuits. C'est bien entendu le consommateur qui paye.

Lorsque vous achetez un pack de quatre cannettes de bière, l'emballage vous coûte plus d'un franc. Vingt-cinq centimes par bouteille et huit centimes de carton. Le litre ne revient qu'à soixante quatre centimes, s'il est en verre. Malheureusement, la consigne des bouteilles est passée de mode. Quant à la collecte, dans les conteneurs installés sur les places des villages et aux carrefours des grandes agglomérations, elle fait appel aux bons sentiments. Le verre récupéré est broyé. Transformé en calcin, il sert à fabriquer de nouvelles bouteilles. Manque de conteneurs ou civisme défaillant ? Le déchet reste considérable. En 1982, le recyclage n'a porté que sur 270 000 tonnes de verre ménager, le quart de ce que jettent les particuliers.

L'abus de certains conditionnements peut être malsain. Peu esthétiques dans les parcs et sur les bords de mer, les plastiques se transforment aisément en réceptacles d'eau croupie où pullulent les bactéries. Brûlés dans les décharges, ils dégagent de noires fumées chargées d'acide chlorhydrique. Le recyclage d'une tonne de PVC économise pourtant près d'une tonne de pétrole. En 1982, 1 500 tonnes de bouteilles plastiques ont ainsi été recyclées : à peine plus du centième de la quantité jetée.

Les dangers de l'emballage peuvent être plus « aériens ». L'usage massif du fréon, un gaz utilisé dans les bombes aérosols, attaque la couche d'ozone qui protège la terre de rayonnements malfaisants. Or les sprays se vendent comme des petits pains. Contre les mites, les barbes dures ou les odeurs, nous en consommons 450 millions tous les ans. Quasiment dix chacun.

Le bon vieux savon de Marseille, biodégradable, est ainsi battu en brèche par les déodorants vaporisés. Il suffit de prendre le métro pour le constater : le Français ne brille pas par son hygiène corporelle. Les enquêtes du Comité français du parfum confirment d'ailleurs cette intuition sensorielle. Avec deux savonnettes et demi, soit 640 grammes de savon par an, nous arrivons loin derrière les Britanniques, champions toutes catégories de la propreté. L'humiliation se poursuit avec les Allemands et même les Italiens, qui avec 800 grammes par an nous devancent d'une bonne aisselle. Cependant, par pudeur ou par souci de dissimuler sinon la crasse, du moins ses émanations, les Français sont de plus en plus nombreux à mélanger les senteurs. 40 %, pour la plupart des femmes, s'aspergent de déodorants.

Quant aux hommes, rares sont ceux qui manient encore le blaireau et le coupe-chou. Lorsqu'ils ne se rasent pas à l'électricité nucléaire, ils choisissent en majorité la mousse pulvérisée et le rasoir jetable. Pour le plus grand bénéfice de M. Bich. Le baron de l'éphémère fonda sa fortune multinationale sur le stylo à bille. Le groupe s'attaqua ensuite aux briquets, aux rasoirs et aux bas. Le saviez-vous, madame ? La marque Dim, c'est aussi le discret baron. La caractéristique de ces produits est de vivre peu. Non rechargeable, le briquet n'est plus qu'un récipient perfectionné. Et le collant à la maille filé, un emballage bon à jeter.

« Il me faut une nouvelle Brigitte Bardot », confia récemment Marcel Bich à ses actionnaires. Etonnement de l'auditoire. « Une nouvelle Brigitte Bardot de la « bille » ou du rasoir, qui plaise à 80 % des hommes », explicita le président. Il s'abstint de préciser que la « nouvelle BB » devait être jetable après usage...

Marée noire ignorée

Bricoleur dans l'âme, le Français consacre volontiers une tranche de son repos dominical à l'entretien de sa voiture. Louable souci de prolonger la vie d'un bien non durable, serait-on tenté de penser. Si possible au vert et le long d'un cours d'eau, en survêtement, il astique et fait briller les chromes, à grands jets de détergents.

Plus grave pour l'environnement, près d'un tiers de nos concitoyens vidangent eux-mêmes l'objet de tous leurs soins. Que faire des trois ou quatre litres de liquide noirâtre échappé du carter ? La plupart des mécanos du dimanche matin n'ont d'autres solutions que le caniveau ou la jolie petite rivière.

C'est ainsi que mille ruisseaux, aussi gluants qu'insouciants, se transforment chaque année en un fleuve de 34 000 tonnes d'huiles usées. Une véritable marée noire, de même ampleur que celle qui s'échappa du Torrey Canyon. Quotidienne et atomisée, elle ne fait pas la « une » des journaux et reste ignorée du public. Pourtant **le contenu d'un carter suffit à polluer un lac sur 5 000 mètres carrés.** L'huile s'étire en un film très mince, qui empêche l'oxygénation de l'eau et provoque la mort des plantes et des poissons.

Le rejet à l'égoût n'est pas moins néfaste. Les huiles usées perturbent les stations d'épuration, en réduisant l'oxygénation et la sédimentation des boues. D'autres vidangeurs brûlent les huiles dans leurs chaudières. Mais l'économie de fuel coûte cher en pollution. **L'incinération sans précaution de cinq litres d'huile « moteur » rejette dans l'atmosphère assez de plomb pour polluer 100 000 mètres cubes d'air, le volume que respire un homme en trois ans.** Ces pollutions sont d'autant plus regrettables qu'elles constituent également un gaspillage.

Au lieu de souiller la nature et de mettre en péril la santé publique, les huiles usagées peuvent être « régénérées », c'est-à-dire reconverties en huiles de base. Cette opération est doublement économique, en devises et en énergie. Malgré cette convergence de la raison et de l'intérêt, le recyclage ne porte que sur 110 000 tonnes par an. Alors que la consommation française dépasse 900 000 tonnes dont un peu plus de la moitié pour les « huiles moteurs » et le reste pour les lubrifiants industriels.

La France, pays côtier, a pourtant eu son quota de marées noires. Son rivage, au nord-ouest, figure parmi les zones les plus exposées. Plus de 50 000 navires de tout tonnage, dont un dixième chargés d'hydrocarbures, voguent chaque année au large d'Ouessant. Tous les jours un million de tonnes de brut glissent sur les flots, à quelques encablures du littoral breton. Et comme pour exaspérer l'embouteillage, les éléments sont souvent déchaînés. La brume épaisse, les courants violents et les récifs éparpillés compliquent la navigation. Pendant longtemps, les naufrages furent l'aubaine de ces rivages peu hospitaliers. La marée leur livrait les trésors des épaves. Avec le pétrole vint la malédiction.

Après le *Torrey Canyon,* l'*Olympic Bravery,* et le *Boehlen, l'Amoco Cadiz* s'échoua en mars 1978 non loin de Portsall. 220 000 tonnes de brut s'échappèrent des flancs du navire battant pavillon libérien. La côte était dévastée sur près de 400 kilomètres. Le coût des seules opérations de nettoyage atteint 500 millions de francs. Le manque à gagner des pêcheurs et des stations balnéaires était plus important encore. Et la faune a payé un lourd tribut : mouettes et goélands sont morts par milliers, mazoutés.

Piètre consolation, les communes bretonnes sinistrées ont fini par obtenir réparation. Six ans après la catastrophe, le juge Frank McGarr, du tribunal fédéral de Chicago, a reconnu la responsabilité de la Srandard Oil of Indiana, la huitième société pétrolière mondiale, qui se cachait derrière la compagnie libérienne propriétaire de l'Amoco Cadiz. Les Bretons, qui réclamaient 400 millions de dollars (1978), attendaient toujours au printemps 1984 que soit fixé le montant du dédommagement. Mais les multinationales du pétrole réfléchissent désormais avant de se couvrir d'un pavillon de complaisance.

La forêt en danger

Comme l'océan, l'arbre est menacé. Ses ennemis se multiplient inattendus. Dans l'euphorie de la victoire, personne ne l'avait remarqué. Il se cachait, compagnon indésirable de la libération, dans les caisses d'obus et de canons. Avec les troupes du débarquement, le chancre coloré avait traversé l'Atlantique. Malheur aux innocents platanes qui abritaient les tas de planches désarticulées. Le sinistre champignon Ceratocystis fimbriata, propagateur du chancre mortel, ne tarderait pas à les attaquer. Sournois et contagieux, le mal résiste aux remèdes et s'acharne sur les platanes méridionaux. Pour circonscrire l'épidémie, il faut se résoudre à abattre les malades. Deux mille platanes ont déjà été sacrifiés à Marseille.

L'inquiétude grandit chez les joueurs de pétanque et les buveurs de pastis à mesure que l'ombrage s'éclaircit. Le conseil général du Vaucluse est sur le pied de guerre. Pour sauver le feuillage des petites places du Midi, il offre une prime de 200 000 F à qui trouvera le moyen de terrasser le chancre venu d'Amérique. A quelque chose malheur est bon. Sentinelle des routes de rase campagne, le platane tue. Chaque année, plus de mille automobilistes heurtent mortellement les arbres d'alignement. Faut-il donc, au nom de la sécurité routière, se féliciter des progrès du chancre coloré ?

La majesté du chêne ne doit pas faire illusion. Feuillus ou résineux, la forêt est un écosystème fragile. Elle est périodiquement la proie des flammes. Les incendies, accidentels et criminels, ont détruit 30 000 hectares en 1981. Et jusqu'à 90 000 hectares en 1976, surtout dans les massifs méditerranéens, qui ne sont plus entretenus depuis de longues années.

La tempête n'est pas moins redoutable. En novembre 1982, les tornades ont cassé et déraciné onze millions de mètres cubes d'arbres dans les Pyrénées et les Cévennes : près du tiers de la récolte française annuelle de bois transformée en « chablis » difficilement récupérables. Les troncs, cassés et enchevetrés, servent de pâture aux insectes et aux champignons, en pleine prolifération.

Réduite en cendres par le feu, saignée par les tempêtes, la forêt est rongée par un cancer plus insidieux. Un peu partout à l'est de l'Europe, en Pologne, en Allemagne, en Tchécoslovaquie et depuis peu dans les Vosges alsaciennes, les arbres dépérissent. Plus du tiers de la superficie boisée ouest-allemande est atteinte par le mal mystérieux de la forêt. Les résineux, sapins et épicéas, sont les plus vulnérables. Ils perdent leurs aiguilles et s'assombrissent désespérèment, avant de mourir sur pied. Alimentées par les rejets des centrales thermiques et les gaz d'échappement les « pluies acides » seraient responsables de cette mortelle langueur. Les sols se chargent d'oxydes de souffre et d'azote, lessivés par les pluies. Et les arbres, tels des filtres saturés, noircissent et cessent de respirer.

L'hécatombe frappe également le nord de l'Amérique et empoisonne les relations entre le Canada et les Etats-Unis. Ottawa accuse son grand voisin « d'exporter » vers le nord ses pluies acides, principalement depuis la vallée industrielle de l'Ohio. L'Académie des sciences américaines a confirmé qu'il existait un lien direct entre les émissions de fumées industrielles et l'acidité des pluies. Et les Canadiens s'inquiètent pour l'avenir de leurs forêts, qui leur assurent des rentrées de plus de dix milliards de dollars par an à l'exportation.

L'immense forêt tropicale, véritable poumon de la planète, s'amenuise chaque année. Selon le Programme des Nations Unies pour l'environnement, 11 millions d'hectares sont détruits tous les ans, en Amazonie, en Afrique ou en Asie. Dans l'indifférence quasi-générale. Qui a entendu parler du giganstesque incendie qui a ravagé pendant plusieurs mois en 1984 l'île indonésienne de Bornéo ?

Grand arpenteur des sous-bois, François Mitterrand a proposé à ses partenaires européens d'organiser une « conférence mondiale pour la sauvegarde de la forêt ». Mais l'idée du prince est restée dans les cimes élyséennes. Interrogé, au lendemain de la suggestion présidentielle par le directeur général de la FAO, le directeur des forêts au ministère de l'Agriculture, Francis Rinville, est tombé des nues.

Contrairement à certains collègues, ce directeur ne manque pas d'ouvrage. Quinze millions d'hectares, plus du quart de l'Hexagone, sont boisés. Nous disposons de près de la moitié des arbres de la CEE. Et pourtant papiers et cartons constituent le deuxième poste déficitaire de notre balance commerciale, après les hydrocarbures. Il nous faut débourser selon les années entre 8 et 12 milliards de francs. Morcelée et mal exploitée, la forêt française ne couvre qu'un peu plus de la moitié de nos besoins de pâte à papier.

La France papivore

Emballage, presse, édition, prospectus : les arbres sont abattus par milliers d'hectares. Nos quotidiens restent heureusement moins gloutons que les journaux américains. **Le numéro dominical du « New York Times » dévore à lui seul 80 hectares de forêt. La consommation française a dépassé 6 millions de tonnes en 1982. Environ 100 kilos par an et par personne de papier et de carton.** Le tiers des déchets ménagers.

Epais catalogues publicitaires, réclames jetées dans le caniveau avant même d'être lues, photocopies inutiles, la paperasse est depuis longtemps l'un des aliments de choix des mille souris du gaspillage. Papivore, l'administration l'est jusqu'à l'indigestion. Une de ses raisons d'être, nous l'avons vu, est de produire des rapports, toujours plus de rapports. Il va de soi qu'un document administratif, aussi dénué d'intérêt soit-il, ne saurait être publié en un seul exemplaire. Le goût de la chose imprimée n'est pas moins grand dans le secteur privé. Notes internes et documentations inutiles ou redondantes s'empilent dans les classeurs avant de finir dans les corbeilles.

Matière première par excellence du secteur tertiaire, le papier envahit les « services », qui de la banque à l'assurance, ont vu leurs effectifs croître à mesure que ceux des usines déclinaient.

L'industrie du papier nous offre un bel exemple de gaspillage au quotidien, passé largement inaperçu. Il y a une quinzaine d'années, les normalisateurs qui définissent la taille et le poids de nos objets, décidèrent de remplacer la feuille de format 21 × 27, alors courant, par le standard 21 × 29,7. Cette norme a virgule n'a en rien simplifié la vie de bureau. L'exclusion des petites feuilles a eu pour première conséquence de déclasser les enveloppes, les chemises, les dossiers et même certains meubles de rangement. Pire, cet allongement, obligatoire et généralisé à tout le monde occidental, a entraîné une augmentation, souvent inutile de la consommation de papier.

Pour ces 2,7 centimètres supplémentaires, de nouvelles forêts sont rasées, les papeteries consomment davantage de pétrole et polluent un peu plus l'eau des rivières. Or, plus de la moitié des feuilles ne sont que très partiellement remplies. La consommation de papier pourrait être aisément réduite de 20 à 30 %. La productivité des bureaux n'en souffrirait pas, bien au contraire. L'environnement et les finances y gagneraient.

Eureka, pensaient les amis des forêts, la révolution informatique arrive. Les « micros » allaient voler au secours des futaies. Plus besoin de papier, le texte, mémorisé, serait transmis de console en clavier. Comme le téléphone a porté un coup fatal aux correspondances, le télétexte se passerait de coursier. Bull, le premier groupe informatique et bureautique français, n'a-t-il pas choisi un arbre pour emblème ?

On oubliait simplement qu'un « micro » (ordinateur) sans imprimante ne vaut guère mieux qu'un chanteur de rock sans micro (phone). Et qu'une imprimante noircit du papier au point de lasser la dactylo la mieux entraînée. Les plus stridantes des imprimantes « à aiguilles » parviennent à aligner jusqu'à quatre cents caractères à la seconde. Des caractères en pointillé, moins jolis certes que la calligraphie au plomb. Mais qui dévorent les rames de papier avec avidité.

Gutenberg peut se rendormir tranquillement dans sa tombe. L'homme n'est pas prêt de sortir de l'âge du papier. Et l'arbre a eu tort de croire que l'écran cathodique allait le sauver.

Il existe pourtant une solution, pour économiser les devises et les forêts : développer le recyclage des vieux papiers et des cartons. Mais cette activité créatrice d'emplois et économe en devises reste trop peu développée. Seul le tiers de notre consommation est récupéré. L'industrie papetière française, qui a produit 5 127 000 tonnes en 1982 n'a consommé que 1 966 000 tonnes de vieux papiers. Un taux de réutilisation de 38 % inférieur de cinq points à celui de nos voisins ouest-allemands.

La fabrication de pâte à partir de vieux papiers est moins énergivore et moins polluante que le cycle classique. D'après les spécialistes, les fibres de papier peuvent subir jusqu'à huit recyclages. Inconvénient pour certains, le papier recyclé n'est jamais « super-blanc ». Pourtant le confort de lecture est supérieur et les yeux se fatiguent moins sur un papier légèrement teinté.

Le marché des détritus

« Gisement » méprisé, les ordures des ménages et les déchets de l'industrie sont toujours gaspillés. Même s'il existe à présent un « marché » des détritus. Grâce aux ferrailles et aux rebus de l'agro-alimentaire, la balance commerciale française de déchets est excédentaire de plus de deux milliards de francs. Et la prophétie du célèbre sociologue américain Vance Packard, auteur d'un *Art du gaspillage*, semble aujourd'hui moins paradoxale : un jour, annonçait-il au début des années soixante-dix, les New-yorkais seront contraints d'aller chercher dans les décharges et les tas d'immondices les métaux, les matériaux et les objets naguère jetés sans parcimonie.

En France, des fonctionnaires ont repris le flambeau des compagnons d'Emmaüs. Créée le 15 juillet 1975, l'Agence nationale pour la récupération et l'élimination des déchets (ANRED) a pour mission de « faciliter l'élimination ou la récupération des déchets, ou de procéder à des actions de cette nature pour satisfaire l'intérêt général en cas d'insuffisance des moyens publics ou privés. »

Etablissement public à caractère industriel et commercial, décentralisée à Angers, l'agence emploie une centaine de personnes. Elle accorde des subventions pour la récupération des vieux papiers, du verre ou des métaux. Elle encourage financièrement la méthanisation du fumier bovin ou la transformation des vinasses de Cognac en aliments pour bétail. En 1982, les interventions de l'ANRED ont représenté 64 millions de francs, en progression de 60 % par rapport à 1981.

L'ANRED n'est pas seule. La jeunesse de ce secteur d'activité n'empêche pas les « acteurs administratifs » de proliférer. La liste des services et des organismes se disputant les déchets est impressionnante. Outre l'ANRED il existe une commission interministérielle et un comité national ad hoc, auprès du secrétariat d'Etat à l'Environnement.

Les directions d'au moins six ministères (Environnement, Industrie, Agriculture, Santé, Mer et Transports) se sentent concernées, ainsi que l'Agence française pour la maîtrise de l'énergie et les agences financières de bassin. N'oublions pas les structures créées par la profession et les collectivités locales.

Comme le notait l'écologiste Rémi Barre à l'occasion d'un colloque sur « l'évaluation des politiques publiques », en décembre 1983 à Paris : « Evaluer la politique des déchets en France ne peut pas ne pas inclure un examen du fonctionnement de ce système institutionnel, s'attachant à identifier les éléments de redondance, les points de blocage et, plus généralement, les dysfonctionnements ».

Car le recyclage des déchets peut fort bien se passer de bureaucrates. Les immenses bidonvilles qui prolifèrent à l'orée des cités du Tiers monde en administrent la preuve quotidienne. Cette activité, spontanée, occupe parfois tout un quartier. C'est le cas de 20 000 squatters de Zabbaleen — Zabbaleen signifie « celui qui ramasse les ordures à domicile » — dans la banlieue Mansheit Nasser, à l'est du Caire.

La nature gaspillée

Les mesures de protection législatives ou réglementaires, noircissent les pages du *Journal officiel*. Pourtant, peut-on lire dans le rapport sur l'état de l'environnement publié en 1984 par le secrétariat d'Etat, « la dégradation progressive du patrimoine français d'espaces de qualité risque d'être inéluctable à défaut d'une participation active des citoyens et des collectivités locales à sa gestion écologique et d'une meilleure coordination des moyens réglementaires ».

Le « livre rouge des espèces menacées de France » établi en 1983 par le Secrétariat de la faune et de la flore témoigne de cet appauvrissement. Sur les 4 762 espèces que comptait la flore hexagonale au début du siècle, quarante — dont le palmier-nain méditerranéen et plusieurs sortes d'orchidées — ont irrémédiablement disparu. Près de 400 autres sont en danger.

Même constat pour la faune. **63 % des espèces de mammifères qu'abritait le territoire français sont considérées comme disparues, menacées ou en danger.** Le bison ou l'aurochs ont été chassés très tôt, par le défrichement de la forêt. Mais l'élimination du cerf corse, du cheval sauvage ou du loup est plus récente. Les chauves-souris sont menacées, les grands rapaces et certains oiseaux marins en voie d'extinction. Les poissons ne sont pas épargnés. Il est désormais interdit de taquiner l'esturgeon et un « plan saumon » a dû être lancé en 1975 pour tenter d'enrayer le recul du noble poisson.

La nature a d'autre part souffert de la fièvre productiviste, qui s'est emparée de l'agriculture. Le « remembrement » des terres entrepris depuis 35 ans a eu de fâcheuses conséquences sur l'équilibre écologique. Dans les régions de bocage de l'ouest, l'arasement des haies prive les animaux d'abris. L'usage, parfois inconsidéré, de pesticides et d'herbicides n'est pas moins préoccupant. Leur consommation a plus que triplé depuis 1971 et de dangereux poisons s'accumulent le long des chaînes alimentaires.

La modernisation de l'agriculture menace également les nappes d'eaux souterraines. Leur teneur en nitrate devient préoccupante, en raison de l'utilisation intensive des engrais azotés. Le rapport Hénin, publié à la fin de 1980, n'a pas fait grand bruit. Il nous avertit pourtant que même si des mesures sont prises dès maintenant, la pollution des nappes phréatiques continuera de s'aggraver pendant au moins une quinzaine d'années. Les nitrates lessivés des terrains de culture s'enfoncent dans les sols d'environ 80 centimètres par an, et les engrais épandus aujourd'hui pollueront les eaux souterraines dans deux décennies.

Vive ou dormante, l'eau n'est plus synonyme de pureté. L'onde chère aux poètes s'est salie sous les ponts du progrès. Il a fallu construire, à grands frais, des stations d'épuration dont la capacité atteint 50 millions d'« équivalents-habitants ». Mais, beau gaspillage, elles ne fonctionnent qu'à la moitié de cette capacité car nombre de particuliers ne sont pas raccordés aux réseaux collectifs.

La propreté des eaux de baignade, en rivière ou en bord de mer, ne s'améliore pas. En 1983, 28 % des plages françaises n'étaient pas conformes aux normes européennes d'hygiène, notamment dans le Pas-de-Calais, la Seine-Maritime et le Calvados. On peut en revanche barbotter sans crainte au large de la Corse, qui jouit des baignades les moins polluées de France. Les coliformes et autres streptocoques fécaux sont les principaux pollueurs des eaux de baignades, douces ou salées.

Le secrétariat à l'Environnement se veut néanmoins rassurant : « Le niveau de qualité bactériologique, souvent mauvais, surtout à l'aval des agglomérations, ne présente cependant pas de caractère inquiétant compte tenu de l'efficacité des techniques de traitement des eaux de distribution ». Peut-être... Reste que le foisonnement de ces bactéries n'encourage guère à la baignade.

La pollution de l'air, nous dit-on, a plutôt tendance à régresser. Ce n'est pas l'avis des forêts, décimées par les pluies acides. Et le coût de cette nuisance reste considérable. Les atteintes à la santé et aux bâtiments, le manque à gagner de l'agriculture et de la sylviculture du fait de la pollution atmosphérique se chiffrent à 20 milliards de francs par an.

Il est vrai que depuis plusieurs années, les industriels font un réel effort pour dépoussiérer leurs fumées. Au prix de 520 millions de francs d'investissements anti-pollution, les cimenteries françaises ont ainsi divisé par dix les particules rejetées dans l'atmosphère. Les émissions de poussières, cinq kilos par tonne de ciment produite au début des années soixante dix, ne sont plus aujourd'hui que de 500 grammes.

Mais la pollution automobile poursuit ses ravages, On lui doit cette calotte grise qui pèse sur la ville dès que le vent tombe. Ce couvercle de particules en suspension absorbe les rayons du soleil et masque les étoiles. Les gaz d'échappement s'attaquent aux monuments. Depuis son transfert place de la Concorde, en 1836, l'obélisque de Louxor a été plus usée par l'air parisien que dans son site originel depuis Ramsès II...

L'atmosphère des grandes métropoles est un véritable bouillon de culture. **Le nombre de microbes par mètre cube d'air se compte par dizaines en montagne et par million dans le métro**. A moins de se déplacer masqué, le citadin est condamné à vivre dangereusement. D'autant plus que sa ville est pauvre en espaces verts. Mieux vaut résider à Besançon, champion de la verdure avec 60 mètres carrés par habitant, qu'à Boulogne-Billancourt ou à Villeurbanne, en queue du peloton avec trois mètres carrés de gazon par ressortissant. Le Parisien, avec dix mètres carrés, stagne dans une médiocre moyenne.

Peau de chagrin intramuros, la végétation ne l'est pas moins hors agglomération. Le béton ne cesse d'étendre ses ramifications. Le « mitage » grignote de bonnes terres agricoles, au sud de Paris par exemple. La montagne et le bord de mer sont victimes des cohortes de vacanciers. Heureusement, tous les Français ne se précipitent pas en même temps sur les plages : nous n'aurions plus que sept centimètres de littoral chacun !

Qu'il s'agisse de « marinas » ou de stations de sports d'hiver, l'esthétique pèse peu face au souci de rentabilité. La côte des Alpes Maritimes n'est plus naturelle qu'à 20 %, et plus du tiers du littoral méditerranéen a été remanié de main d'homme. Au total, les zones « artificialisées » couvrent plus de 6 % du territoire : 34 500 kilomètres carrés, soit l'équivalent des Pays-Bas. Et elles progressent de 500 kilomètres carrés chaque année.

Le bourgeonnement pavillonnaire est encombrant. La maisonnette dont rêve, paraît-il, une majorité de Français, occupe près de 13 000 kilomètres carrés. Les voies de communication et les aires de stationnement stérilisent également d'importantes superficies : plus de 2% du territoire. Viennent ensuite les casernes et les champs de manœuvre militaires, 0,5 % de l'Hexagone. L'industrie (moins de 2 000 kilomètres carrés), le commerce et les bureaux (moins de 1 000 kilomètres carrés) sont heureusement moins gourmands.

Les écologistes ne sont plus en colère

Il y a dix ans, René Dumont, porte-parole des « écologistes en colère », affirmait : « nous sommes dangereux, nous représentons un mouvement global de contestation de la société ». C'était en 1974. Une véritable ruche bourdonnait sur la péniche prêtée aux écologistes, le temps de la campagne présidentielle, par le patron des bateaux-mouches parisiens. Un sondage, réalisé peu avant le premier tour, révélait que 80 % des Français s'inquiétaient des dégats causés par la civilisation industrielle.

Avec sa crinière blanche et ses allures de prophète, René Dumont martelait « l'utopie ou la mort » et appelait les consommateurs-téléspectateurs à réduire leurs gaspillages pour cesser le pillage du Tiers monde. On dénonçait pêle-même la bagnole et la pollution des eaux, les centrales nucléaires et la disparition des baleines. La politique et l'économie étaient prises à contre-pied. Les écologistes traquaient l'illusion des chiffres.

Comment pouvait-on assimiler le mieux-être à la croissance du PNB, alors que les dépenses d'armement, les abattoirs de la Villette, les frais d'hospitalisation faisaient croître l'indicateur officiel du progrès, et que la comptabilité nationale ignorait le bricolage ou le travail ménager ?

Contempteur de l'obsolescence programmée, l'avocat américain Ralph Nader, de passage en France, déclarait : « La fraude et la tromperie, sont devenues pratique courante dans l'industrie. Selon l'estimation d'un sénateur, plus du quart des produits achetés chaque année sont dépourvus de toute valeur d'usage ». On se réveillait en état de siège. Sous l'emprise de la publicité, nous ne pouvions que succomber à la fièvre de la consommation.

L'économie marchande s'emparait même de nos rêves pour nous vendre de l'eau minérale et des voyages organisés. On nous expliquait que l'insatisfaction et l'inégalité étaient les moteurs de la société du toujours plus. La raison d'être des gazettes populaires n'était-elle pas d'exhiber le luxe et le gaspillage des riches et des puissants ? Quant à la misère du Tiers monde, elle servait de contrepoint aux poubelles trop bien garnies. Et nous prenions conscience que notre mode de vie, loin de constituer un modèle universel, ne pouvait être généralisé à l'échelle de la planète.

Bref, les « trente glorieuses » débouchaient sur la remise en cause radicale de la société des cinq « P » : profit, puissance, prestige, pillage et pollution. Le candidat Valéry Giscard d'Estaing promettait : « Un certain type de croissance tire à sa fin. Il nous faut ensemble en inventer un autre ». Tandis que Jacques Attali dénonçait le « coût de la croissance, supérieur aux avantages qu'on en retire » (dans *L'Anti-économique*, écrit en 1974 avec Marc Guillaume).

Dix ans plus tard, la logique du système capitaliste aurait-elle changé ? La crise et la mondialisation de l'économie l'ont au contraire renforcée. Et ses règles sont désormais explicitement acceptées, pédagogiquement expliquées et tranquillement appliquées par la gauche au pouvoir.

Alors l'écologie n'aura-t-elle été qu'une mode de plus au grand bazar des idéologies périssables ? Non point, font valoir les écologistes tendance optimiste. Les luttes et les discours ont porté leurs fruits, dans les esprits et les programmes des partis. Les économies d'énergie et le recyclage des déchets sont encouragés, voire pris en main par l'Etat. La défense de l'environnement et la lutte contre les nuisances font désormais partie intégrante des grandes missions de la puissance publique. Elles mobilisent des sommes importantes, plus de 50 milliards de francs, 1 000 F par personne et par an et ont donné naissance à une industrie prospère. Du haut de ses modernes bureaux, en bord de Seine, Huguette Bouchardeau a l'intime conviction de présider aux destinées du « ministère du futur ».

Récupération ? Ce mot n'effraie guère les écologistes.

A la conception léniniste de la prise du pouvoir, ils préfèrent l'effet de contagion de leurs thèses. Pourtant, explique Pierre Samuel, l'un des penseurs des Amis de la Terre, « si les avertissements des écologistes avaient été entendus, on aurait pu anticiper et mieux préparer la fin de la croissance ».

CONCLUSION

La crise réveillera-t-elle les Français ? Il ne suffit pas, pour combattre le gaspillage, de décréter la modernisation générale. Les appels rituels au rassemblement resteront impuissants tant que les comportements demeureront inchangés. A l'abri des corporations, Narcisse s'abandonne avec délices aux joies de l'individualisme.

La connivence tacite qui unit l'État aux multiples lobbies ne date pas d'hier. Tant que nul n'aura le courage de démanteler cette ligne Maginot du gaspillage, la gabegie continuera de prospérer. La France est toujours perdante à ce jeu du « je te tiens, tu me tiens par la barbichette ». Il ne peut que conforter les rentes de situation et les structures sclérosées.

Quant aux « entrepreneurs » que la gauche glorifie depuis peu, ils portent eux aussi une lourde responsabilité. Au fond, ce que réclame avec le plus d'insistance le patronat c'est un État-providence revu et corrigé. Un État-providence qui volerait au secours de ces soutiers que sont les chefs d'entreprise. Coupables, avec la droite, d'avoir laissé vieillir notre appareil de production, ils exigent toujours plus de « cadeaux » pour affronter la concurrence étrangère.

Mais, plus que de subventions, les entreprises ont besoin d'audace et de souplesse. De Raymond Barre à Laurent Fabius, les regards se portent vers l'Est du monde. Que nous enseignent les arts martiaux ? L'agilité l'emporte sur la force figée. Si l'on veut rattraper Silicon Valley et ne pas se laisser balayer par le raz-de-marée japonais il faut des entreprises nerveuses et aux aguets. Dépétrées des contraintes bureaucratiques que la tradition colbertiste a infligées aux conglomérats français, publics ou privés.

La recette vaut aussi pour les lourds bataillons de la Fonction publique. Sans doute faut-il se résoudre à « casser la baraque », attenter aux sacro-saints statuts et mettre en cause les bicentenaires règles budgétaires. Il y a péril en la demeure : si on ne se décide pas enfin à « responsabiliser » — et donc éventuellement à sanctionner —

les serviteurs de l'État, la décentralisation — œuvre en soi nécessaire — pourrait bien se transformer en un fertile terreau de nouveaux gaspillages.

Autre exemple de ces rigidités, dont on finit par croire que le fait de les dénoncer ne sert qu'à les renforcer : la formation des hommes. On ne pourra moderniser la France que si l'immense machine à enseigner s'adapte enfin aux réalités du temps. Et que constate-t-on ? Pendant plus de deux ans, la guerre scolaire a fait rage, comme aux plus beaux jours de la troisième république. Laïcs contre curés, gauche contre droite. Pendant ce temps la marée noire du chômage enfle dangereusement, le commerce extérieur s'effondre. Et l'Éducation nationale, telle qu'en elle-même, s'étire paresseusement de son long estivage.

Pourtant, la solution est souvent face à nous. Tellement évidente que chacun s'en défie, à commencer par les technocrates. « La réparation étant maudite, le verbe jeter se conjugue à tous les temps », écrivait Alfred Sauvy dans *le Monde* en août 1984. Mais la comptabilité nationale ne s'abaisse pas à mesurer les « pertes sociales » ni le coût du goulot artisanal. Plutôt que de créer des emplois peu coûteux d'aides à domicile, on préfere transformer les hôpitaux en hospices à vieillards, à plus de 1 000 francs la nuitée.

Depuis que la critique de la société de consommation est passée de mode, on s'acharne sur l'État, qui serait responsable de tous nos maux. Les nouveaux étaticides oublient que la grenouille s'est faite bœuf du temps de leur puissance. Tempérons leurs ardeurs : l'aide de l'État n'est pas intrinséquement nocive et la fiscalité reste le plus efficace réducteur des inégalités. Des États-Unis au Japon, les deniers publics irriguent l'industrie et préparent les technologies de demain. Mais en France, l'argent public est caché. Honteux presque. Pour éviter la contagion des récriminations, l'État préfere les faveurs discrètes. Comme l'irresponsabilité, le secret est un solide rempart du gaspillage. Et il encourage la persévérance dans l'erreur.

Réflexe bien français : même lorsque les évidences sont sans appel, on préfere mener le gachis à son terme sous prétexte qu'à l'arrêter on perdrait ce qui a été engagé. Les Américains n'hésitent pas à renoncer à des centrales nucléaires quasiment achevées.

Conséquence encore de l'opacité : la faiblesse, ou plutôt l'inefficacité, des contrôles fut sans doute notre découverte la plus étonnante. Paradoxe, alors que nul agent public ne peut être ordonnateur et comptable à la fois, alors qu'un contrôle tatillon précède toute décision. Mais de contrôle d'efficacité, d'évaluation véritable, point ou très peu. La Cour des Comptes, trop soumise à la rue de Rivoli, ne s'est pas encore remise des quelques audaces qu'on lui a récemment prêtées. Elle n'ose affirmer un pouvoir autonome pourtant à portée de main. Quant au Parlement, sa faiblesse est coupable. Lorsqu'ils ne se consacrent pas à la défense d'intérêts particuliers, les honorables représentants de la souveraineté nationale, par paresse, ignorance ou faute de moyens, se montrent incapables de contrôler efficacement l'utilisation de nos deniers. Ils ont certes des excuses : la constitution les a rabaissés. Les « services votés », 90 % du budget, sont reconduits d'année en année, sans remise en cause et l'administration fait preuve de mauvaise volonté. Seuls pourtant les parlementaires disposent de la légitimité nécessaire au contrôle de l'État.

Reste la presse. Elle n'a hélas ni l'audace ni le poids de ses consœurs anglo-saxonnes. Et elle traverse une crise qui n'est pas seulement financière. Bien sûr, et nombre de hauts fonctionnaires nous l'ont répété, le Canard Enchaîné s'arrache, le mercredi, dans les bureaux. On le craint davantage que les inspections, la Cour des Comptes et les questions parlementaires réunies. Mais ses contrepèteries font aussi partie de la symphonie.

Un mot pour conclure sur ce que l'histoire retiendra sans doute comme le gaspillage majeur de nos années de crise. Pour survivre économiquement — et donc politiquement — en cette fin de XXe siècle, les pays en déclin du vieux continent n'ont qu'une solution : l'union. Mais nous sommes comme ces retraités qui dissipent leurs derniers jours en querelles infinies. Impérieuse nécessité, l'Europe ? Tragique méprise : les élections « européennes » de juin 1984 ont plus que jamais pris l'aspect d'un pugilat domestique et elles ont remis sur orbite un nationalisme étriqué et raciste que l'on croyait oublié.

Nous n'évoquerons que pour mémoire la gabegie de la bureaucratie de Bruxelles. Infiniment plus grave est le gaspillage de nos forces désordonnées, notre incapacité à conjuguer nos talents pour peser encore sur les affaires du monde. Entendons-nous bien : la chasse au gaspi est tout le contraire de la pingrerie : la grandeur et la générosité exigent que l'on s'en donne les moyens.

Au terme de ce voyage au cœur de la gabegie, une question reste en suspens, que nous laisserons sans réponse. N'ayons crainte de l'avouer : nous n'avons pu calculer ce que nous coûte le gaspillage. Entre le scandale des abattoirs de La Villette, aisément chiffrable au passif de la maison France, et le gaspillage du discours politique, la palette s'étend à l'infini, bien au-delà des chiffres. Au fond, l'important est de diagnostiquer les causes du mal pour tenter d'en réduire les effets. C'est dans cet esprit que nous avons recherché l'exemplarité plus que l'exhaustivité.

Cet ouvrage a été réalisé sur
Système Cameron
par la SOCIÉTÉ NOUVELLE FIRMIN-DIDOT
Mesnil-sur-l'Estrée
pour le compte de M.A. Éditions
le 28 septembre 1984

Imprimé en France
Dépôt légal : octobre 1984
N° d'impression : 1491